● **2017年10月17日·俄罗斯 索契**
傅莹应邀出席瓦尔代国际辩论俱乐部第十四届年会，发表题为"要冲突还是要合作？超越地缘政治思维"的讲话。

● **2017年11月30日·意大利 罗马**
傅莹应邀出席第三届地中海对话论坛，发表题为"构建共同体，分享而不是分裂"的主旨演讲。坐在她身边的主持人是土耳其记者穆拉特·耶特金。

● **2018年4月14日·美国 费城**
傅莹应邀赴宾夕法尼亚大学出席沃顿中美峰会,在开幕式上发表题为"书写明天的历史"的演讲。

● **2018年7月14日·中国 北京**
傅莹应邀出席第七届世界和平论坛,以"国际秩序的未来方向"为题发表讲话。

● **2018 年 8 月 29 日·美国 纽约**
傅莹在亚洲协会发表题为"中美今天的选择决定未来两国关系"的讲话。图中，左二是美国亚洲协会主席施静书，右一是财政部原副部长朱光耀。

● **2018 年 10 月 17 日至 19 日·俄罗斯 索契**
傅莹应邀出席瓦尔代国际辩论俱乐部第十五届年会，发表题为"在权力争夺与和平共存之间，我们做何选择"的讲话。

2019 年 7 月 9 日 · 中国 北京

傅莹应邀出席第八届世界和平论坛,在"多边主义和单边主义"专题论坛上做题为"坚持多边主义,维护国际合作"的发言。

2019 年 8 月 9 日 · 中国 呼和浩特

傅莹应邀为内蒙古自治区直属机关青年、青联委员、大学生做"国际形势与格局转变"专题讲座。

● **2019 年 8 月 12 日 · 中国 银川**

傅莹应邀出席第六届全国对外传播理论研讨会，发表题为"传播是人与人的对话"的演讲。

● **2019 年 8 月 29 日 · 中国 上海**

傅莹应邀出席2019世界人工智能大会，发表题为"人工智能治理与国际合作"的演讲。

● **2019 年 9 月 6 日·中国 北京**

傅莹应邀出席中国发展高层论坛专题研讨会，在"中美关系再定义"环节做题为"中美关系面临艰难的选择"的发言。

● **2019 年 10 月 18 日·中国 北京**

傅莹应邀在清华大学为 2019 年中央和国家机关司局级干部"全面推进中国特色大国外交"专题研修班授课。

● **2019 年 11 月 11 日·中国 北京**

傅莹作为校友应邀出席肯特大学国际化峰会，发表题为"教育交流让文明之光照进国际政治的现实"的演讲。

● **2019 年 11 月 21 日·中国 北京**

傅莹应邀出席创新经济论坛，在"理解人工智能对人类的挑战"分组会议上发表题为"中美有责任共创智能新时代"的讲话，并在美国传记作家沃尔特·艾萨克森（右一）的主持下，同亨利·基辛格博士（左一）、谷歌前董事长埃里克·施密特（右二）展开讨论。

● **2019 年 12 月 25 日·中国 北京**

傅莹在清华大学的本科生公选课"当代世界与中国"上与学生展开交流。

● **2020 年 2 月 14 日 · 德国 慕尼黑**

傅莹应邀出席第五十六届慕尼黑安全会议，期间向美国国会众议长南希·佩洛西提问。

● **2020 年 2 月 15 日 · 德国 慕尼黑**

傅莹应邀出席第五十六届慕尼黑安全会议，在人工智能分论坛上同谷歌前董事长埃里克·施密特和布鲁金斯学会会长约翰·艾伦展开对话，爱沙尼亚总统克尔斯季·卡柳莱德为主持人。

● **2020 年 8 月 25 日 · 中国 北京**

傅莹应邀为工商银行党委中心组做主题为"国际格局与中美关系"的专题讲座。

看世界 2

傅莹 著

图书在版编目（CIP）数据

看世界 . 2 / 傅莹著 . -- 北京：中信出版社，
2021.2（2021.3重印）
　　ISBN 978-7-5217-2779-1

　　Ⅰ.①看… Ⅱ.①傅… Ⅲ.①国际问题—文集 Ⅳ.
① D815-53

中国版本图书馆 CIP 数据核字 (2021) 第 019413 号

看世界 2

著　　者：傅　莹
出版发行：中信出版集团股份有限公司
　　　　　（北京市朝阳区惠新东街甲 4 号富盛大厦 2 座　邮编　100029）
承 印 者：北京楠萍印刷有限公司

开　　本：787mm×1092mm　1/16　　印　　张：26.5
字　　数：280 千字　　　　　　　　　彩　　页：4
版　　次：2021 年 2 月第 1 版　　　　 印　　次：2021 年 3 月第 2 次印刷
书　　号：ISBN 978-7-5217-2779-1
定　　价：86.00 元

版权所有·侵权必究
如有印刷、装订问题，本公司负责调换。
服务热线：400-600-8099
投稿邮箱：author@citicpub.com

自序

在百年变局的视阈中构建未来

《看世界2》是2018年出版的《看世界》的续篇，体例也是一样的，收录了我在2017年至2020年发表的文章、接受的采访，还收录了我关于国际格局和国际传播的两篇讲课稿。

即将过去的2020年所见证的变化可谓风云激荡，充分印证了习近平总书记做出的"世界处于百年未有之大变局"论断之正确。

看世界变化，最关键的是看国际格局之变

国际格局指的是在特定历史时期，主要国际力量在相互作用之下形成的相对稳定的结构状态，也即世界权力结构的样子。冷战时期，世界处于美苏争霸的两极格局之中，由此形成了两个严重对立、基本上互不相通的政治和经济体系。后来，苏联解体，冷战终结，美国认为世界进入其独家称霸的阶段，也即美国自己宣称的"单极时刻"。20世纪90年代末，中国国际关系学界针对国际形势的发展变化，就国际格局做出了"一超多强"的判断。

冷战结束时，中国改革开放起步不过十几年，当时中国的经济总量在世界上所占比重很小，1992年中国GDP在世界上占

1.68%，经过近30年的稳步发展，2019年中国GDP的世界占比超过了16%，综合实力和对世界事务的影响力也在增强，这必然会让国际力量的天平发生变化，从而影响到国际权力的结构。

在近代国际关系的历史视阈中，中国一直自成一体，与大国竞争没有很多交集。19世纪在列强铁蹄的践踏之下，中国沦为国际格局变化的承受者，直至20世纪中叶中国共产党领导下的新中国成立，才真正开启了独立自主的外交征程，国家的安全和发展得到维护和保障。现在，中国不仅进入世界格局变化的中心，而且成为推动变化的主要力量之一。

与历史上大国崛起截然不同的是，中国没有采取炮舰开路、攻城略地的战争手段，没有像以往崛起大国那样挑战当时的国际秩序，而是以改革开放的姿态积极与世界接轨，融入现行国际秩序，进而实现和平崛起。中国的成功基于对冷战后世界从"战争与革命"转向"和平与发展"大趋势的准确判断和顺势而为，依托经济全球化带来的机遇，一方面创造和维护了一个有利于自身发展的国际环境；另一方面主动开放和大力改革，融入全球经济体系，从中汲取自身发展所需要的动能，并且以自身的发展促进世界的发展。中国共产党的领导坚强有力，中国人民勤奋努力，中国企业创新发展，未来中国前进的步伐会更加强健并且行稳致远。

拥有14亿人口的中国，经济总量目前位居世界第二。国际经济界判断，中国在总量意义上超越位居世界第一、人口3亿的美国在不远的将来就会实现，并且认为新冠肺炎疫情造成的冲击有可能让这个前景进一步提前。因此，国际力量对比将继续发生

自　序　在百年变局的视阈中构建未来

变化。但是，经济总量并不能代表国家综合实力的全部，中国与美国乃至其他发达国家在科学、技术、工业等诸多方面还存在比较大的差距，中国的发展目标并非对国际上的哪支力量实现简单超越，而是让中国人民过上更加幸福美好的生活，为世界的和平、稳定与发展做出更大贡献。

在变局中，美国"一超称霸"的地位动摇了，"一超多强"的格局正在被新的更加多极化的趋势所取代。但是，新出现的格局变化并非均衡的多极化。今后相当一段时间内，在世界上的多极力量当中，中国和美国显而易见将是实力排在前面的两个全球性大国。美国仍然是个超级强国，而中国是超大规模的新兴大国，在政治属性上保持着发展中国家的特质。

中美力量对比的变化带来格局转变的张力，新格局的形成处于动态局面。面对中国的追赶，美国进入 21 世纪的第一个十年表现出明显的战略焦虑，在第二个十年演化成战略恐惧，进而开启战略思考。在特朗普执政的四年间，美国提出对华关系进入战略竞争的政策宣示，并且不断采取加剧竞争甚至制造冲突的举措。是美国单方面选择步入"大国竞争的时代"，中国不得不对美国阻挠中国发展、侵害中国利益和尊严的挑衅行为做出反应并坚决斗争。

美国开启与中国的竞争是否会终止冷战后世界出现的长期和平发展趋势？是否会导致中美陷入对抗甚至发生正面冲突？基辛格博士 2020 年 11 月 16 日在线上举行的彭博创新经济论坛上发出警告：除非构建起能够合作的基础，"世界将滑向一场堪比第一次世界大战的灾难"[①]而且，他担心当今科技的发展导致这样的危险比过去"更加难以控制"。

确实，进入21世纪的第三个十年，世界面临方向性的重要选择。其中，关乎中美关系发展方向的选择是关键，在很大程度上将左右21世纪世界行进的方向。在经历了过去四年的动荡之后，国际关系界的许多学者都认识到，中美不应该做滑向冲突的最坏选择，即使竞争在彼此关系某些领域的演变中难以避免，它至少应该是良性的，迈向一种合作与竞争并存的状态，也就是说，两国在某些经济和科技领域开展竞争的同时，有意识地对竞争进行管理和控制。同时中美各自都有需要优先关注的重要国内和国际议程，对双方而言更重要的是在有共同利益的领域积极、务实合作，从而形成一种边竞争边合作、在合作中对分歧进行有效管控的调适和磨合状态。在能合作的领域开展合作，亦是管控分歧和差异的重要路径，而分歧管控好了，合作面就能维持住并有所扩大，使得两个大国之间的关系朝着习近平总书记所提出的不冲突不对抗、相互尊重、合作共赢的新型大国关系方向发展。

看世界变化，需要关注全球化之变

美国、欧洲等西方国家自诩为全球化的重要推手，其理论支

[①] 《基辛格喊话拜登：恢复中美对话 否则军事冲突可能性极大》，载中华网，2020年11月17日。

自 序 在百年变局的视阈中构建未来

撑是自由主义和多边主义，背后的推动力是资本的逐利扩张，大型跨国公司追求扩大市场，推动资本和资源在全球配置下实现利润的最大化。冷战的终结打破了两强争霸时筑起的壁垒，经济全球化成为社会生产力发展的客观要求和科技进步的必然结果，像一台巨大的推土机把世界"推平"了，生产资料乃至生产力都被纳入全球范围内的高效配置，为世界经济增长提供了强劲动力，促进商品和资本流动、科技和文明进步，活跃了各国人民交往。过去处于边缘的发展中国家也有机会参与全球竞争，发挥自己的低成本优势，赢得跨越式发展的机会，乃至成为经济全球化的重要推动力量。中国就是其中一个佼佼者。

经济全球化突飞猛进，来自发达国家的企业和资本也通过跨国流动获取了巨额利润，但是，一些国家内部在资本分配结构上的固有弊端造成的负面效应日益显现。例如，一些后现代化国家劳动力成本高昂，不可避免地出现制造业外移，加之国内二次分配调整不力，贫富差距拉大，部分中产阶级的收益减少，社会地位下降。经济全球化在国际上的表现也是不平衡的，国家间的鸿沟没有普遍得到改善。民粹主义在一些国家再度兴起，反全球化、逆全球化的声音上升。

美欧等西方国家推动全球化的初衷还包括一个重要目的，就是在世界上普及西方民主制度和人权价值观。苏联解体后中东欧和部分中亚国家的转型就是西方以民主改造为目标的政治全球化的重要组成部分。而美国在反恐战争中之所以越陷越深，原因之一也是附加了政治改造的目标，导致水土不服，至今阿富汗、伊

V

拉克和利比亚仍深陷社会矛盾和动荡之中。实践证明西方国家的这个目标设定是错误和失败的。

近年美国反思以往对华政策的一个主要论点是，中国融入经济全球化并且取得成功之后，没有出现西方所期待的政治改变。美国推动中国政治变革不可谓不下功夫，居高临下的人权说教从未停止，在文化和政治理念上也以各种方式试图施加影响。然而，以"为人民服务"为宗旨的中国共产党领导体制有着坚强的核心和广大人民群众的衷心拥护，善于审时度势和解决问题，中国特色社会主义制度在改革开放的实践中不断得到完善。中国没有走西方政治改造的邪路，而是在自身正确选择的道路上越走越成功。

目前主导美国政策和战略界的一种思维是，40年来试图通过将中国融入全球经济体系而实现政治改造的对华接触政策彻底失败了，不仅没能把中国改造成美国所期待的样子，反而不得不面对比苏联更难对付的中国战略威胁和挑战，美国必须从根本上调整对华政策。但是另一方面，美国也意识到中国已经"做大"、"做强"，实施遏制为时已晚，因此有了"脱钩论"，特朗普政府的各种极端操作不仅是试图减少美国市场对中国产品的"过度依赖"，更是要把中国从美国主导的全球经济体系中挤出去，切断中国发展的"外循环"通路，实在不行就另搞一套，拉着一帮伙伴重新搭建基于西方价值观和将中国排斥在外的新体系。

这是一种危险的倾向，因为它不仅不符合世界各国在不同历

自　序　在百年变局的视阈中构建未来

史文化浸润之下形成的多元政治现实和各美其美的客观演进方向，也违反经济全球化赖以存续的互利共赢原则，而且会破坏以优化生产力、优化资源配置为基础的全球产业链。这是在重拾"零和"对抗的思维，试图对现行国际秩序和供需体系进行拆解和重构，最终难免会将国际社会所有成员裹挟进去，使得给人类带来前所未有繁荣的"大融合"被扭转为将世界带入巨大不确定性的"大分化"。所以，包括联合国秘书长古特雷斯在内的许多世界级政治家都发出呼吁，提醒国际社会要谨防全球体系被撕裂成执行不同规则和标准的"两个世界"。

经济全球化能否继续向前走，取决于能否继续得到大多数国家的支持和参与。若要做到这一点，必须对其进行改革和创新，增加其公平性、普惠性、有效性，并且完善规则。中国等发展中国家需要在坚持融入的同时，努力参与这一进程。中国确立了构建人类命运共同体的理想，未来中国国际作用的发挥包括要更好地驾驭经济全球化的大趋势，就像习近平主席要求的那样"敢于在世界市场的汪洋大海里去游泳"。美国等西方国家则有必要正视现实，调整目标，使得国际秩序的改进、国际规则的演进、国际组织的延革更加适应国际政治、经济和安全的新现实。

看世界变化，不能忽视技术之变

以人工智能、生命科学、量子信息等为代表的新技术进步不断取得突破，预示着第四次工业技术革命的到来。中国战略界观察到的现象不仅限于技术变革本身给人类生产生活方式带来的冲击，也包括这种变革对国际关系特别是国际力量起伏所产生的深远影响。

综观近现代历史，中国曾经痛失前两次工业革命带来的机遇，陷入落后挨打的境地。然而，这一次不仅美西方国家，新兴国家也都参与到新的工业技术革命当中，中国更是及时搭上了快车，在有些领域站到了与发达国家接近的起跑线上，在个别领域甚至争取到一定的领先优势。

当今世界，美国仍是最能孕育和研发新技术的国家，中国也不断加大对高新科技的投入，尤其重视对新技术的融合和应用。美国对中国的快步发展和由此带来的竞争压力高度警觉和敏感，竭力试图站稳潮头，甚至不惜采取政治打压的办法遏制中国科技竞争力的增长。过去两三年针对华为5G、TikTok、微信等的粗暴行为便是明证，对中美关系造成了非常不利的影响，给美国半导体、软件等行业带来的影响也很难说是正面的。这种做法不仅不可能压制中国的发展，反而激发了中国人的意志，国家在发展规划中明确了坚持自主创新、补齐关键核心技术短板的方向。诚然，从更加广义的角度看，国与国之间长板和短板的存在反映的是在经济全球化推动之下形成的国际分工和相互依存特点，中国作为世界经济发展的新兴推动性力量，将不断扩大市场的吸纳能力。同时，中国在全球科技和经济结构中建立起来的长板也是推动世界经济发展不可或缺的动力，需要不断增强和扩大。

自　序　在百年变局的视阈中构建未来

在科学技术发展进程中，竞争从来都是存在的，也是激励更多创新的有效方式，不应该采取相互隔绝的办法去阻挡新的竞争。未来第四次工业技术革命的成功离不开中国的贡献和中美两国的合作。在全球化的时代，任何以单赢为目标的竞争都无法赢得支持，也难以取得成功。

总之，"变局"是我们理解当今世界的关键词。变化林林总总，理解百年变局，需要关注的是全球化给人类发展和进步带来的巨大影响和面临的困难；是国际力量对比发生的变化及其给国际格局造成的冲击；是中国与美国各自面貌的改变和相互政策的调整。这三大趋势，对世界在21世纪的发展方向具有关键性影响。

现在可以看到，席卷全球的新冠疫情正在形成二战后人类历史的一道分水岭，社会治理范式、国际机构运行，乃至全球供应链的稳定、跨境流动和人员交往的模式等，几乎所有领域都在发生重要变化，这些当然也会作用于中美关系。目前看来，新冠疫情是加剧而不是缓冲了分歧与矛盾，放大而不是缩小了怀疑与恐惧。如果多少年后回头看，人们可能还是希望这场疫情能够成为中美合作应对全球危机与风险的里程碑，而不是两国矛盾持续激化、彼此关系不断沉沦的催化剂。

对中国人来说，这一次和历史上曾经有过的世界变局不同，中国不再是被动接受变局的结果，而是作为变局的自变量之一，拥有了可以不断扩大选择权，甚至影响变局方向的战略空间。习近平总书记在谈到变局时，把中国放在其中。他指出，"我国处于近代以来最好的发展时期,世界处于百年未有之大变局,两者同步交织、相互激荡"①。

中国是在经济全球化的环境中成长起来的,具备了能够实现跨越性发展的很多条件,在资源和市场等方面与世界形成了千丝万缕的相互依存关系。中国未来的成功将继续有赖于一个和平合作的国际环境,继续有赖于与全球体系的紧密互动。同时,我们正在通过自己的主动作为,逐步具备影响国际秩序和完善治理规则的能力。

中国正步入世界舞台的中央,一言一行都在聚光灯下被外界围观、检视和品评,这是一种荣耀,更是考验。我们在越来越多的问题上行使与日俱增的话语权、选择权和影响力,需要更加谨慎和稳重。国际关系如同弹子球桌上的运动,大国的言行不可能不影响到他国,也不可能不受到他国的影响。我们需要不断提升构建人类命运共同体的意识和能力,增强构建国际战略、主动塑造外部环境的意识和能力,培育协调促成国际社会成员普遍希望之事的意识和能力,提高主动同外界沟通以说明自身目标、意图的意识和能力。

对大国来说,自身的诚信和他国的信任是最为宝贵的资源,必须孜孜以求。一个大国,唯有赢取了国际社会的广泛了解,进而赢得信任,才能更好地履行义务、行使责任。在《看世界2》中,我希望能回答外部世界提出的一些问题,回应国内公众的一

---

① 习近平:《习近平谈治国理政》第三卷,外文出版社,2020年版,第428页。

自　序　在百年变局的视阈中构建未来

些关切，同时，根据形势的发展对自己在第一部《看世界》中阐述的观点做一些延伸。希望能与读者们一道，从百年变局带给中国的机会、挑战和使命的角度，全面和深入地认识变化中的世界和我们自己。中国正在百年变局的视阈中构建未来，我们都应该做积极的参与者。

2020年11月29日于北京

目 录

自 序　在百年变局的视阈中构建未来　　　　　　　　　　I

第一章　国际格局的变化

世界处于选择关口　　　　　　　　　　　　　　　003

世界舞台需要"新剧本"　　　　　　　　　　　　011

格局新变化：把握百年未有之大变局　　　　　　　015

国际秩序未来方向　　　　　　　　　　　　　　　027

中国站在多边主义一边　　　　　　　　　　　　　032

第二章　全球化与中国角色

全球经济格局变化与中国　　　　　　　　　　　　039

全球化进退中的中国选择　　　　　　　　　　　　051

中国的崛起与美国霸权的自我消耗　　　　　　　　077

关于中国崛起的四个问题　　　　　　　　　　　　098

分享而不是分裂　　　　　　　　　　　110

第三章　国际关系

　　中美关系与21世纪的世界　　　　　　117
　　中美能否跨越"修昔底德陷阱"　　　　125
　　中美关系面临艰难的选择　　　　　　　130
　　中国和美国之间在争什么　　　　　　　133
　　慕安会上与佩洛西交锋　　　　　　　　152
　　"西方的缺失"与中国因素　　　　　　160
　　全球变革下的中国与俄罗斯　　　　　　169
　　为中日关系打开一片天空　　　　　　　175
　　不同的地缘政治观　　　　　　　　　　182
　　中国需要和平合作的外部环境——接受土耳其
　　　记者穆拉特·耶特金专访　　　　　　186

第四章　新冠肺炎疫情与国际形势

　　新冠肺炎疫情之后的世界　　　　　　　195
　　新冠肺炎疫情与中美关系：风险、选择和路径　201
　　中美关系的发展方向　　　　　　　　　225
　　面对新冠肺炎疫情，人类应同舟共济——接受

  克罗地亚《晚报》书面采访 230

第五章 亚洲和平问题

  中国的黄岩岛与2012年的黄岩岛事件 241

  朝韩在2018年的冬奥会上伸出和解之手 271

  朝核问题和平解决的机遇之窗 274

  中国与亚洲安全——接受新加坡《联合早报》
    书面采访 278

第六章 人工智能

  人工智能对国际关系的影响 285

  人工智能治理与国际合作 307

  中美有责任共创智能新时代 314

  人工智能国际治理 318

第七章 国际传播

  用好手中的"麦克风" 329

  世界希望了解中国 335

  传播是人与人的对话 340

如何向世界讲述中国故事　　　　　　　　　347

从世界的角度看中国，从中国的角度看世界
　　——接受《秘书工作》杂志访谈　　　　364

第八章　智库建设

中国智库的时代责任　　　　　　　　　　371

国际战略智库建设任重道远　　　　　　　379

附　录

是狐狸还是刺猬？——从加迪斯《论大战略》
　看美国"后冷战"时期的得失　　　　　385

回忆在英国肯特留学的岁月　　　　　　　394

后　记　共同期待未来之光　　　　　　　　401

第一章 国际格局的变化

世界处于选择关口*

2018年见证了世界的很多变化，各种矛盾集中暴露。2018年12月我在欧洲访问时，一个直观的印象就是有点儿"乱"。德国进入政治转换的阶段，法国的改革举措与公众情绪的碰撞导致了社会动荡，英国深陷"脱欧"困境，欧洲的三个主要国家都面临着不同程度的困难。一位英国学者说，西方的制度已失去效能，即将进入一段比较长的调整期。

欧洲的现象正是2018年全球激荡与分化的一个表现。一方面，冷战后高歌猛进的全球化进程似乎开始动摇，令人担心其是否会由此而退潮，甚至逆转。另一方面，大国竞争尤其是中美矛盾再度成为世界主要议题，各主要力量之间的利益和价值分歧变得尖锐，国际合作的吸引力和凝聚力开始下降。全球化和大国关

---

* 本文以《迈入2019，世界处于选择关口》为题，首发于2018年12月28日《参考消息》第11版。

系将何去何从，牵动着世界的视线。

如果用一个词描绘 2019 年，"选择"二字可能比较合适。在这样一个历史关口，在经历了充分经济全球化的今天，中国和美国乃至世界各国的选择，无疑会影响未来的历史轨迹，也会对 21 世纪的发展方向产生影响。

全球化该走向何方

全球化面临重要选择：是坚持大方向和改善全球治理？还是抛弃全球化，退回各自为政的隔绝状态？

不可否认，全球化成绩斐然，但是并不完美。一方面，经济全球化使得生产要素在全球层面得到更加有效的配置，带来生产规模和能力的大幅度提升与更加广泛的财富增长。另一方面，经济全球化的负面效应也日益显现——从贫富差距拉大，到金融监管缺失、治理改革滞后等。一些欠发达国家仍处于国际分工低端，诉求得不到有效回应。一些发达国家内部的分配也严重不均，中产和中产以下阶层的人抱怨没能从财富的增长中获益。对全球化的质疑既来自精英阶层，也来自普通民众。

以自由主义理念为基础的全球化的设计是一种综合性进程，还包括价值观、意识形态和政治制度等方面的内容。美国等发达国家试图用西方政治制度和价值观一统世界，不惜动用政治、军事手段，强行介入、改造他国制度，这样的做法不仅效果不彰，还带来大量后遗症。美国历史学家约翰·刘易斯·加迪斯在其著

第一章　国际格局的变化

作《论大战略》(*On Grand Strategy*)[①]中谈道，战略应是目标与能力的协调，不能固执地追求超出能力的目标。美国以推广政治民主制度为目标的对外扩张甚至战争，持续消耗其财富，透支了国家的能力和声望。

安全挑战也出现了全球化的趋势，由于世界缺乏维护共同安全的共识和手段，无论是对传统安全风险的防范，还是对非传统安全威胁的应对，都显得捉襟见肘。

人们开始反思全球化，甚至有人认为可以抛弃全球化，但是有什么替代方案吗？全球化的对面是什么？现在可以看到的是碎片化，是更多的无序和混乱。

中美关系面临重构

中美关系同样面临艰难的选择：是紧张轮番升级，相互"脱钩"，走向全面对抗，进而导致世界再度割裂，还是继续在同一经济体系内谋求共存共赢，相互调整，重归合作轨道？

中美关系将是影响全球化进退的关键因素之一。2018年，中美关系下滑的速度超出了人们的想象，紧张气氛从贸易外溢到其他领域。原因是多方面的，首先是美国国内政治和经济因素使然，与美国对外关系中利益失衡不无关系；同时，中美力量对比发生结构性变化也是一个重要原因。

[①] 约翰·刘易斯·加迪斯：《论大战略》，中信出版社，2019年。

观察美国调整对华政策的过程，如果用360度的圆环来描绘整个周期，从美国的观点看，"前半个圆"的调整已经完成。也即经过数年争论，美国对华看法发生了转折性变化，学界和朝野一致认为，过去40年对华接触和两面下注的政策难以为继，必须改变。然而，"后半个圆"向什么方向调整，却还看不清楚。如果现在问美国人，什么是新的对华政策和战略，可以听到的说法是五花八门的。预期新政策的形成需要一个过程，可能要在对各种事件和问题的处置、在与中国的互动和碰撞中，逐步形成。

当然，这"后半个圆"并非空白，一些新的主张和政策倾向已露出端倪。梳理一下看，大致有三种趋向。第一种，最糟糕和阴暗的意图是将两国关系引向全面对抗，也即人们经常议论的"新冷战"。这原本是极少数人的声音，但最近其影响扩展得很快。美国副总统彭斯讲话的调子[①]在一定程度上反映了这种倾向。第二种，"脱钩"的意图，也即将中国排挤出美国主导的经济体系。最近美国采取的打压中国高新科技企业和人才以及限制留学生的措施，就反映了这样的意图。第三种，也是摆在台面上的是美国挑起的贸易摩擦和相关要求。2018年，美国两次对中国高达2 500亿美元的出口商品加征高关税，刺激中国采取相应措施，这种害人不利己的做法已经给两国和世界经济秩序乃至信心造成了打击。

---

① 《彭斯副总统就美中关系发表演说 谴责中国多项行为》，载美国之音网站，2018年10月4日。

第一章　国际格局的变化

2018年基辛格博士访问北京时[①]，我问道："对当前中美关系有两种看法，一种认为，中美交往40年，关系起起伏伏，折腾之后总能回到正常轨道，如同钟摆效应，现在仍是这样。另一种认为，中美关系是范式性的转变。您怎么看？"基辛格博士话讲得很委婉，但是结论很清楚："中美关系回不到从前了。"他讲到40年来中国的发展和两国的交往，力量对比发生了变化，中美可能需要在一个新的层面探索新的交往方式。

是新的方式还是范式，它们将是什么样的，又将如何被构建？现在恐怕还没有双方都认可的答案。但可以肯定的是，中美在各个层面和各种问题上的交锋、博弈，乃至合作和交往，都会作用于这个构建过程。

中美应避免全面对抗

中国人不应也不会选择对抗和"脱钩"，更不赞成世界放弃经济全球化，走向隔绝和分裂。中美应在完善经济全球化的进程中解决分歧，而不是诉诸单边主义、民粹主义，用裂解全球化的蛮横方式处理矛盾和分歧。

2018年是中国改革开放40周年，也即将迎来中美建交40周

[①] 2018年11月上旬，美国前国务卿基辛格博士访问中国，法国国际广播电台予以报道，文章题目为《基辛格北京感叹：中美关系再也回不到从前了》，原文为"基辛格回答傅莹说，未来的中美关系不会回到特朗普以前的状态，也不会变成新冷战的全面对抗关系，而是走向一种新的范式"。

年。两个40年的重叠不是巧合，显示了中美关系的成长与中国的改革开放是同步的，也是与经济全球化浪潮相伴而行的。中国在改革开放中取得的成就，有中美合作的贡献，而美国不仅是中国改革开放的见证者，也是参与者和获益者。

争论"谁吃亏谁占便宜"，可能是无休止的，关键是以什么样的态度面对分歧，用什么办法走出困境，最终需要做出理智和符合潮流的方向性选择。习近平主席与美国总统唐纳德·特朗普在G20（二十国集团）峰会期间的会晤为此指出了路径。

习近平主席说，合作是中美双方最好的选择。双方要把握好中美关系发展的大方向，推动两国关系长期健康稳定发展。特朗普表示，美方愿同中方通过协商增进两国合作，并就双方存在的问题积极探讨对双方都有利的解决方法。①

中美关系站在一个关键的当口，两国的选择不仅会展现在国际层面，也必然会体现在国内层面，不仅要对彼此的经济、社会产生深远影响，也关系到两国和世界的命运。相信其他国家也希望中美两国都能做出负责任的选择。

不可否认的是，美国霸权的式微有时代必然性，中国作为成长中的大国，要体现出定力和智慧，避免被卷入下坠的涡流。面对美方挑起的各种对抗性的利益摩擦和冲突，中方需要采取的是冷静分析和拆解应对的策略。在政治层面，中方决不能接受美方

---

① 霍小光、骆珺、黄尹甲子：《习近平同美国总统特朗普举行会晤》，载新华网，2018年12月2日。

第一章　国际格局的变化

否定和改变中国政治制度的企图,对关系到国家制度、价值观的差别,双方可以坦诚交流,倾听对方,和而不同。在社会层面,中方要努力提升国际传播的意识和能力,更多提供中国的信息,让外界更好地了解在中国发生着什么、解决了什么问题、还存在什么挑战,避免那些对中国的不实指责继续泛滥。而美方提出的一些合理的具体要求和问题恰也是中国下决心通过深化改革开放要解决和完善的,双方正在本着相互尊重和谅解的原则谈判、寻求共识。

在新的时代条件下,中美竞争或许不可避免,但是双方应能避免最坏的全面对抗的情况发生。两国需要重新确立适应彼此实力对比的新基点,用旨在加强战略稳定、战略安全的沟通以及在地区和全球性问题上的协调,展现出两国关系的时代作用。中美可以开展合作的领域仍有很多,比如气候变化、医疗卫生、打击跨国犯罪、防扩散、网络安全、外空利用等。科学技术的日新月异也可以成为中美两国乃至世界各国的聚合因素,一个很重要的共同利益是维护新技术开发背后的人类道德底线,不要让新技术成为对抗的工具。

今天的选择将成为明天的历史,而过去的历史也会影响到今天的选择。20世纪曾经是一个充满战争与对抗的世纪,人们不希望这段历史重演,21世纪将会如何,这取决于当下如何选择。今天的中国面对更严峻的考验,须承担起更多的国际责任。中国既需要通过对话协调,也需要通过必要的斗争和竞争,努力与美国构建新型的良性互动范式。中国还需要与各国一道努力,改进和完善全球治理，确保经济全球化不偏离合作、包容的轨道，现行国际体系不重返分裂、对立的局面。尽管当下的世界充满忧虑，但是中国不会放弃维护世界和平发展大势的努力，唯此才能做出正确选择。

世界舞台需要"新剧本"*

2018年是中国改革开放40周年，中美关系也实现了长足的发展。如今，来自中国大陆的30多万学生在美国的大学学习，每年有近300万中国游客赴美旅游。两国在许多领域都成为重要的合作伙伴，彼此都从双方的合作中受益。

不过，两国关系并非没有困难。美国对中国的担忧日益加剧，将中国定位为挑战美国利益，影响、侵蚀美国安全和繁荣的"战略竞争者"。一段时间以来，美国声称要对中国实施贸易关税惩罚措施，这加剧了紧张气氛。

问题是，美国政府想把中美关系带向何方？

冷战结束后，美国出于意识形态、经济和安全目的，过多地使用军事力量，却并未实现预期的效果。现在，美国正在考虑进行战略紧缩。因为美国发现，2008年之后，中国的经济增量惊人，GDP（国内生产总值）从2008年到2018年翻了近3倍，而同期

---

* 2018年4月14日，傅莹应邀赴美国费城宾夕法尼亚大学出席沃顿中美峰会，在开幕式上发表题为"书写明天的历史"的演讲，本文系根据演讲内容整理而成，观察者网于2018年4月16日以《世界舞台需要"新剧本"》为题首发。

美国GDP增长了约1.3倍。[①] 照此趋势，中国赶上美国只是时间问题。这种前景使一些美国人深感忧虑。

中国正越来越接近世界舞台中央。

然而，这一舞台从未空场，几个世纪以来，舞台上的"老剧本"不断上演，你方唱罢我登场。中国面临的挑战是，如何找到适合自己的角色？

"老剧本"中的情节大多是关于权力斗争的，在这方面没有给人类留下多少美好的回忆。从古代自我毁灭式的伯罗奔尼撒战争，到20世纪给人类带来巨大灾难的两次世界大战，这样的剧目一次又一次上演。

依据"老剧本"中权力争夺的思维定式，一些美国人已经开始将中国视为对手和威胁。正如历史学家修昔底德所警示的：是雅典的不断崛起和斯巴达不断增长的恐惧，把它们拖入了冲突的陷阱。现在我们是否再次感受到了"修昔底德陷阱"的引力？

对中国人来说，眼前的镜像不是这样的。我们的心态更加平和一些，深信中美合作符合两国根本利益，有利于世界的和平与发展。

试图预判中国的人需要了解，中国对战争与和平有着自身丰富的经验和知识。例如，2 400年前伯罗奔尼撒战争爆发之时，中国正处于历时500多年的春秋战国群雄争霸的激荡岁月。

当时的中国也正经历着由蓬勃兴起的新思想和创新驱动的巨

[①] 数据引自联合国数据库。http://data.un.org/Data.aspx?q=GDP++US&d=SNAAMA&f=grID%3a101%3bcurrID%3aUSD%3bpcFlag%3a1.

大社会变革。那一时期见证了儒家、道家、法家等诸子百家的兴起，也曾被德国哲学家雅斯贝尔斯称为"轴心时代"。

文明必然会在人类身上留下印记。中华文明的遗产是珍惜和平与稳定，而不是相信权力斗争的必然性。例如，孔子主张"和为贵""慎战"，孟子主张"得道多助，失道寡助"，就连伟大的军事家孙子也认为，"不战而屈人之兵"是上策。

"国泰民安"始终是中华民族的奋斗目标，"岁月静好"是普通中国家庭的理想。今日中国军事战略的防御性质，就深深根植于古代传统思维。但是，中国自近代以来没有能够很好地保卫国土，一个多世纪丧权辱国的教训相当深刻。因此，中国人民期待国家强盛、军队强大，希望拥有强有力的国防力量。中国人深知，和平需要力量来保卫。

2017年秋天召开的中国共产党第十九次全国代表大会对国家的历史方位做出了重要的判断——中国特色社会主义进入了新时代，这是中国人民实现中华民族伟大复兴中国梦的时代。

诚然，中国是仍处于艰难爬坡阶段的发展中国家，距离实现国家现代化的目标还有很长的路要走，自身改革发展的任务还很艰巨。例如，我们需要在2018年至2020年使剩余的3 000万人摆脱贫困[①]；解决环境退化问题也是一项紧迫的任务；还需要通过加强法治和

---

① 习近平主持中共中央政治局会议，审议《乡村振兴战略规划（2018—2022年）》和《关于打赢脱贫攻坚战三年行动的指导意见》时提出："党的十九大把脱贫攻坚战作为决胜全面建成小康社会必须打赢的三大攻坚战之一，作出全面部署。未来三年，还有3 000万左右农村贫困人口需要脱贫。"

打击腐败来改善治理，等等。这个任务清单很长，在相当长的一段时间内，中国必须着眼于国内发展，使得每个家庭和每个人都能过上体面的生活。

中国要实现发展目标，需要一个和平的外部环境，同时我们也越来越意识到，国家需要为世界承担更多的责任。我们注意到世界对中国的期望和关切，需要更及时和以令人信服的方式，与世界交流我们的观点、说明我们的意图，让世界能够更好地了解我们。

在2018年4月初的博鳌亚洲论坛上，习近平主席发表了一个非常重要的演讲。他向世界表明，"中国开放的大门不会关闭，只会越开越大"，宣布了中国将采取进一步开放的一系列重大举措，包括大幅扩大市场准入，创造更有吸引力的投资环境，加强知识产权保护，主动扩大进口，等等。总之，中国将进入对外开放的新阶段。

这些政策和措施也为应对中美关系中的挑战提供了启示。中美两国多年来一直是彼此的重要伙伴。保持这种伙伴关系，找到双方都能接受的解决分歧的办法，符合双方的利益，中美两国应为此而共同努力。如果中美陷入对抗，无论是为了贸易问题还是其他任何原因，那么中美两国共赢的局面将不复存在。

习近平主席提出了建设人类命运共同体的愿景，我们希望这能为21世纪的世界舞台提供一个"新剧本"。

新一代人应该能够超越传统的强权政治心态，采取新的方式。毕竟，年轻人将书写明天的历史，使未来更加光明。

格局新变化：把握百年未有之大变局*

习近平主席指出："当前，我国处于近代以来最好的发展时期，世界处于百年未有之大变局，两者同步交织、相互激荡。"[①]他强调："领导干部要胸怀两个大局，一个是中华民族伟大复兴的战略全局，一个是世界百年未有之大变局，这是我们谋划工作的基本出发点。"[②] 习近平主席的这一论断是运用辩证唯物主义方法论，在深刻把握事物发展规律和人类历史演进规律的基础上，对时代特点和国际趋势做出的敏锐判断，为推进新时代中国特色大国外交提供了重要依据。

---

* 本文以《把握变局，做好自己，迎接新的全球时代》为题，发表于《世界知识》杂志2019年第19期。
① 习近平：《习近平谈治国理政》第三卷，外文出版社，2020年，第428页。
② 杜尚泽：《习近平总书记江西考察并主持召开座谈会微镜头》，2019年5月23日《人民日报》第02版。

"百年未有之大变局"的核心是世界格局之变，动能之一是中国的崛起

从广义上讲，世界格局是指一定历史时期国际力量的结构，狭义上是指在国际舞台上博弈的主要力量之间的相互作用，以及由此而形成的相对稳定的状态。随着冷战时期美苏对峙的两极格局解体，美国成为唯一霸权国，试图确立以"美国治下的和平"为特征的单极世界。然而，在经济全球化大潮的推动下，世界格局实际上呈现的是"一超多强"形态。经过20多年的演进和多种力量消长的相互作用，后冷战时期的世界格局在21世纪的第二个十年开始发生动摇。

中国的上升和美国的收缩，构成新一轮世界格局调整的主要牵动因素。中国在共产党的坚强领导下，坚持正确的政治方向，不断深化改革开放，经济实现较长时期高速增长，人民生活水平得到显著提升，尤其基础设施之完备、制造业规模之巨大，受到全球瞩目和认可。在2007年美国次贷危机引发的世界范围的金融和经济危机中，中国经济表现良好，在全球经济增长中发挥了"火车头"的作用。中国在制度、文化、军事等方面的影响力开始上升，在国际事务中的发言权和影响力都得到增强。

美国在"9·11"事件后发动反恐战争，对伊拉克、阿富汗采取军事入侵行动，并试图对这些国家进行政治改造，其追求的目标超越了现实可能和自身能力，造成战略透支。而在经济层面，"后冷战"时期的美国，全要素生产率增长呈现下降的趋势，

2004年至2014年为0.4%，不到20世纪70年代的1/4，科技创新对实体经济增长的拉动作用放缓；监管失策导致金融危机，波及欧洲乃至世界其他地区；国内二次分配也没有跟上经济全球化的步伐，贫富差距拉大。美国学者对目前的政治极化和政府效能下降忧心忡忡。

美国作为世界的主导性大国，在战略判断和政策上不断出现失误，导致国力和影响力下降，财政捉襟见肘，主导世界事务的意愿发生动摇。特朗普治下的美国，不再热衷于对外投入，急于甩掉"不必要的"责任，避免再陷热点泥潭。这样的美国，即便能维持世界强国地位，也已开启霸权盛极而衰的曲线。美国开始对其他大国的地位上升感到焦虑，从战略上重新聚焦大国竞争。与此同时，西方"市场经济+自由民主"的模式遭遇信心危机，欧盟出现离心和右化倾向，内部矛盾成为焦点，联合行动能力减弱，与美国的矛盾也在扩大。美国地位动摇的背后，是整个西方世界的地位危机。

用一组数据很能说明力量对比的变化。据世界银行统计，1991年冷战结束时的全球GDP占比的情况，美国是25.73%，OECD（经济合作与发展组织）国家是82.7%，中国是1.59%；2018年美国是23.88%，OECD国家是61.3%，中国是15.9%。2003年美国发动伊拉克战争时，中国的GDP相当于美国的1/9；2010年美国自伊拉克撤军时，中国的GDP已接近美国的1/2，现在则达到美国的60%以上。照目前趋势，中国在2035年前后成为世界最大经济体是大概率事件。然而，"美西方"仍然拥有超强的综合实力和国际体系里的优势地位,其相对下降是"慢动作"过程。考虑到美国的自我修复能力和汇率因素、国际安全等变量,美国国力的恢复也不是完全不可能的。

中美在同一国际体系的有限时空内出现反向演进,必然带来国际权力调整的张力,也更加凸显两国包括政治异质在内的结构性矛盾。在未来相当长时期内,美国无力阻挡中国的崛起和发展,中国也不具备全面取代和挑战美国的充分条件,双方相互竞争、彼此防范,但又无法彻底对立隔绝。在真正确立多极格局之前,世界将在过渡期中摸索前行,这期间的不确定性和机遇、风险都会更加复杂。

中国之和平崛起,是在经济全球化深入发展、科技革命日新月异背景下的新型崛起,时代的变革为中国的成功提供了机遇

作为世界格局之变的重要背景,经济全球化有力地促进了资本、技术、劳动力、信息等生产要素在全球的优化配置和世界市场的不断扩大,不仅带来了财富的快速积累,也导致世界权力越来越分散,不可避免地引起地缘经济、政治利益和制度、文化影响力的重置。数百年来,世界工业化和经济增长的重心局限于西方世界内部,冷战后,中国等新兴市场国家加入经济全球化的浪潮,促成今天这样的产业链和利益链在全球范围更加广泛的分布,中国这样规模的大国也得以从链条低端向中高端攀升。

第一章 国际格局的变化

不可否认的是,全球治理的"能力赤字"也日益暴露,财富过度集中、金融缺乏监管等弊端凸显。反全球化、逆全球化浪潮兴起,民粹主义和保护主义泛滥。特朗普正是被这股潮流推上台的,他主张"美国优先",大搞保护主义,使全球体系面临裂解、重组的压力。与此同时,气候变化、恐怖威胁、海上安全、塑料污染等全球性挑战,呼唤更加有效的全球治理,人工智能等新兴技术的快速发展也要求国家间携手合作、防范风险。改革和完善全球治理的需求,呼唤中国等新兴发展中国家也承担部分责任。中国通过"一带一路"倡议、创设亚洲基础设施投资银行(以下简称亚投行)、推动金砖国家合作等努力,主动提供新型公共产品,赢得了越来越重要的国际影响力。但是,全球治理的"赤字缺口"巨大,并非任何一国能独自填补,未来全球治理的改革和完善离不开国际协调与合作,也不可能脱离现行国际机制"另起炉灶"。中国在参与全球治理的过程中,还需要加快学习和适应,以提升在经济全球化的"大海"里畅游的能力。

世界变化的另一个重要表现是,以人工智能、清洁能源、机器人技术、量子信息、虚拟现实以及合成生物技术为代表的新技术不断取得突破,预示着第四次工业技术革命的到来,足以颠覆人类生产生活的传统形态。而在这些新技术的推广和应用中,"美西方"与新兴国家都参与其中。中国也及时搭上了信息技术革命的快车,依托雄厚的制造业基础,发挥制度、产业和人才优势,在人工智能、云计算、数据网络、区块链、感知应用、5G等领域,站到了与发达国家接近的起跑线上,在个别领域甚至争取到比肩的优势。当今世界，美国仍是最能孕育和研发新技术的国家，中国则以融合和应用见长，未来第四次工业技术革命的成功离不开中国的贡献和中美两国的合作。

中美关系正在成为左右未来世界格局演进方向的关键

国际关系理论惯用"权力转移"来描绘世界格局转换，其基本逻辑是：主导国通常不肯让权给崛起国，而崛起国必然会利用自身快速增长的实力，拓展海外市场、堆积军事能力、垄断尖端技术、排挤主导国利益，借此改变原有秩序和规则，谋求与自身新的实力地位相匹配的"国际特权"，由此导致既有秩序瓦解。当崛起国的努力取得成功，世界主导权的过渡完成时，新的秩序就开始了。回望历史，近代以来的世界"领导权"转换都是在西方国家间发生的，虽然不乏激烈争夺，但是，竞逐者有着相通的历史、文化和制度背景，所产生的"权力转移"本质上是同一政治文明形态内部的"领导权"更迭。比如，美国与英国之间的世界权力更迭，基本上以和平方式实现，美国借助在20世纪的两次世界大战中积累的实力，成功实现了对世界权力的接替和对国际体系的部署与掌控。

然而进入21世纪，世界格局再度出现调整的动向，而这次推动变化的张力不是完全来自西方同质文化圈内的国家关系变化。新的冲击力至少部分是由中国这样一个在历史、文化乃至政治信仰和发展道路上都与现存的主导性大国截然不同的国家之崛

第一章　国际格局的变化

起带来的。中美多重特质差异决定了这一轮格局调整中的利益重置和规则的再确立，其特殊性、广泛性和复杂性，都将是数百年来国际关系史上所未有的。

美国面对的是中国共产党领导的东方社会主义大国崛起。不同于当年的苏联，中国已经融入全球经济体系，与"美西方"的经济、贸易等利益深度交融。美国无法像对待苏联那样全面遏制、彻底打压中国，更何况中国并没有显示出要与美国争霸天下的政治意图。中国的国际政治基因是反对霸权的，中国的国际政治主张的倾向性是多边主义和多极化。但是美国出于霸权的惯性，做不到对中国的追赶无动于衷，也不想任由中国尽享机遇。特朗普上任以来，美国大幅调整对华政策，释放出大国博弈的信号，摆出如果中国不想打冷战就必须改变自己的挑衅姿态。但是，目前的特朗普政府难以完成美国对华新战略思维的构建，他本人更关心的是在竞选中有过承诺的经贸等具体问题。而美国战略界的强硬势力显示出更深的竞争意图，短期内试图尽可能地压制中国的赶超势头，长期则想通过战略围堵和遏制，赢得阻止中国获取所谓世界主导权的终极博弈。一段时间以来，一些鹰派势力试图在特朗普政府与中国的摩擦中增加冲突因素，包括在贸易谈判中增加政治要求，在科技、军工、电信系统等关键领域推进"脱钩"。美国军方则以西太平洋、东印度洋为重心，升级军事部署、强化同盟网络、开展战略统筹，利用南海、台湾等问题增强对中国的制衡。

目前，美国国内基本形成了必须调整政策以更坚定、有效地牵制中国的共识，要把中国当作一个崛起的强国对手来对待。但是，美国国内对究竟构建什么样的对华新政策，还缺乏清晰的共识，有主张"聪明竞争"、在加强遏制的同时保持接触合作的，也有主张不惜一战全力打压中国的。由此可见，中美关系将揭开新篇章，彼此既存在观念、目标、路径上的差异，也有广泛的共同利益需要协同，未来世界局势如何演进很大程度上取决于中美两国的选择。

怎样在"百年未有之大变局"背景下，维护和平与发展的时代主题，推进构建"人类命运共同体"，这是中国需要认真回答的历史命题

在2018年6月召开的中央外事工作会议上，习近平主席强调，当前，从党的十九大到党的二十大，是实现"两个一百年"奋斗目标的历史交汇期，在中华民族伟大复兴历史进程中具有特殊重大意义。我们要深入分析世界转型过渡期国际形势的演变规律，准确把握历史交汇期我国外部环境的基本特征，统筹谋划和推进对外工作。

"百年未有之大变局"的根本动因来自世界主要力量的消长变化，不是脱离中国发生的。崛起的中国既是"变局"的一大促进因素，又是"变局"巨大影响的承受者，更是其方向的重要影响者之一。没有什么比做好我们自己更重要。在此基础上，我们需要把中国自身的变化与世界的变化放在一起考察和考虑，找准

第一章　国际格局的变化

中国的位置、利益和作用，把握好变局当中蕴含的机遇和挑战，坚持改革开放、融入世界，坚持推动和平合作，坚持推进全球治理变革，主动驾驭、影响和塑造变局，为自身发展不断创造有利的国际环境，为维护世界和平、促进共同发展发挥影响力，进而推动构建人类命运共同体。

"百年未有之大变局"是和平与发展大趋势动态演进的结果。尽管世界乱象横生，但是，尚未打破大国的相互制衡，尚未瓦解经济全球化条件下的相互依存，也未能颠覆第二次世界大战后行之有效的外交原则和国际机制。世界总体和平与发展的态势没有发生根本性改变，中国的积极影响也将日益强有力地作用于这个世界大趋势。正如习近平主席做出的论断："和平与发展仍是时代主题。同时，世界面临的不稳定性不确定性突出，人类面临许多共同挑战。"[①] 这一论断提示我们，在对和平与发展保持信心的同时，不能高枕无忧，对变化视而不见，必须对风险挑战的不断增多有足够警觉和反应，统筹好国内与国际两个大局、发展和安全两件大事，主动博弈、积极引导，努力塑造良性发展条件，有效防范、应对各类风险。

形势固然复杂，中国的方向是明晰的。我们党和国家在现阶段的中心任务是确保实现"两个一百年"奋斗目标和中华民族伟大复兴。在习近平新时代中国特色社会主义思想指引下，中国的

[①] 习近平：《决胜全面建成小康社会　夺取新时代中国特色社会主义伟大胜利——在中国共产党第十九次全国代表大会上的报告》，载共产党员网，2017年10月18日。

最大利益在于确保迈向强国的进程不被中断，实现"两个一百年"奋斗目标不被阻挠。大的选择已经做出，一系列次级选择和操作均需与之匹配和协调，其他所有利益和目标均应服从和服务于大的目标和方向。

美国现阶段对中国疑虑和竞争性上升，同时又与中国有着千丝万缕的联系和不可或缺的合作需求，是中国必须长期打交道的对象。美国霸权是否会衰落，取决于其自身的调整，这将是个长期缓慢的过程，而其作为世界强国仍有明显优势，对世界的金融、通道乃至信息等关键元素仍有相当的掌控力。这个现实构成中国和平崛起的典型外部条件。中国需要继续适应和努力维系现行国际秩序和国际体系，在此基础上改造其不合理、不公平之处。应对与美国的博弈亦是需要在这个框架之内进行的。靠妥协难以协调出合理的中美关系新态势，要敢于斗争，善于斗争，通过斗争维护核心利益和关键利益，通过斗争防范各种风险和挑战，在斗争中推动形成新的交往范式，争取实现和平竞争、合作共赢的新型"竞合"关系。

对中国来说，俄罗斯既是最大、最重要的邻国，也是目前在全球舞台上最可倚重的战略协作伙伴。高水平、强有力的中俄关系不仅符合双方利益，也是维护国际战略平衡和世界和平稳定的重要保障。习近平主席 2019 年 6 月访俄时正式宣告，中俄战略协作伙伴关系迈入新时代，我们需要适应新时代的要求，在复杂变化的国际形势下赋予两国关系更丰富的内涵，不断开创合作新局面，这包括在"大安全"理念下将支持对方的发展道路提升到政治安全合作的高度，也包括深化经贸关系和军事安全合作，使双边关系有更强劲的表现。

中国国际关系的根基在周边。中国要在国际上发挥大的作用，首先需要有能力维护周边和平、稳定与繁荣。我们需要不断增强在周边外交中的主动性，更加积极地参与亚洲事务，尽可能多地争取伙伴，以"亲诚惠容"的实际言行赢取人心。在经贸和安全等方面，制定处理分歧与矛盾的规则和机制，以便于遇到重大问题时能有效共同应对。升级"一带一路"倡议推进模式，例如，在处置纠纷的法律框架、环境保护的共同标准和处理债务的协调方式等方面，与相关方研究并提出解决方案，通过更多的民生、民心工程和公共产品，加大周边合作和各国之间的相互倚重和认同。

中国是在现行国际秩序和全球体系内和平崛起的，因此有责任维护之，但是，也要直面现行秩序不公正、不合理和滞后于时代的方面，积极推动改革和完善全球治理。中国凭借自身天然禀赋和后发优势，应能扮演更重要的角色，通过"一带一路"倡议等为经济全球化赋能，最终将世界旧的霸权体系转换为有利于世界各国和平相处、共建繁荣的新体系。随着新科技的兴起，中国要勇立创新与应用的潮头，积极参与人工智能等新技术的规范和规则制定，努力促使新技术的研发和应用造福于人类共同福祉，而非加剧恶性争斗。中国只有为完善全球治理做出更多实际贡献，才能印证"中国越强大，世界的和平、发展与繁荣越有保障"的道理。我们也需做好政治和政策上的国际传播，更好地维护和提升自身国际形象。需要超越传统思维和方式，提升国际化和专业化水平，学会不仅多做还要多说，不仅做好还要说好，培育和提升国内和国际舆论的动员能力。需要激发国际思维，扩大国际视野，把思想统一到习近平外交思想的认识上来，增强对国家总体目标和外交大方向的了解和认同。在国际上更好地解释和说明自己，给世界稳定的预期，为中国的和平崛起赢取更多理解和支持。中国与国际社会的沟通应是多层次的，除了官方交往，还有必要动员国内各类力量广泛参与，及时主动地发出有说服力的声音。

当今世界仍处于两极格局瓦解后、多极格局确立前的漫长过渡期，风险和挑战高度集中。但是，中国毕竟是这次变局的主要牵动力量之一，在对冲风险的同时，我们也需要增强对世界和平与发展的责任意识。从现在起到21世纪三四十年代，是中国实现"两个一百年"奋斗目标的关键期，中国崛起的大势是任何国家、任何人、任何势力都难以阻挡的。只要我们统筹好国内国际两个大局，增强"四个意识"、坚定"四个自信"，保持战略定力，发扬战略智慧，就可以把握住世界格局转换的正确方向，开启中国能够参与其中并发挥更积极作用的新的全球时代。

国际秩序未来方向*

当前,对国际秩序未来发展方向的讨论很热烈。世界将再度走向"新冷战"吗?中国如何选择?在21世纪第二个十年即将进入尾声之际,中美贸易摩擦及其产生的综合影响像一面镜子,折射出国际形势的起伏变化以及美国这个大国的思维和行动带来的不安。

不过,人类社会已经发展到了今天这样高的文明水平,理智告诉我们,没有必要陷入悲观。在由清华大学主办、中国人民外交学会协办的第七届世界和平论坛上,不少嘉宾谈到对国际形势的看法和对未来的判断,一些观点令人印象深刻。

第一,世界政治权力分散化的趋势比较明确。大家都承认,已经不可能由哪个大国继续独霸世界,即便是最强大的国家,也

---

* 2018年7月14日,傅莹应邀在北京出席第七届世界和平论坛,以"国际秩序的未来方向"为题发表讲话,2018年7月19日的《环球时报》在第14版发表文字整理版。本文系根据讲话内容重新整理而成。

必须同其他国家合作处理国际事务。与此同时，国家权力受到国际组织和其他非国家行为体的削弱和掣肘。以联合国及其相关机构为基础的国际秩序虽然存在这样那样的问题，但是仍然得到国际社会的普遍支持。

第二，经济全球化大势不太可能逆转。尽管逆全球化和保护主义的动向表现得比较明显，但是不可否认，全球化做大了世界经济的蛋糕，促进了科技和文明的进步，各国都从中受益。自20世纪80年代以来，世界经济增长了三倍多，所带来的红利惠及几十亿人。因此，绝大多数经济体仍坚持自由贸易的方向。同时发生的是人文交流的扩大，据OECD统计，全球有超过500万的学生在本国之外接受教育。相信他们和绝大多数年轻人都不会支持让世界退回到分裂割据的状态。

第三，世界总体和平有望得到维持。尽管国际安全局势复杂，存在国家间争议、核导扩散等各种各样的问题，以及太空、网络等新领域里的挑战，但是，没有哪个国家想以全面战争的方式解决问题。在分歧面前，外交应该发挥更大的作用，各国能谈判的尽量谈判，该克制的尽量克制。就像习近平主席2018年4月在博鳌亚洲论坛年会演讲中指出的，"当今世界，和平合作的潮流滚滚向前。和平与发展是世界各国人民的共同心声"。

关于秩序问题，大家普遍关注下一个秩序应该是什么样子的。旧的秩序已经不能完全应对当今世界的所有问题，但是新的秩序还没有明确图景。现实情况是，一方面，包括美国、中国、俄罗斯和一些欧洲国家在内的许多国家都不同程度地面临挑战，需要专注于处理和解决内部问题，一些国际问题也是国内问题外溢的结果。另一方面，大国间的矛盾和分歧更加突出。美国开始强调竞争、弱化合作，导致其对外关系中的负面因素更加突出。

面对这样的局面，中国该做什么样的选择？中国的对外政策服务于国家基本发展战略的需要，着眼于维护世界和平，促进国际合作。中国不会改变基本的对外政策，而对美政策则是中国整个对外政策的重要组成部分。

美国对华政策向哪个方向调整，似乎还不很清晰。未来美国对华政策的调整在很大程度上将取决于中美互动的结果，也会受到世界大势和与各国互动的影响。如果中国一如既往地坚持原则，以建设性方式解决各种矛盾和挑战，应该也能对美国对华政策的走势产生正面影响。

改革开放 40 多年来，中国经济的增长相当程度上得益于对内不断改革和完善市场环境，对外坚持扩大开放。其实美国和欧盟等在经济贸易等领域提出的一些要求，也恰是中国基于自身发展需要正在努力改革和完善的方向。例如，在知识产权保护方面，中国全国人大常委会多次修改完善著作权法、商标法和专利法，国务院和最高人民法院出台了配套法规和司法解释等，形成了更加完善的知识产权保护法律体系。全国人大常委会还在 2014 年做出决定，在北京、上海、广州设立专门的知识产权法院，加强司法保护。

国际安全始于国内安全。中国在国内治理上的不断提升将为中国与美国和其他国家的合作提供更好的基础。中国也将以更加坦诚、务实和开放的态度参与全球化进程，推动改革现行秩序、完善全球治理。

构建人类命运共同体的思想体现了大智慧，有深厚的中国文化根基，也有鲜明的政治立场。其要义是，世界上的事情大家商量着办，共同的利益大家一起维护。千里之行，始于足下，未来的路需要携手前行。

不少学者认为，联合国及其安理会在国际安全治理上的作用应该得到尊重，但是其不足以应对所有安全问题。而美国主导的安全同盟是封闭和排他性的，同盟之外的国家面临着如何保障自身安全利益的问题。以朝核问题为例，美国不断强化自身和同盟国的安全保障，包括举行大规模联合军事演习和强化经济制裁，同时却拒绝谈判，结果刺激朝鲜在核导开发上越走越远。而当美国开启对话，明确表示要认真考虑朝鲜的安全诉求时，就出现了柳暗花明的机会。虽然朝美对话结果如何仍难预料，但关键问题是显而易见的，只有把各方安全利益都考虑进去的解决方案，才行得通。

在当今世界所有具体的安全问题上，都存在一个是寻求共同安全，还是通过损害对方安全追求己方绝对安全的矛盾。如果各方都承认未来的世界是要实现和平共存的，就需要走出自身利益的小圈子，搭建一个更宏大、更具包容性的安全框架。

现在出现的问题是，美国人越来越担心中国要挑战美国的主导地位，中国人担心的是美国试图遏制中国的发展。这样的扭曲反映在许多问题上。比如在贸易领域，中国人看到的是美国企业

第一章　国际格局的变化

从中国获取了巨大利益,而美国人却认为自己在对华贸易中"吃亏了",甚至强行增收关税,这在中国被看作霸凌行为。我们需要重视和着力解决中外相互认识扭曲的问题,并且避免新的矛盾积累,减少对中外合作的干扰。

世界对中国的作用有期待,同时也有担心。中国人似乎缺少主动说明自己的习惯和经验,但现在中国人已经越来越意识到,国家的国际地位在上升,肩头的国际责任在增加,因此需要更快地学习和提升开展国际传播的能力。很多事情,自己不主动讲,谬论和误解就会大行其道。中国人要学会去说服别人。这里确实存在方法和技巧的问题,是需要我们认真学习的。

中国站在多边主义一边*

2019年6月28日,在日本举办的G20峰会上发表的领导人宣言是这样开篇的:G20大阪峰会是在当前单边主义和保护主义严重冲击国际经济秩序,全球经贸关系紧张,世界经济面临的风险和不确定性明显上升的情况下召开的。所以,首脑宣言明确提出要"维护并发展自由、公正、非歧视的贸易体制"①。

王毅国务委员在介绍习近平主席出席G20大阪峰会的成果时,用得最多的一个词就是"多边主义"。他在总结概括中说道,习近平主席"高扬多边主义旗帜,倡导伙伴合作精神,践行互利

---

* 2019年7月9日,傅莹应邀在北京出席第八届世界和平论坛,在"多边主义和单边主义"专题论坛上做题为"坚持多边主义,维护国际合作"的发言,本文系根据发言内容整理而成。

① 安倍晋三:《安倍首相在G20大阪峰会第一阶段会议上的演讲》,载日本首相官邸网,2019年6月28日。

共赢理念,阐释共同发展主张"[1]。

2019年4月"元老会"[2]成员访问北京的时候,习近平主席在会见中向他们谈到这方面的问题[3],他说,单边主义的冲击让许多国家都感到压力和担忧。但是,国际社会支持多边主义的声音仍然是主导性力量。要确保既有的多边进程不停顿,已经取得的成果不倒退。中国提出"一带一路"倡议,是对多边主义和国际合作的重要贡献。

中国对多边主义的认同和支持是与中国自身的外交理念相一致的,反映了中国外交的价值取向,也有其历史缘由。

2019年新中国外交已经走过了70个年头的不平凡道路。中华民族对自己因为贫困落后而遭受外强欺凌和干预的经历有着刻骨铭心的记忆,因而,从文化基因上是反对霸权主义和强权政治的。新中国外交的基石之一就是支持国际合作,中国秉持和平共处五项原则,主张互谅互让、和平谈判解决矛盾,不干涉内政,主张共同安全,维护和平发展的国际大势等,都包含了多边主义的内涵。

在外交上,中国也是多边主义的践行者,新中国恢复联合国合法席位后,一直支持联合国发挥积极作用,维护联合国权威和

---

[1] 新华社:《不畏浮云遮望眼——国务委员兼外交部长王毅谈习近平主席出席二十国集团领导人大阪峰会》,载新华网,2019年6月29日。
[2] "元老会"由南非前总统曼德拉倡议于2007年7月成立,由各国前政要和重要国际组织前负责人组成,宗旨是推动对话解决冲突、贫困、疾病等全球性问题。
[3] 赵成:《习近平:国际社会支持多边主义的声音仍然是主导力量》,2019年4月2日《人民日报》(海外版)第01版。

地位。

在我的外交职业生涯中，印象比较深的是冷战后在全球化浪潮带动下，多边主义再度兴起。当时中国内部改革开放步伐加快，对国际合作的兴趣和能力也都快速增长。例如，20世纪90年代中期，中国开始参与东亚地区多边合作，而且合作不断深入，在一定程度上也通过主动参与促进了周边地区多边机制的成长和扩大。从倡导中国－东盟自贸区，到升级自贸区，进而推动区域全面经济伙伴关系，中国一直是经济全球化和区域经济一体化的积极支持者和参与者。2015年12月成立的亚投行是首个由中国倡导并主导设立的多边金融机构。中国2013年提出了"一带一路"倡议，几年来以共商、共建、共享为原则，与"一带一路"沿线国家和地区开展政策沟通、设施联通、贸易畅通、资金融通、民心相通，通过以点带面、从线到片的方式，逐步形成了区域合作大格局。

应该说，随着中国自身能力的上升，中国对国际多边合作的参与能力更强了。上海合作组织、中非合作论坛、金砖国家峰会等，都是在经济全球化背景之下中国积极倡议的多边合作平台。中国在主张维护现存国际多边机制的同时，赞成对其进行改造和完善。中国因为自身历史经验的原因，坚持不结盟的政策，但是这并不妨碍中国积极推进与多国开展战略合作。

诚然，由于中国是现代国际政治的"后来者"，中国学界对国际政治语汇"拿来"的概念比较多，"多边主义"和"单边主义"等词汇的本意和渊源都有复杂的背景。现代多边主义的兴盛，其缘起不能忽视当年威尔逊主义的实践和第二次世界大战后国际体系的确立。

多边主义必然意味着主权的适当让渡，意味着大国对小国和弱国的适当照顾，也需要国家在自身利益和共同利益之间寻找平衡。多边主义不能成为大国为自身利益而侵犯他国利益的载体。同时，多边主义不能无视国家主权的存在，特别是在涉及领土主权这样的严肃问题时，就必然要更多强调主权权益的不可侵犯性，对出现的争议需要直接相关方谈判解决。中国主张通过对话谈判和平解决争端，除非迫不得已，是慎用武力的。

因此，我理解，多边主义的实用性更多是在涉及国际社会公共利益和面对共同风险和挑战时的合作行为。而"单边主义"一词在中国的语境里是贬义词，往往与"霸权主义"和"强权政治"等同起来看。

中国不仅在不断丰富自己参与国际事务的经验，也在不断发展自己的国际关系理论。这体现在对西方传统概念的中国化解读，在消化吸收过程中融入了中国自己的理解和智慧。比如"全球化"，我们支持经济全球化，认为这是不可逆转的大趋势，但是从未接受西方推行的"政治全球化"，我们并不认同西方政治制度和价值模式的全球化；再比如"全球治理"，我们需要重视现存的体系，同时要根据新的变化去不断完善。例如，人工智能技术的研发和应用，为我们的生产和生活带来过去无法想象的便利，同时也蕴含着复杂的风险，需要人类社会共同思考和应对。

中共中央政治局的集体学习两次聚焦全球治理问题。习近平主席提倡共商、共建、共享的全球治理观，号召为改革和优化全球治理注入中国力量。人类命运共同体理念的提出，更是对多边主义的升华，也是对全球治理的期许。

最近这几年国际形势变化很快，其中有中国成长带来的影响，更多是美国的战略和政策调整带来的动荡和不确定性。我们面临的并非简单地在多边主义与单边主义之间做选择，也不是在自由主义与保守主义之间做选择，而是：要维护和平与发展，还是走向战争与冲突；要继续推进经济全球化，包容和聚合，还是倒退回阵营对立、集团割据的状态。

从中国的角度，我们还是要看到，世界大势是和平发展，和平合作是国际交往的正确路径。不能轻易动摇。

第二章 全球化与中国角色

全球经济格局变化与中国*

当前,全球经济格局正在发生着深刻的变化,最显著的特征是资本、技术、市场等生产力要素,由发达的部分国家向非西方的更广泛的区域全方位扩散,全球市场和资源的配置发生了重大变化。国际金融危机进一步削弱了美欧在全球格局中的地位,与此同时,一些新兴国家应对危机得当,实力与地位有所上升。尽管世界经济格局发生了重大变化,但西方发达国家在世界经济和科技中的主导地位并未有根本改变,新兴国家要赶上还有很长的路要走。

党的十六大报告提出,"21世纪头20年,对我国来说是一个必须紧紧抓住并且可以大有作为的重要战略机遇期"。21世纪的前十年,正如党的十六大所判断的,确实给中华民族带来了难得

---

* 本文系傅莹2011年1月在中央党校第48期省部级干部进修班期间完成的《世界经济格局变化与应对》专题研究报告,其节略版以《全球经济格局变化对我国战略机遇期的影响》为题发表于《新远见》杂志2011年第8期。

的战略机遇，我们抓住了机遇，实现了国家的跨越式发展。21世纪第二个十年仍是我国和平发展的重要战略机遇期。我国在全球经济格局变化中实现了自身的大发展、大进步，参与国际竞争、抵御外部风险、维护国家利益的能力进一步增强。同时，我国的经济增长日益依赖全球资源配置，发展的目标、速度、途径等深受国际环境的影响和牵动。国际环境中的复杂因素对我国发展的外部挑战增多。

在外交工作中自觉实践科学发展观，需要科学判断国际形势和我国面临的外部环境，特别是要从统筹国内国际两个大局、维护我国发展权益的角度出发，分析和认识国际环境中的新情况、新问题和新挑战。我国的外交战略和政策也在不断适应全球经济格局变化带来的新形势，致力于创造条件维护和延长战略机遇期，更好地为发展大局服务。

21世纪前十年战略机遇期的特点

第一，和平发展的潮流带来安全红利。20世纪90年代初冷战终结，世界安全形势得到了极大的改善。正如邓小平同志做出的重要判断，"世界大战打不起来"。在这十年中，开展以促进经济发展为目的的各种合作已经成为国际行为和国家间交往的主线，这也有力地推动了世界经济从20世纪90年代起得到持续、大幅度的增长。尽管冷战后美国拥有绝对优势和超强地位，在国际上以己画线，压制有不同意见的国家，连续发动战争，不时用

第二章　全球化与中国角色

单边主义做法遮蔽和平与发展这条国际形势的主线，但世界发展的大趋势强劲有力，美国也无法扭转。冷战结束后，大国之间没有发生大规模的冲突，世界经济发展与合作达到新的高峰，单边主义和炮舰外交可得逞一时，却难以持续。这一时期，我国总体上拥有有利的外部安全环境，得以集中精力、全力以赴地实施以经济建设为中心的国家方略。

第二，在21世纪前十年里，美国大部分时间将注意力集中在反恐上，无暇针对中国。20世纪末克林顿执政时期，美国抓住高科技革命的机遇，大搞"新经济"，保持了近十年的经济繁荣，军事实力增长较快。美国前国务卿奥尔布赖特曾说，美国有超级力量，如果不使用那还有什么用？在这个大背景之下，美国为维护一超独霸的地位，将战略重点转向军事安全领域，四处寻找敌人，甚至不惜动用武力。2001年小布什上任后，美国一度瞄上中国，意图把中国作为假想敌进行遏制。但是2001年发生的"9·11"事件成为美国国际战略的分水岭，反恐成为新的战略重心。美国将超强的国力投入到无休无止的阿富汗和伊拉克战争之中，根据美国国防部数据，阿富汗战争中美方死亡2 352人[1]，伊拉克战争中美方死亡4 486人[2]，伊拉克平民死亡超过20万人[3]，

---

[1] 数据引自美国国防部。https://www.defense.gov/Newsroom/Casualty-Status/%EF%BB%BF/.
[2] 数据引自美国国会调查局。https://crsreports.congress.gov/product/pdf/IG/IG10000.
[3] 数据引自IBC（伊拉克罹难人数统计组织）。据观察者网报道，"IBC是一家总部位于英国的非官方组织，也是唯一一家公布相关数据的组织。这家组织的数据来源于媒体的报道，他们对媒体的信息进行交叉验证，而后再去医院、殡仪馆、NGO组织、官员等处进行核实，因此这个统计非常有参考价值"。

两场战争美国共花了3万多亿美元[1]。也有观点认为伊拉克战争死亡人数超过50万[2]。这两场战争严重耗费了美国的软硬实力，毫无疑问也使得美国与阿拉伯世界的关系更加复杂化。

与此同时，美国与欧洲国家的裂痕也开始公开化。欧洲是美国最坚定的盟友，"9·11"事件后第一时间站出来说，"今天，我们都是美国人"。但是，因为美国单方面终止1972年美苏《限制反弹道导弹系统条约》（2001年12月），强行推进国家弹道导弹防御系统，单方面退出《京都议定书》（2001年3月），宣称不打算批准《全面禁止核试验条约》等一系列行为（2020年6月），双方渐行渐远，美国的国际形象和优势地位逐渐消损。在小布什政府时期，美国反恐战争不断扩大化，美国的外交重点不得不锁定在大中东地区，在世界其他地区的活动相对收缩，特别是对亚太地区的关注有所下降。而在这一期间，中国与东盟的自贸区和战略伙伴关系建设颇有成效，同周边国家的总体关系取得了全面发展，各领域合作都上了新的台阶。

第三，经济全球化带来发展机遇。冷战的结束终结了长期割裂世界的美苏两个阵营的政治对峙，同时也打破了经济上的东西方壁垒，造就了人类历史上空前规模的全球市场。进入21世纪，

---

[1] 数据引自 Watson Institute for International and Public Affairs，Costs of War Project。其中2001年至2019财年美国在阿富汗战争中支出约2万亿美元，在伊拉克战争中支出约7 780亿美元。https://watson.brown.edu/costsofwar/figures/2019/us-war-spending-afghanistan-2001.

[2] Dan Vergano, "Half-Million Iraqis Died in the War, New Study Says", *National Geograpgic*, October 16, 2013.

第二章　全球化与中国角色

经济全球化迅猛发展，国际贸易、投资、金融制度的完善和互联网的普及，使得各国都有机会通过参与国际分工实现经济发展。虽然这期间也存在放任金融监管带来的泡沫因素，但是这十年无疑是世界经济增长的黄金时期，根据国际货币基金组织的统计[①]，2004年至2007年，世界经济增长率约为5.35%。在2008年金融危机爆发导致全球经济衰退之前，世界经济的增长和繁荣达到顶峰。

21世纪前十年也是中国经济发展的黄金时期，2001年中国加入世界贸易组织，加快了对内改革和对外开放、融入世界经济体系的步伐。2000年至2007年，中国经济连续八年处于8%~14%增速的快车道，2001年至2009年，中国货物进出口总额增长了3.65倍，2010年，中国经济总量已经超过日本，位居世界第二。可以说，中国是经济全球化、互联网革命和全球产业转移受益最大的国家之一。

我国国际环境中面临的新挑战

21世纪第二个十年，随着全球化和多极化的发展，特别是全球经济格局的变化，国际力量对比继续发生变化。中国面对的国际压力和挑战会逐渐增多，战略机遇期中的一些有利条件发生了变化。

---

① 数据引自国际货币基金组织。https://www.imf.org/external/datamapper/NGDP_RPCH@WEO/OEMDC/ADVEC/WEOWORLD.

第一，从全球格局的角度看，中西方地位的此长彼消使中国难以在世界上继续保持相对超脱的姿态。西方发达国家的地位有所下降，而以中国为代表的新兴国家的地位上升，这个变化将中国提前推到了国际舞台的聚光灯下，一举一动已经成为世界关注的焦点，中国在国际上的言论和行为开始产生"牵一发而动全身"的效果。虽然中国始终坚持以经济建设为中心，走和平发展的道路，但是"树欲静而风不止"。当中国的发展速度和实力地位达到一定程度后，可谓"匹夫无罪，怀璧其罪"。美国和欧盟的一些国家开始高度关注中国的战略意图，并随之调整政策，我国在国际事务中独善其身的难度加大。

第二，在经济上，一些发达国家由金融危机转入经济危机进而出现社会危机，陷入第二次世界大战以来最严重的困难，有人将之与20世纪30年代的大萧条相提并论，这些不可能不波及我国。西方经济在紧缩财政和刺激经济之间进退两难，根本在于产业、消费、金融等结构问题，竞争力下降，找不到新的经济增长点。西方世界很可能需要几年甚至更长时间才能完全走出衰退。后危机时代的世界经济难以再现危机前的发展模式和增长势头，西方国家面临消费力下降、国内市场缩小，保护主义抬头等问题。如果说，过去美国人可能每年要购买10~20件衬衫，今后只买5~10件，生活也不会受到影响，而我国的相关产能就会闲置一半，成千上万人就要失业。随着产业升级，我们在产业链上有发达国家的高端竞争和技术转移的限制，也有发展中国家的低端竞争和竞相引入低成本产业的压力，挑战更加严峻。

第二章　全球化与中国角色

由于中国经济在金融危机中逆势增长，同西方国家形成了鲜明的反差，成为发达国家转嫁国内矛盾和内外危机的对象。今后一段时间，围绕中国的贸易、货币、汇率等争端可能此起彼伏，经济问题政治化、经贸问题主导国际政治议程的现象将更加突出。

第三，在政治上，以美国为首的西方国家一直企图用西方的意识形态和价值观转化中国。30年来，"美西方"一度试图通过接触和经济合作来影响和改变中国，以实现让中国"改变颜色"的目的。然而，中国在实现快速经济发展的同时，保持了政治上的稳定，诸如北京奥运会的成功举办等一系列标志性事件，特别是中国克服金融危机的成绩，使得西方世界认识到，中国体制正在取得成功，这是他们没有估计到的。西方对中国模式崛起的担忧和警惕已经达到冷战结束后前所未有的高度。彭定康说过，欧盟担心的不是中国在经济上的竞争，而是在模式上的竞争。因此，西方明显加大了在意识形态和价值观领域对中国打压的力度，2010年诺贝尔和平奖颁发给中国的所谓"不同政见者"，就反映了这样的意图。这种事早晚要来，西方不在意识形态上把中国压垮是不会甘心的。随着中国的强大，这方面的矛盾和斗争只会越来越激烈。

第四，在军事安全上，美国一向视西太平洋为其利害攸关的区域，不能容忍别国挑战。按照中国目前的发展速度，十多年后经济总量可能再翻一番，军事力量进一步现代化。美国对中国潜在挑战的担心和焦虑感越来越强。2010年初，奥巴马在国情咨文中说，美国绝对不接受当"老二"。媒体解读为向中国喊话，申明美国不能允许中国挑战其霸权地位。奥巴马政府执政以来，在战略上更加重视亚太，他和希拉里都频频访问亚洲国家，加大对中国周边地区的经营和谋棋布子，包括巩固同日韩传统盟友关系、在南海和钓鱼岛等涉华争议问题上对中国施加压力、利用"天安号"事件和"朝韩炮战"在中国周边炫耀武力等。美国还坚持对中国的武器禁运和对高科技限制输出，阻挠欧盟解除对华军售禁令，对华防范之心明显上升。中国周边环境原本就比较复杂，加之一些国家与中国有历史遗留的领土争议问题，对中国高速发展也存在担忧和猜疑。当前，中国周边不断出现新的热点问题和争端，有的国家政局变化很快，这类局部的地区矛盾也会威胁到中国的安全环境。此外，如果美国在中东等我国有重要资源利益的地区使用武力，也会给我国带来负面影响。

我国的国际地位进一步提升

在 21 世纪第二个十年，全球经济格局的变化给中国的发展带来新的有利因素，使得我们有条件巩固和利用好战略机遇期。

第一，中国国际地位大幅度提升，世界重大事务更加需要中国的积极参与。全球金融危机后，世界经济治理机制正在发生深刻变革，为中国增强国际制度化权力提供了条件。2018 年中国在

第二章　全球化与中国角色

世界银行的投票份额达 5.71%[1]，成为美、日之后的第三大股东，中国在国际货币基金组织中的份额也升至 6.39%，比例升至第三位。中国派出的维和部队是联合国安理会五个常任理事国当中最多的[2]。中国在哥本哈根气候变化会议上，在联合国通过有关朝鲜、伊朗决议等问题上，都发挥了举足轻重的作用。中国在国际事务中的影响力以及拥有的外交资源前所未有，斡旋国际关系的手段也更加丰富。

第二，中国成为全球经济增长的重要引擎。2008 年中国经济对全球增长的贡献率超过 20%，2009 年超过 50%，位居世界第一；中国经济的增长为世界创造了巨大的财富和市场，2001 年中国加入世贸组织后，逐步达到平均每年进口 5 000 亿美元商品的水平，英国、法国和德国一些媒体甚至称中国为欧洲的"摇钱树"。由于西方市场容量缩小且消费不足，中国市场成为跨国公司争夺的焦点。在世界各国都在抓紧进行经济发展方式调整的背景下，我国的一些新兴产业具有后发优势，吸引并带动了工业化国家同我国进行经济技术合作。

第三，中国与其他大国的关系总体稳定，形成了你中有我、我中有你的利益关系。比如，中美在维护亚太地区和平稳定方面有共同利益，双方在朝核、伊核、防扩散等问题上需要合作。在

---

[1] 2018 年中国在世界银行的投票份额达 5.71%，上升至第三位，仅次于美国和日本。
[2] 联合国安全理事会五大常任理事国有：美国、俄罗斯、英国、法国、中国。维和数据见 https：//peaceoperationsreview.org/wp-content/uploads/2018/05/gpor_Peace_Operations_2018_full_final_WEB.pdf。

气候变化、国际金融体系改革等全球问题上，西方大国与中国之间的协商与妥协对合作进程具有关键性影响。中国同欧盟、俄罗斯，以及印度、巴西等国，总体上形成了以合作为主导的关系框架，从而成为推动世界多极化进程的重要力量。

第四，中国的发展具有越来越重要的时代意义。中国的发展引领了更多的发展中国家进入快速增长的轨道，具有典范意义和时代特征。随着经济全球化的发展，工业化得以在世界更大范围内推进，越来越多的发展中国家进入工业化、城镇化、市场化、信息化的阶段，越来越多的民众享受到现代化发展的成果。与此同时，世界权力和财富的重心也必然要从发达国家向更大范围和更广领域扩散，增长的中心似乎不再是一个圆心，而是扩散为一个面，或者说是一个多结点的网络。新兴经济体的发展和壮大，使原来由发达国家10多亿人享用的现代生活方式扩散到至少30亿人。巴西、印度、南非、印尼等发展中国家都在快步赶上，参与国际事务的诉求和意愿也越来越强。中国有条件顺势而为，与其他新兴经济体一道实现共同发展的目标。

妥善维护好21世纪第二个十年我国发展的战略机遇期

要实现全面建设小康社会的长期目标，21世纪第二个十年是关键的时期。我国需要和平稳定的国际安全环境，以继续专注于国内建设；需要公平开放的国际经济环境以持续获得资源、市场、资金、技术；需要有利的国际制度环境以不断提升国际地位；需要友善的国际舆论环境以塑造良好的外部形象。我们能否巩固、延长、用好、用足21世纪第二个十年的发展战略机遇期，直接关系到国家的发展全局。

针对全球经济格局变化带来的影响，我国的外交工作要坚持科学发展观，充分利用国家实力地位上升的有利条件，更加主动地创造条件，积极塑造能有效开展合作的国际大环境，为国内经济建设和全面发展服务。

在当前国力上升的情况下，虽然我国外交的行为和操作范围都在发生重大变化，但是在外交行为中依然需要坚持不称霸、不做超出国力的事情，冷静处理各种矛盾。既要看到国际形势竞争性上升的一面，坚决维护关乎我国长远发展的核心利益，必要时敢于斗争，善于斗争，同时也要认识到斗争的目的是为了更好地推动国际合作，要斗而不破，在斗争中争取主动，坚持以经济建设为中心、走和平发展道路的方针绝不动摇。

21世纪第二个十年，中国的外交需要实现向大国外交的转型，基于对自身状况的冷静分析、对环境的客观判断、对未来形势的准确认识，形成有中国特色的大国外交战略。要把握好今后的战略机遇期，关键在于要处理好同外部世界的关系。我国大国外交战略的核心是二元议题：一是如何处理好同美国的关系，二是如何处理好同其他所有国家，特别是周边国家的关系。

中美关系事关外交全局。目前的世界仍然处于"一超多强"的阶段，包括俄罗斯和中国在内的"多强"并无挑战美国的意愿或者能力。但是，近年美国对中国的快速发展产生了强烈的担忧，这种担忧在美国的对华判断和政策中呈现上升的趋势。正常大国关系的关键是防止误判，我们没有取代美国成为超级大国的野心，因此更加需要重视和加强沟通，对双方看法一致或者不一致的地方都需要讲清楚。中美很难成为朋友，但是要避免成为敌人，可以争取成为合作伙伴。要扩大双方关系的积极面，就需要坚持说理斗争，防止矛盾的积累和扩散。经贸合作是中美关系的基石，要积极鼓励双方企业深度合作，使经贸关系始终成为两国关系的稳定器。

在同世界其他国家的关系上，需要精细化处理面临的各种问题，坚持多交往多合作的原则，把共同利益的蛋糕做大，争取创造更多的合作领域与合作收益。我们可以考虑与各国建立全球合作伙伴关系，促进全方位的合作，有选择地在各国普遍关心的热点问题上发挥建设性作用，做公平合理的新型国际秩序的促进者和建设者。随着我国在经济合作和资源开发上的手段和技术能力不断提高，可以尝试鼓励企业实施超越主权的共同开发项目，以切实稳固周边。

回顾21世纪前十年，我国牢牢把握住了发展的战略机遇期，创造了举世瞩目的发展成就。21世纪第二个十年，面对全球经济格局变化带来的影响，我们要站稳立场、冷静分析、妥善应对，维护和利用好新形势下的战略机遇期，推动各领域的建设取得新的伟大成就。

全球化进退中的中国选择*

走进 2018 年，也就走进了 21 世纪第二个十年的最后阶段，当今世界正面临更多的动荡和不安，全球化的进退和全球治理的滞后给世界带来了新的不确定性。面对全球化的新态势，中国选择进而不是退，选择深化自身改革而不是故步自封，选择积极参与全球治理而不是独善其身。全球化给世界各国带来了合作共赢的机会，让大家携手走向人类命运共同体。

2017 年很多国际形势的变化可以追溯到特朗普政府大幅调整美国对外政策，试图从国际责任和义务中有选择地"退出"，并且在世界贸易上摆出保护主义的姿态，将以反恐等全球安全为重

---

* 本文系应德国《慕尼黑安全时报》(The Security Times) 之约草就，以 "Beijing's Plans for a Globalization that Is More Open, Inclusive, and Beneficial for All" 为题发表于该报 2018 年 2 月刊第 30 版，中文版以《全球化进退中的中国选择》为题发表于《中国新闻周刊》2018 年第 8 期。自 2009 年以来，《慕尼黑安全时报》一直是慕尼黑安全会议的会刊，这份英文报纸不定期发行，聚焦外交、经济、能源和安全政策等问题。

心的国际战略转向关注大国竞争。这使得包括美国的盟友在内的国际社会对全球化的未来更加担忧。

中国的快速成长和对经济全球化强有力的支持和参与,让世人更加重视。2017年1月,习近平主席在达沃斯世界经济论坛年会上发表的演讲,向世界昭示了中国继续投身全球化的决心。习近平主席在演讲中引用狄更斯的话说,"这是最好的时代,也是最坏的时代",告诫大家"不要放弃信心,不要逃避责任,而是要一起来战胜困难"。

中国从全球化的受益者成长为维护者

让人民过上好日子是中国共产党领导中国最朴素的道理。1978年12月,中国共产党召开十一届三中全会,做出把党和国家工作重心转移到经济建设上来、实行改革开放的历史性决策。后来发生的事全世界都看到了:从改革开放之初打破思想观念的束缚做起,确立实践先行的路径;进行农村经济改革,引入商品经济概念,从沿海到内地逐步对外开放市场;20世纪90年代初,进一步确立建设社会主义市场经济的理念,全面推进市场化改革,努力向世界各国学习先进的技术和经验;2001年,中国加入世贸组织,逐步融入世界市场。

中国最初对全球化的了解和认识是有限的,主要是希望通过对外开放引入资金、技术和资源,借鉴先进生产和管理经验,改善生产能力。大约是20世纪90年代中后期,中国人开始更好地

第二章　全球化与中国角色

理解和全面拥抱经济全球化,更加主动地从世界经济环流中汲取活力。经济全球化对中国的改革开放产生了深刻影响,促使中国将自身的发展战略与世界发展的大趋势更加紧密地融合在一起。

经济全球化为中国带来了实现跨越式发展的重要机遇。根据世界银行的统计,1992年至2016年的25年间,中国名义GDP按不变价格计算,年均增长9.6%,扩大了9倍多,2016年达到11.2万亿美元,稳居世界第二位。同年,中国对世界经济增长的贡献率达到33.2%,居世界第一位。改革开放40多年来,在中国共产党的正确领导下,中国扎扎实实地推进经济建设,人民付出辛勤的劳动和汗水,也获得了生活水平的巨大改善。

美国是当今世界最大的经济体,其GDP突破1万亿美元是在1969年,31年后的2000年,其GDP突破10万亿美元。中国作为第二大经济体,在2000年时GDP达到1万亿美元,14年后GDP突破了10万亿美元,比美国少用了17年的时间。

中国顺应经济全球化的大潮,逐渐成长为世界经济环流的重要枢纽,一方面吸纳了大量原材料、能源、资金和技术的进入,另一方面将大量优质产品输出到全球市场。与此同时,中国企业也在向价值链的两端发展。雄厚的制造业基础、巨大的内需市场,为中国加快优化产业结构和创新的步伐提供了坚实支撑。中国已经成为世界经济一个重要的引擎,1990年中国制造业占全球的比重为2.7%,2013年上升到20.8%。今天的中国是全世界唯一拥有联合国产业分类中全部工业门类的国家。

中国人民为此做出了巨大努力,生活水平实现了质的飞跃。

然而，代价也是很高的。例如，根据2012年的统计，中国有1.5亿左右的农民工参加城市建设[1]，而他们的背后是大量的留守儿童和分离的家庭。生态环境也受到不同程度的破坏，治理任务艰巨。

中国参与经济全球化遭遇了两次严峻考验，分别是1997年的亚洲金融危机和2008年的国际金融危机。1997年亚洲金融危机期间，中国在不利的内外经济环境中，坚持人民币不贬值，为亚洲国家抵御金融危机发挥了中流砥柱的作用。2008年国际金融危机中，中国在世界经济下行的关键时刻，以负责任的担当，与美国等多国协调合作，在G20框架内，支持采取积极的应对措施，推动国际货币基金组织改革，并参加了对欧洲的援助基金。

可以说，没有经济全球化，人类财富的积累不会这么快，中国也难以实现这么快的发展。中国从经济全球化的最大受益者之一，成长为参与全球治理的重要力量之一，并以自己的能力和方案，反哺经济全球化和世界的经济增长。

全球化需要完善，但是不可能走回头路了

冷战后全球市场走向一体化，曾经彼此隔绝或者孤立的经济体系逐步敞开，资金、市场、技术、人才、信息全方位扩散，生

---

[1] 中新社：《中国有2.5亿农民工 官方十方面维护其权利》，载中国新闻网，2012年11月12日。

第二章　全球化与中国角色

产资料和生产力在全球范围实现最佳配置,世界经济进入快车道,国与国之间深度依存,合作共赢成为可能。全球化促进了科学技术的发展,便利了文明和文化的交融。随着交通、通信、网络技术的快速发展,地球变"小"、变"平"了[①],知识和信息在全球范围内快速流通、共享,人类文明和道德意识进一步提升,传统意义上的战争和冲突因素受到遏制,长期的和平环境为经济发展提供了空间。

受益于经济全球化带来的广泛机会,曾错过工业化而处于边缘的国家抓住机遇,实现了赶超。自20世纪80年代以来,包括中国在内的许多发展中国家大力发展外向型经济,发挥自身比较优势,缩小了同发达国家的差距。根据联合国贸发会议数据库的统计,1995年全球对外直接投资(FDI)流入额为3 415.27亿美元;其中流入发展中国家的有1 177.65亿美元。2016年全球对外直接投资流入额为1.75万亿美元,流入发展中国家的外国直接投资是6 460亿美元,中国吸收了其中的1 337亿美元。

发展中国家对外直接投资额自20世纪90年代以来逐年上升。联合国贸发会议的统计数据还显示,1995年全球对外直接投资流出额为3 568.89亿美元,其中来自发展中经济体的为527.07亿美元,所占份额为14.66%,来自中国的只有大约20亿美元;2016年全球对外直接投资流出额上升到1.45万亿美元,其中来自发展中经济体的达到3 834.29亿美元,所占份额为26.4%,中国贡献

---

① 托马斯·弗里德曼:《世界是平的》,湖南科学技术出版社,2006年。

了其中的1 831亿美元。

美国有人批评中国在经济全球化中"占了便宜",但是事实上发达国家从中获益颇丰。例如,根据世界银行统计,1992年至2006年,美国的经济总量从6.54万亿美元增长到18.57万亿美元,扩大了近3倍,而且需要指出一点,这是在1992年经济总量为中国15倍多的基础上实现的扩张。此外,西方发达国家的企业将低端制造业转移到中国等新兴经济体,不仅压低了生产成本,获得了廉价的商品,给消费者带来了巨大好处,也缓解了这些国家的通胀压力。

所有国家都已经不可避免地卷入了全球化的进程中,国与国之间的利益纠缠和相互依存成为不可否认的现实。正如习近平主席在2017年达沃斯世界经济论坛演讲时指出的:"想人为切断各国经济的资金流、技术流、产品流、产业流、人员流,让世界经济的大海退回到一个一个孤立的小湖泊、小河流,是不可能的,也是不符合历史潮流的。"[1]

但是,这一轮全球化也暴露出很多缺陷,被诟病最多的是分配不公、贫富差距拉大、金融监管缺失。尤其在一些发达国家,由于不同程度的经济降速和产业外移,就业机会流失,中产以下阶层的生活得不到改善。显然,这些国家的广大中低阶层民众没有从自己国家的财富增长中分享到应有的份额。联合国开发

---

[1] 习近平:《共担时代责任 共促全球发展——在世界经济论坛2017年年会开幕式上的主旨演讲》,载新华网,2017年1月18日。

计划署发布的《2016年人类发展报告》指出，按照人类发展指数衡量，全球所有地区的平均人类发展水平在1990年至2015年都取得了显著进步，但是，仍然有1/3人口的生活水平属于低人类发展水平。发达国家也面临贫困人口增加和社会分化所带来的挑战，超过3亿相对贫困的人口生活在发达国家，其中逾1/3为儿童。

增长不平衡的原因是多方面的，争论比较多的方面包括一些国家行为和政策的失当，例如，对印钞机的过度依赖、对金融衍生工具的滥用等，而资本主义制度下结构性的财富分配不均则是更深层的根本性问题。可以看到，跨国公司在全球竞争中获得了巨额利润，但是一些国家内部二次收入分配的调配能力没有及时提升。一些发达国家在出现产业转移的情况下，对劳动力的升级和技能培训的需求关注不够，在调节分配方面未能及时跟上时代的步伐。国际金融危机爆发之后，世界主要经济体为了应对危机，推出量化宽松货币政策，这同时导致社会负债率快速提升，货币大幅贬值。越来越多人的实际生活水平下降，少数人的投机型财富却进一步扩大，激化了社会矛盾。

随着科技进步和产业升级，世界向信息化社会迈进，机械化、智能化等对普通产业工人有很强的替代性，会进一步推动社会资源和财富向少数精英群体集中，而中产阶级和蓝领工人的机会难免会受到挤压。未来全球化的驱动力将更多源自以互联网、大数据、人工智能等技术为代表的新经济，带来更广泛、更深刻的资源整合，但同时也有可能进一步拉大贫富差距。发展中国家也会逐渐面临类似的挑战。中国对自身经济社会发展进入新阶段将面临的挑战是非常敏感和清醒的，也开始采取一些措施，例如，正在加强对职业教育的管理和政策扶植，着眼于加快劳动力结构调整。

从中国的角度看，全球化需要完善，但是不可能走回头路了。中国主张推动全球化朝着更加开放、包容、普惠、平衡、共赢的方向发展。

当今世界面临的突出问题是，全球化带来的全球性挑战没有得到有效治理，旧的秩序和机制无法适应新的环境和应对新的挑战，全球治理能力和机制没有跟上全球化的步伐等。这些年，世界各国对完善全球治理的共识不断增强，行动力也逐步提升。尤其是自2008年金融危机以来，各国一起在全球治理上做出了很多积极探索，包括将G20升格为领导人峰会，改革国际货币基金组织融资配比和投票份额，在联合国框架下制定2030年可持续发展议程，在应对气候变化和生态环境挑战方面，缔结了《巴黎协定》并推动落实。

但是这些还远远不够。一方面，国际社会需要继续做大世界经济的"蛋糕"，用"增量"解决不平衡的问题；另一方面，也要创新思维，改革完善现行国际机制，补充新型公共产品，更多地兼顾发展中国家的需求，调节全球财富分配机制。各国国内也需要进行有针对性的改革，对一些新领域的全球治理，需要尽早开启多边和多元对话，在制度建设和风险防范上应该先行一步。

在安全领域的全球治理上，一个成功的案例是在亚丁湾海域进行的打击海盗的国际合作。经2008年6月联合国安理会第1816号决议授权,多国海军派出舰队携手护航,至2013年已经明显压制住了海盗的疯狂行为。现在索马里国家内部治理也开始走上正轨。亚丁湾护航是中国海军第一次参与国际安全行动,2008年以来安全护送了6 000多艘中外船舶,半数以上为外国船只或者世界粮食计划署运输船只。

不容忽视的是,世界安全挑战已经出现全球化的趋势,但是在构建共同安全的全球治理机制上缺乏共识。极端主义和恐怖主义等共同威胁更加紧迫,网络安全、气候变化等问题更加严峻,给世人带来新的安全隐患。但是,大国仍未摆脱地缘政治争夺的惯性,有的甚至试图重回竞争和排他性安全的老路,导致安全领域的全球治理严重滞后。

美国在应对自身经济减速、政治分化和社会不公的过程中,所秉持的自由民主制度也日益暴露出其局限性,同样需要自我反思和调整,因此,也并不能证明这种制度是解决人类社会发展过程中各种复杂问题的唯一"终极模式"。

正如前文所言,美国的军事同盟体系是当前国际安全治理存在结构性障碍的根源。如果大国继续拘泥于自身地缘利益,则难免加剧意见分歧,导致各方进退失据,形不成合力。

"中国开放的大门不会关闭,只会越开越大"

世界上并不存在所谓唯一的、最好的模式,关键是每个国家所选择的道路是不是符合自身国情,能不能满足人民的需求,这是一条根本的检验标准。国际社会看重和肯定中国的成功,就应该包括承认中国的发展道路是成功的。

我们曾经面临食品短缺,而现在相对充足了,却面对食品安全的挑战;我们曾经工业不发达,现在工业兴旺,却面临生态环境的严重污染;我们曾经集体贫困,现在收入差距成为需要面对的新问题。总之,人类社会的进步没有尽头,老的问题解决了,新的问题又会出现。正确和有效的领导力,就是努力走到问题的前面,预见问题和提出解决的方案,并成功地予以实施。

中国领导人及时预见到了新时期的新挑战,习近平主席提出创新、协调、绿色、开放、共享的发展理念,以确保国家的政策和发展方式能够及时跟上新时代的要求。今后几年,中国的宏观经济政策、结构政策、改革政策、社会政策都将围绕新时期的任务展开。

中国面临的挑战仍然是巨大而复杂的。2020年是中国实现全面脱贫的收官之年,让贫困人口和贫困地区同全国一道进入全面小康社会是党的十九大做出的庄严承诺。尽管2017年中国贫困发生率已经下降到4%以下[1],但是仍有约4000万贫困人口需要扶持[2]。中国必须继续完成一系列政策目标,包括不断增加就业以及弥补社会发展中的短板。在未来几年,中国将着重进行供给侧

---

[1] 《聚焦十九大 解读十九大报告·精准脱贫》,载央视网,2017年10月24日。
[2] 吴为、李玉坤:《国务院扶贫办:中国政府将帮扶最后4000多万贫困人口脱贫》,载新京报网,2017年9月26日。

结构性改革。除了消除贫困，中国还要着力防范和化解经济、金融领域的风险，继续治理环境污染，努力实现国家治理机制和能力的现代化。

中国不是在真空中追求自身发展目标的，我们需要一个总体和平的国际环境，需要能与世界其他国家开展更加广泛全面的合作。而中国自身的努力也将为未来世界的发展变化做出重大贡献。就像习近平主席2017年1月18日在瑞士日内瓦万国宫演讲时所指出的："世界好，中国才能好；中国好，世界才更好。"[1]

习近平主席在十九大报告中将"坚持全面深化改革"作为中国新时代发展方略的基本原则之一，强调"开放带来进步，封闭必然落后。中国开放的大门不会关闭，只会越开越大"。中国经济高速增长靠的是改革开放，未来推动经济高质量发展仍然要依靠改革开放。

党的十九大判断和平与发展仍然是时代主题，但是也指出世界面临的不稳定性、不确定性突出，人类面临许多共同挑战。为此，新时代中国确立的外交目标包括推动构建新型国际关系，推动构建人类命运共同体，强调持久和平、普遍安全和共同繁荣。它既是对未来世界的期许，也是中国国内发展的必然诉求。

中国支持世界各国合作，共同引导好全球化的走向。2017年1月17日习近平主席在达沃斯世界经济论坛的讲话中指出："我

---

[1] 习近平：《共同构建人类命运共同体——在联合国日内瓦总部的演讲》，载中国网，2017年1月18日。

们要主动作为、适度管理,让经济全球化的正面效应更多释放出来,实现经济全球化进程再平衡;我们要顺应大势、结合国情,正确选择融入经济全球化的路径和节奏;我们要讲求效率、注重公平,让不同国家、不同阶层、不同人群共享经济全球化的好处。"[1]

有人担心中国强大了,就会走上争霸的老路,对外输出自己的政治制度和意识形态,谋求争夺世界领导权,通过盘剥其他国家滋养自己的利益。外界希望了解的是,当中国说自己"走近世界舞台中央"时,是否意味着准备取代美国在世界上发挥的"领导作用"?当中国提出"中国智慧"和"中国方案"时,是否意味着要对外输出自己的发展模式?

中国日益走近世界舞台中央,世界的聚光灯前所未有地关注中国,我们对世界的期待和担忧不能视而不见,也清醒地认识到自身发展的道路还很长,也仍然艰苦。中国与美国之间还有着巨大的差距。例如,在科技创新、产品研发能力等方面,中国人还处于学习提高的阶段,还需要提升自我;中国的改革开放还有很长的路要走,在相当长的时间内,中国必须聚焦国内的发展和法治建设,深化改革开放。

中国确实需要在国际上发挥作用,不断为人类做出更大贡献,但是,这应该是以力所能及的方式和符合自身理念的方式进

---

[1] 习近平:《共担时代责任 共促全球发展——在世界经济论坛2017年年会开幕式上的主旨演讲》,载新华网,2017年1月18日。

行。当中国人认识到国家已经走近世界舞台中央时，意味着我们开始思考：中国要为世界做些什么？

世界已经在国际事务中看到中国越来越活跃的身影，注意到中国的"一带一路"倡议方兴未艾。但是，中国仍然在学习之中，需要更快地适应大国的地位，学会及时和令人信服地向世界阐明自己的想法和意图。并且，中国现在还处于走向现代化的艰难爬坡阶段，需要时间学习如何发挥全球性大国的作用。

中国提出"中国智慧"和"中国方案"的概念，重在与世界分享中国成功的发展经验，中国在理念上有鲜明的发展中国家特点，在条件和挑战上存在共性，能在推动全球的均衡发展方面贡献力量，这正是中国方案的价值所在。中国给世界上那些既希望加快发展又希望保持自身独立性的国家和民族提供了全新选择。但是，中国选项的出现并不否认其他选项的存在，中国长期抵制他国将模式强加于自己，中国自己不会这样做。习近平主席在 2017 年 12 月的中国共产党与世界政党高层对话会上强调："我们不'输入'外国模式，也不'输出'中国模式，不会要求别国'复制'中国的做法。"[1] 这是对外界做出的明确回答，中国对所谓的"制度竞争"没有兴趣。中国走上成功的道路经历了长期艰难的探索，未来仍要不断改革和完善自己。众多发展中国家与中国一样，要在学习和借鉴中探索适合本国国情的发展道路，实现现

---

[1] 习近平：《携手建设更加美好的世界——在中国共产党与世界政党高层对话会上的主旨讲话》，载人民网，2017 年 12 月 2 日。

代化的梦想。

中国主张是对时代前行潮流的回应

中国在很多全球性问题上是"新来者",尚缺乏足够的经验。目前,中国的努力主要在于搭建和维护国与国之间的合作平台,构建新型国际关系。

(一)"一带一路"倡议推动合作共赢

在解决全球发展的问题上,中国主张共商、共建、共享。中国提出"一带一路"倡议,旨在利用多年积累的丰富经验、技术和资金,来带动新的经济增长。

中国拥有独特的"海陆复合"身份。向西,辽阔的内陆可以通达欧洲中心,中国在西部腹地已经建设起富有纵深的规模经济和制造业基础;向东,发达的东南省份充分利用海洋通道,与广阔的世界市场联通。推进"一带一路"建设可以更好地发挥中国的地理特点和经济优势,为便利亚欧大陆乃至全球的经济和贸易往来做出贡献,带动新的增长,包括中国自身的增长和所有参与国共同的增长。

"一带一路"倡议不是中国的专属,没有意识形态元素,更不具备军事或者战略功能,是中国发起、各国共建、地区共有、世界共享的合作平台。习近平主席强调,"一带一路"建设不会重复地缘博弈的老套路,不会形成破坏稳定的小集团,而将开创

第二章　全球化与中国角色

合作共赢的新模式，建设和谐共存的大家庭。①

这项倡议的核心是互联互通。据中国铁路总公司统计，自 2011 年以来，中欧班列累计开行数量已突破 6 000 列。目前，有 57 条运行线，在中国的开行城市有 35 个，可以到达欧洲 12 个国家的 34 个城市。回程班列逐年增加，最初回程空箱率过高的问题正得到缓解。在欧洲和中国之间，货物运输通过海路需要 40 多天，通过铁路只需 20 天左右。重庆到德国杜伊斯堡的中欧班列（"渝新欧"）的沿线六国实现了关检互认，不必重复验关，行程已经缩短到了十三四天。②

不过，陆运与海运不是相互取代的竞争关系。海运平均成本仅为铁路运输的 1/4，最大的集装箱能够装载 2 万多 TEU（标箱）③。而火车通常有 41 节列车，可以装载 82TEU，一条中欧班列全年总运量也不过是两至三艘集装箱船的规模，所以陆运不可能取代海运，国际贸易运输的主体仍然是海上运输。陆地联通的价值在于，建立更顺畅的连接腹地与港口终端的运输网络，与海运形成互补。我们期待"一带一路"倡议能全面激活覆盖世界 70% 人口、75% 能源资源的欧亚大陆的增长潜力。

---

① 习近平：《携手推进"一带一路"建设——在"一带一路"国际合作高峰论坛开幕式上的演讲》，载新华网，2017 年 5 月 14 日。
② 此处数据截止于本文发表时。
③ TEU（Transmission extension unit）是以长度为 20 英尺的集装箱为国际计量单位，也称国际标准箱单位。通常用来表示船舶装载集装箱的能力，也是集装箱和港口吞吐量的重要统计、换算单位。

（二）探索新的安全共识

在安全领域，如何破解全球性和多元化的安全挑战上升与包容性国际安全机制的缺失这个矛盾，目前还缺乏国际共识，构建新的地区和国际安全机制的条件尚不具备。未来一段时间，亚太地区可能会先期进入新旧安全观的碰撞和博弈。美国及其同盟体系的安全追求难免会与非盟国的安全利益发生抵触，不属于任何同盟体系的国家之间如何处理安全分歧和矛盾也面临挑战。关键要看我们能否探讨出一些基本的共同原则，明确哪些言论和行为是可以接受的，哪些是不能接受的。

习近平主席提出的中国所秉持的安全理念正是对国际安全共同原则的全新探索，具体来说：

——共同安全，就是要尊重和保障每一个国家的安全。安全应该是普遍的，不能一个国家安全而其他国家不安全，一部分国家安全而另一部分国家不安全，更不能牺牲别国安全谋求自身所谓"绝对安全"。

——综合安全，就是要统筹维护传统安全和非传统安全。例如，民族宗教矛盾、恐怖主义、跨国犯罪、环境安全、网络安全、能源资源安全、重大自然灾害等带来的挑战。

——合作安全，就是要通过对话合作，促进各国和本地区安全。要通过坦诚深入的对话沟通，增进战略互信、减少相互猜疑；求同存异、和睦相处；要坚持以和平方式解决争端。

——可持续安全，就是要安全和发展并重，以实现持久安全。对亚洲大多数国家来说，目前，发展就是最大的安全，也是解决地区安全问题的总钥匙。

各国学者在围绕安全问题的研讨中感觉到,大国之间在安全问题上有必要明确一定的共同规范和原则。如果中美乃至欧洲和俄罗斯能开始探索政治、军事、领土与主权、和平解决争端、建立互信措施等诸多方面的基本原则,不仅有利于维护大国关系的总体稳定,也有利于寻找解决地区热点问题的具体方案。

中国努力增强自己的国防力量,着眼于有效保卫国家安全和人民福祉。同时,中国也注意处理好与自身利益息息相关的跨国安全挑战和地区热点问题,积极参加联合国主导的国际安全合作。例如,中国是联合国安理会的五个常任理事国中对维和贡献最多的国家。自1990年4月开始参加联合国维和行动至2017年,中国累计派出3.3万多人次执行联合国维和任务,[1]2017年9月完成了8 000人规模维和待命部队在联合国的注册。[2]

2016年中国在吉布提建设了海外第一个后勤补给基地,并且给当地带来了建设性的辐射效应。与吉布提临近的、拥有近亿人口的非洲内陆国埃塞俄比亚,大约95%的对外贸易需要在吉布提的港口处理。中国在"一带一路"框架下承建了740公里的亚吉电气化铁路[3],并且正在吉布提修建"非洲最大自贸区",有可能

---

[1] 朱鸿亮、罗铮:《我们为和平而来——中国军队海外维和27载》,载新华网,2017年7月6日。

[2] 国防部:《中国军队完成8 000人规模联合国维和待命部队注册》,载国防部网站,2017年9月28日。

[3] 《非洲首条电气化铁路亚吉铁路通车 中国铁路首次全产业链"走出去"》,载观察者网,2016年10月5日。

为当地创造1.5万个就业机会[①]。这是中国向世界提供的以合作共赢方式改善地区发展条件的一个成功案例。

（三）推动以和平方式解决地区争端

中国周邻的亚洲地区，安全形势复杂，其中最引人关注的是朝核问题（在后文相关章节有详细阐述），南海和东海的领土争端问题也存在升温的情况。这些问题的未来方向，取决于各国能否摆脱零和思维，能否克服当前地区安全体系中的结构性矛盾。

关于南海局势，核心问题是如何以和平方式解决岛礁主权争端和海域划界分歧，同时维护好地区和平稳定。

南海存在岛礁领土争议不是新问题，在20世纪90年代中国与东盟国家改善关系的过程中，就围绕搁置争议、共同开发进行过细致的对话和谈判，并达成了基本共识，南海局势总体上一直保持着平静。在很多中国人看来，美国是南海局势紧张的推手。2010年以来，美国推进"重返亚太"的战略，将中国视为主要针对目标。在南海局势上，美方选边站队，袒护其他争议方，激化分歧的言论和行动，导致中方对南海态势失衡产生担心。美军在亚太的行动对中国的指向性明显，而且不断强化在南海周边的盟友体系和军事网络，推动地区局势进一步紧张。

中方于2013年底在南海自己驻守的岛礁上开始扩建工程，

---

① 余鹏飞：《吉布提总统启动中资参建非洲自贸区打造"丝路驿站"》，载环球网，2017年1月17日。

这些岛礁都远离国际航道，不存在影响航行自由的问题。2015年4月9日，中国外交部发言人华春莹在记者会上对有关工程做了比较详细的说明，指出：中国政府对南沙部分驻守岛礁进行了相关建设和设施维护，主要是为了完善岛礁的相关功能，改善驻守人员的工作和生活条件，更好地维护国家领土主权和海洋权益，更好地履行中方在海上搜寻与救助、防灾减灾、海洋科研、气象观察、环境保护、航行安全、渔业生产服务等方面承担的国际责任和义务。

2016年下半年以来，中国与东盟国家正努力在"双轨"思路之下讨论如何解决分歧，南海局势明显降温。

然而，美国加大对南海事务的军事介入，派军舰抵近中国南沙、西沙岛礁和黄岩岛。特朗普政府执政以来，针对南海的军事部署和行动都有明显的加强之势，美军在南海的军事演习、抵近侦察、巡航以及所谓"航行自由行动"等军事行动的频率和烈度都在快速攀升，在南海及其周边地区的军事部署也在加快推进。自美国将地缘政治之争引入南海地区之后，南海问题呈现从单纯的主权和海洋划界争议，演变成为集海洋争端、权力之争和秩序之争为一体的综合较量的趋势。特别是在美国新国家安全战略和国防战略的背景下，中美间的分歧开始超越其他矛盾，成为左右南海局势发展的主线。这将进一步促使中国认识到，需要加强在南海的军事防御能力和维护和平的能力。

中国在南海的利益诉求多少年来一以贯之，那就是维护国家领土主权的完整性和地区的和平安宁。中方不会放弃领土主权和相应的海洋权益，也不会同意其他国家干预和介入中国与周边国家的争议。同时，中国坚持"双轨"思路处理解决有关问题，即由直接当事国通过谈判协商妥善解决争议、中国和东盟共同维护南海的和平稳定，得到了许多国家的认可和支持。近年来，东盟国家也认识到控制局势、重回对话轨道的重要性。

中国与周边国家在南海的最大公约数是维护地区和平稳定，中国没有谋求所谓地区霸权的动机和设计。中国之所以一直努力管控与争端方的矛盾和分歧，从未主动采取强硬的军事手段，就是考虑到周边总体环境保持和平的重要性。

观察中国不能忽略历史维度。中国虽然正在成长为一个强大的国家，但是历史的烙印仍然深刻。中国是在帝国主义铁蹄侵略和践踏之下进入 20 世纪的，一个多世纪屡遭外敌入侵、强权欺凌的屈辱经历，是国家和民族不可磨灭的记忆。也正是基于此，中国人民和政府对涉及领土主权完整的问题抱有极强的敏感性，绝不会允许那样的事哪怕在局部重演，这是外界在看待和判断中国时必须了解和考虑的。诚然，现在已经没有能对中国的生存与发展构成根本挑战的重大外部威胁，因此，中国会坚定不移地走和平发展道路，处理好矛盾和分歧，致力于促进世界的和平、发展与合作，构建人类命运共同体。

全球治理离不开中美合作

中美关系是当今世界最重要的双边关系之一，作为世界上最

第二章 全球化与中国角色

大的两个经济体,相互协调与合作在相当程度上决定着全球化的未来。中美在全球治理当中相对作用的变化已经成为当今一个重大的国际现象。党的十九大强调指出,中国要以更加积极主动的姿态参与全球治理,为完善全球治理做出更大贡献。而美国作为长期以来全球治理体系的主导者,却认为全球化偏离了"美国化"的轨道,越来越倾向于开全球治理的"倒车"。

我们看到,特朗普政府对提供全球公共产品失去了兴趣,不愿对多边主义的安排投入更多资源,更多强调双边安排的作用,使多年来国际社会为加强全球治理所做的努力和相关成果面临半途而废的风险。特朗普总统在2018年达沃斯世界经济论坛演讲中解释说,"美国优先"不等于"美国独行",但是这未能减少国际社会对其推出新的保护主义措施的担忧。特朗普所要推行的"国际公平贸易"仍是以美国为中心的,并不能充分反映普惠、共享的思想。

我们也看到,美国的全球战略重点已经从反恐转向大国战略竞争,开始从传统地缘政治竞争的角度看待中国在全球事务中不断增强的作用,摆出同中国全方位"竞争"的姿态。在2017年12月18日特朗普政府发布的首份《美国国家安全战略报告》中,有33处提到中国,并且把中国定性为国际秩序的"修正主义者",声称"我们还面临竞争对手——俄罗斯和中国——寻求挑战美国实力、影响力和利益的威胁,试图侵蚀美国的安全和繁荣"。2018年1月18日发布的《美国国防战略报告》则宣称,美国要恢复军事竞争优势,以威慑俄罗斯和中国对美国和美国盟友的"挑战"。2018年2月2日，美国国防部发表核态势评估报告，提出美国要扩大核武力量，研发新式的低当量小型核武，提升对中国等国家的威慑。

美国特朗普政府的这一系列报告和文件对国际局势、大国关系和美国面临的安全挑战进行了全新界定，宣告美国国防战略重心从打击恐怖主义重新转向大国间战略竞争。美国总统特朗普和时任国防部长马蒂斯在就最新国家安全和防务战略发表演讲时分别明确宣布，美国已经进入"竞争新时代"；"世界重回大国竞争状态"；"虽然我们将继续打击恐怖主义的行动，但是，现在美国国家安全的重点是大国竞争"，要将大国竞争环境下的"战争准备"作为防务政策的"优先关切"。

在经贸领域，美国拒绝在世贸组织承认中国的市场经济地位，并发起了针对中国"不公正贸易行为"的"301调查"和"232调查"，声称会严惩中国的"知识侵权"。2017年10月美国政府部门发布新版《中国非市场经济地位报告》，论证中国"国家的经济作用及其与市场和私营部门关系存在根本性扭曲"，认为国家过度干预赋予中国经济不公正竞争力，导致中美贸易不平衡等问题。2018年1月19日，美国又发布报告判定，中国自2001年加入世贸组织以来放弃了有利于市场化改革的努力，离市场经济国家越来越远，让中国加入世贸组织是个错误。

美国的意图何在？或许确实是特朗普政府有意通过强调与中国的竞争，来激发美国内部的改革、创新意识。但是问题在于，美国对时代基本特征和中国在其中作用的判断发生了严重的

第二章　全球化与中国角色

偏差,基于这种误判形成的后续政策调整,是否会转向全面遏制中国?

随着中国经济、政治、科技、文化实力的增长,中美在一些领域不可避免地会存在一定的竞争性,这也是全球自由市场经济的性质所决定的。但是,中美两个国家之间合作性大于竞争性,如果两国能够在良性、建设性和基于规则的竞争中,实现共同进步,将竞争转化为各自提升国内发展水平的动力和引领全球治理迈上新台阶的历史机遇,那将是两国人民之福、世界人民之福。但是,如果中美陷入恶性竞争甚至冲突的泥淖,那将是世界之祸。

无论中美之间存在多大的竞争性,另一个事实是,中美处在同一个全球经济体系之内,这与冷战时期美苏各自领导一个国际体系进行竞争对抗的格局有着本质的不同——世界绝不应退回到那样的黑暗年代去。美国对当今世界的认知应根据全球化时代的实际情况进行更新,而不是重拾陈旧的体系竞争、制度竞争的观念,对国与国之间的关系进行无助于彼此互信合作的泡沫化判断。

经过建交 40 多年来的发展,中美两国利益高度融合和交织。根据中国海关统计,2017 年中美贸易总额为 3.95 万亿元人民币(突破 5 800 亿美元),同比增长 15.2%,占中国进出口总额的 14.2%。1979 年中美建交时,两国人员往来只有几千人次。美国商务部发布的数据显示,2016 年中国内地赴美旅游人数近 300 万。中方数据显示,2016 年 1 月至 9 月中国接待美国游客 166 万人次。根据美方的统计,2016 学年至 2017 学年就读于美国高等教育机构的中国学生超过35万人，占在美国际学生总数的32.5%。

美国的贸易不平衡并非新现象，主要是美国国内过度消费和投资不平衡的结果，也反映了全球市场中国际分工的基本状况。同时，美国的长期对外贸易逆差也是在以美元为中心的国际货币制度下，美国与世界贸易关系基本状况的反映。自20世纪70年代开始，美国与其主要贸易伙伴就此问题曾经出现过多轮摩擦。美国的经济结构决定了，其贸易政策的变化虽然可以将进出口从一个经济体转向另一个经济体，但是不大可能从整体上减少贸易逆差。中美在全球生产体系中的分工位置并不冲突，双方只是存在贸易统计上的差异。为解决中美之间的贸易不平衡，中国的提议是做大"蛋糕"而非采取限制的办法。美方应放宽对华高技术产品出口管制，履行中国入世议定书第15条义务，公平对待中国企业赴美投资，慎用贸易救济措施。中方也需要不断完善国内市场改革，解决外资企业的合理关切。中美双方有必要认真研究对方的改革发展方略，寻找新的合作机会，不应让贸易摩擦损害企业的利益和人民的福祉。

在特朗普2017年11月访华期间，两国企业签署了34个合作项目，总金额高达2535亿美元，显示了双方的政治意愿和商业潜力。关于美国商界对中国市场准入的担忧，时任中共中央财经领导小组办公室主任刘鹤代表中国在2018年的达沃斯论坛上表明，中国将继续坚持发挥市场在资源配置中的决定性作用。他还说，中国将继续推动全面对外开放，加强与国际经贸规则对接，大幅度放宽市场准入，扩大服务业特别是金融业对外开放，创造有吸引力的国内投资环境。也就是说，随着中国进一步推动改革开放，我们将为世界提供更多机遇。

中美合作已经覆盖广泛的全球治理领域，其中最有成效的是围绕热点问题的沟通和在打击跨国犯罪、防治传染病等方面的合作。美方需要更好地了解中国提出的建设亚投行、"一带一路"倡议等方案和主张。这是对现有全球经济治理机制和经贸安排的有益补充，有助于促进地区以及全球经济的健康、均衡发展。

很多新的全球性挑战不能仅靠一个国家应对，而是亟待国际社会共同努力。中国期待在相互尊重和互利的基础上与美国建立牢固的、可以适应新形势的伙伴关系。这种伙伴关系将使双方能够更好地完成各自的国内目标，更有能力应对当今世界的诸多挑战。同时，中方也要警惕美国挑起新的大国矛盾的企图。事实上，中美关系若因彼此在一些领域竞争性的增加而发生根本性塌陷，是双方都不愿意看到的。

自2017年初特朗普就任美国总统后至2018年2月，习近平主席已经与他进行了3次会晤、10次通话。[①] 特别是2017年4月习近平主席赴佛州海湖庄园与特朗普会晤、11月特朗普对中国进行国事访问，确定了两国关系在新时期发展合作伙伴关系的蓝图。双方确立的外交安全对话、全面经济对话、执法及网络安全对话、社会和人文对话四个高级别对话机制全部顺利启动。

[①] 任春雨：《中国贸促会会长姜增伟会见美国驻华大使泰里·布兰斯塔德》，载中国国际贸易促进委员会网站，2018年2月12日。

中美两国需要对世界的变化保持敏感，及时调适。全球化时代应是对话合作、互利包容的时代，中美在全球治理领域有着广泛的共同利益，没有理由不共同努力来完善全球治理。

总之，中国已经明确表示，不会选择追求霸权的道路，更不会走上与现有强国争夺所谓世界"领导权"的道路，而是主张顺应全球化的潮流，让现行国际秩序和机制得到进一步延展，更好地应对新的挑战。构建更具包容性的框架，如同搭建一个共同的屋顶，去最大限度地容纳各方的利益诉求和治理观念，如此，各国才能携手构建人类命运共同体。

中国的崛起与美国霸权的自我消耗*

当今世界面临百年未有之大变局，中华民族伟大复兴与世界的百年未有之大变局相互激荡。这是习近平主席对国际形势提出的重要判断。百年未有之大变局的内涵是什么，它的方向是什么？我们需要认真学习和领会。

谈到国际形势，当前的焦点是中美之间的博弈，而且事态发展变化得很快，是国际关系学界研究的主要课题。疫情期间国际航班都停了，国际研讨会改到在线上进行，更加方便了，中外学者的交流有利于大家更好地了解世界在发生什么样的变化。大家总的看法是，中美关系的发展变化对世界影响很大。现在，疫情后的世界、疫情后的全球化、疫情之后的国际格局等，都很难判断，因为这一切都要受到中美博弈结果的影响，终局将会是怎样

---

* 2018年至2020年，傅莹应邀就国际格局与中美关系进行多次授课，本文以2019年8月19日在清华大学"国家意识与青年责任"课程上的讲课提纲为基础，结合其他讲课内容汇编整理而成，系上半部分。

的，现在还看不太清楚。

什么是"国际格局"

我想通过对国际形势的观察，结合自己这些年的一些经历和体会，谈谈对国际格局变化的看法。什么是"国际格局"？简单地讲，国际格局就是在一定的历史时期，主要国际力量的相互关系和相互作用之下形成的相对稳定的结构状态。也就是说，国际格局指的是世界权力的结构是什么样子的。比如，冷战时期的国际格局是美苏两极结构，两个国家各自领导一个集团，把世界分成两个对立和互不相通的体系。苏联解体之后，冷战结束，从美国的角度看，世界成为美国的一统天下，是一极格局。然而，冷战后在全球化的推动下，其他国家发展也很快，欧洲的德国、亚洲的日本都曾经对美国形成追赶之势。中国国际关系界对国际格局的描述是"一超多强"。

在国际关系历史的视阈中，现代国际政治的起点是威斯特伐利亚体系[①]，它明确了主权国家、主权平等的概念。之后的500年间，多次出现大国争霸和国际格局从一个向另一个的转换。那么在这个过程当中，中国在哪里？中国虽然有自己悠久丰富的历史

[①] 威斯特伐利亚体系是历史上第一个具有现代意义的国际关系体系，标志是1648年10月签订的《威斯特伐利亚和约》，是"三十年战争"结束的象征（"三十年战争"：1618年至1648年，发生于欧洲的一场持续了整整三十年的战争，几乎所有的欧洲国家都被卷了进去，是近代史上第一次大规模的欧洲战争）。

第二章 全球化与中国角色

和文化,但是与伴随工业化进程发生的国际上的大国竞争没有很大的交集,在相当长的时间内是与世界上的强国竞争脱离的,自成一体。19世纪中叶,西方列强以炮舰打开了中国的大门,中国成为国际格局变化的承受者,是被作用的对象。

2014年是第一次世界大战100周年,国际史学界作为纪念出了好几本书,比如2012年出版的英国历史学家克里斯托弗·克拉克的《梦游者:1914年,欧洲如何走向战争》(The Sleepwalkers: How Europe Went to War in 1914)[1],2013年出版的加拿大历史学家玛格丽特·麦克米兰的《终结和平之战争》(The War That Ended Peace, The Road to 1914)[2]。这些书与过去关于第一次世界大战的历史书的角度不太一样,一个共同点是,没有突出描写那些宏大的事件和重要的人物,而是把视角放在了第一次世界大战爆发前十年当中相关国家关键的决策中枢发生的事情上——谁说了什么,谁做了什么,谁是如何回应的。作者的意图是让读者看到,形势如何从各方对一件件事情的处置和问题的累积,发展到矛盾发生性质的转变,滑向了那场谁都不希望发生的、谁也没有估计到其严重后果的大规模战争。

虽然在这个历史过程中,关键人物可能都没有刻意地推动战争,但是,他们在相互的驱动和算计中不断产生新的作用力。哪怕是德国,作为战争的发动者,其对战争时间和结果的预期都与

---

[1] Christopher Clark, *The Sleepwalkers: How Europe Went to War in 1914*. Harper Perennial, 2012.
[2] Margaret MacMillan, *The War That Ended Peace, The Road to 1914*. Random House, 2013.

现实有着巨大差距。国家之间的博弈就像是打桌球,一个球被敲打出去之后,会撞击到另一个或几个球,而这些球又会撞击到其他球,最终形成一个新的、最初可能难以完全预料的局面。

进入21世纪第二个十年,国际关系研究界已经高度关注快速成长起来的中国,这方面的研究逐渐成为重点之一,中国的一言一行相当引人注目。这些书有一个隐含的指向或者说潜台词,那就是提出一个问题:世界秩序的下一个挑战者是谁?围绕这个话题的国际讨论很热烈,甚至有人直截了当地写评论文章:谁是"亚洲的梦游者",矛头指向中国。针对这些问题,我写了一篇纪念第一次世界大战100年的文章,2014年9月发表在《求是》杂志上[①]。文中谈到第一次世界大战的教训,从马克思主义政治经济学的角度对这场帝国主义战争的根源进行了分析:是资本对市场、殖民地的争夺导致了无可避免的战争。在经济全球化的环境中,国家不需要也不应该再用战争和大国竞争的方式来实现自身的发展目标。

在《梦游者:1914年,欧洲如何走向战争》这本书里关于中国的内容不多,但是中国显然是在列强竞争和分割的单子上。原版书的169页有一幅源自19世纪《法国画报》的漫画(见图2.1)[②],其上,英国维多利亚女王、俄国沙皇尼古拉二世、德皇威廉二世、法国的玛丽安娜(法国国家象征)和日本的伊藤博文

---

① 傅莹:《不能忘却的记忆——百年内两次世界大战的反思》,《求是》2014年第17期。
② Henri Meyer. *The Scramble for China*. Le Petit Journal,1898.

第二章　全球化与中国角色

围坐在餐桌旁边,手中举着刀子,面前摆着一张地图大饼,标明是"CHINE"(中国),围坐在桌子旁的这些人正在考虑自己能得到的那一块。他们身后站着一位戴着清朝官帽和留着长胡须的老人,应该是映射李鸿章,他焦急而又无助地将双手举向空中抗议着。这幅漫画描绘了19世纪末、20世纪初中国在国际格局变迁中的处境,既是一个看客,也是一个任人宰割的对象。

图 2.1　争夺中国

在一个多世纪后的今天,为什么说是百年未有之大变局呢?其中一个重要原因就是,中国第一次成为国际格局演变的主角之一,成为推动国际格局变化的作用力而不仅仅是被作用者,是这一次国际格局动荡、调整的牵动因素之一。这在世界历史上是一个很大的变化。同时需要意识到的是,这也意味着中国人的言论和行为会产生对他人的作用力,就像在球桌上,我们敲出去的球会撞击到其他球,引发新的变化。大国一旦进入影响国际格局变化的环境里面,它做什么或者不做什么,都会招致反应,甚至引发反作用力。因为大国的言行会触及他方的利益,引发其他力量进行有针对性的调整,所以我们对新形势的一个最重要的认知就是,中国面对的是一个更加复杂的局面,而且自身拥有对这个形势的发展变化产生影响的力量。

历史给中国人带来了一种挥之不去的受害者心结。2014年6月我在新加坡出席香格里拉对话时,要作为嘉宾在一个关于地区安全的论坛上发言,同台的还有时任美军太平洋总部司令塞缪尔·J.洛克莱尔[①]。开场之前有几分钟时间请嘉宾在会场旁边的休息室相互介绍和熟悉,我找到他,想商量一下出席发言的基调。当时外界对中美海上分歧很担心,这场论坛引起比较大的关注。我想说服他,中美两国的发言嘉宾最好不要在地区中小国家代表的面前吵架,让人看热闹,给地区平添焦虑情绪。他同意我的提议,但是一再请我回答一个问题:"为什么中国人有这么强的受害者心态?"我在两分钟内极为浓缩地讲了一下鸦片战争和之后的历史。他认真地听了,然后说:"鸦片战争是19世纪的事情,很早很早以前的事情啊,现在中国都这么强大了,为什么还是一谈起国际问题,就表现出一种受害者愤愤不平的情绪呢?"

我说,一个国家的历史决定了国民的思维和价值。例如,美

[①] 美军第23任太平洋总部司令,任期为2012年3月9日至2015年5月27日。

第二章　全球化与中国角色

国人言必称人权，这是否因为美国历史上一直存在严重的种族压迫问题呢？这是美国最大的伤疤，从南北战争到现在，仍然没有完全解决。而中国人最大的历史伤痛就是外国的侵略和压迫，这必然在国民心中留下印记。每个国家都有自身的历史经历，人民的心理特征与历史总是相关联的。不过，他的感慨对我也有一定的提示，中国人确实需要注意自己的心态会给外界什么样的印象和由此引发的反应。

国际上各国外交的起源大多是关于如何谈判以实现和平和阻止发生战争的，而中国的外交起步于对列强强加的不平等条约的抗争，中国现代外交最初的几十年都是在争取撤销或者是减缓各种不平等条约和不公正待遇问题。在我担任驻英国大使时，中英之间还解决了一个历史遗留问题。情况是这样的，2008年3月发生拉萨打砸抢烧严重暴力犯罪事件，英国外交国务大臣马克·马洛赫·布朗（Mark Malloch Brown, Minister of State）约见我表达关切。他听我介绍了情况和中国的政策立场之后，念了一个口径，其中提到"理解中国对西藏拥有宗主权"。这是长期以来英国关于中国西藏地位的一个含有殖民色彩的政策表述，是中方绝对不能接受的。我马上提出交涉，强调中国对西藏拥有主权，所谓的"宗主权"是英国在殖民时期强加给中国的，早就应该放弃了。但是，英国外交部一直不愿面对和谈判解决这个问题。

翻看历史档案，在中华民国政府期间中方就与英方交涉过此事。1943年宋子文两次会晤时任英国外交大臣艾登，明确提出"希望英国政府承认西藏是中国的一部分"，遭到拒绝。同年8月，

083

艾登致信宋子文，附以《"在中国尊重西藏自治的前提下承认中国'宗主权'"的内阁决议备忘录》①。"宗主权"与"主权"有着本质的区别，英国政府的立场是拒绝承认中国对西藏的主权。

2008年8月，英国首相戈登·布朗访问中国出席北京奥运会闭幕式，中国国务院领导人在钓鱼台同他谈了几个小时，一个重点就是讲这个问题。在整个过程中，布朗都听得很认真，最后应该是听明白了。布朗是个比较实诚的人，说话做事讲道理，这件事的是非曲直很清楚，但是他也存在国内政治和程序问题。他结束访华后两个月，也就是10月29日，米利班德外交大臣在英国外交部网站上发表了一份书面声明，表示："英国在20世纪初对西藏地位的立场有时会影响我们表达观点的能力，这一立场基于当时的地缘政治。我们对中国在西藏'特殊地位'的认识是从过时的宗主权概念发展而来的。有人利用这一点对我们追求的目标表示怀疑，并声称我们否认中国对其大片领土拥有主权。我们已经向中国政府公开表明不支持西藏独立。像其他欧盟成员国和美国一样，我们认为西藏是中华人民共和国的一部分……"②这意味着中英之间彻底解决了这个历史遗留问题。

我们看国际形势的变化，不会是像看一座山似的，要么岿然不动，要么就山崩地裂。国际形势更像一条大河，不断地涌动，在流动的过程当中，不断地冲击和改变着什么。每年春天，黄河

---

① 蒋耘：《宋子文与战时西藏问题交涉》，《民国档案》2008年第1期。
② The Minister of State, Foreign and Commonwealth Office (Lord Malloch-Brown), "Tibet Volume 704: debated on Wednesday 29 October 2008", UK parliament, October 29, 2008.

在流经宁夏、内蒙古时都会发生壮观的冰凌解冻，观察这一自然现象也能给我们观察国际形势以启发。国际形势是流动性的，变化在某个时段发生，不会是具体哪一件事就改变了国际形势，但是，每一件事都自会有其影响，都不会被历史忽略，一件件事情累积起来，就会对历史发展进程产生作用力，留下印记。

中国在世界格局中的地位和作用相对上升

中国在世界上的地位发生变化、国际社会看中国的心态发生变化，大概是什么时候开始的？一般认为是2010年，当时中国的GDP超过了日本，成为世界第二大经济体，外界开始从世界大国的角度关注中国。以我的切身体会，2008年是一个重要的节点，这一年对中国和世界都很重要，也比较特殊。中国故事、中国印象、中国形象在2008年就像坐过山车一样，大起大落，经历了一个相当动荡的过程，导致了后续变化的产生。

2008年1月，中国南方发生雨雪霜冻，火车和长途汽车停运，大量春节假期返乡的农民工聚集在车站，国际媒体一片哗然，预期中国要出大问题。结果滞留人群得到妥善安置，很快有序踏上旅途，显示了中国政府高效的组织、处置能力。2008年3月14日，发生拉萨骚乱，西方媒体一边倒地描绘中国发生了"血腥事件"，对奥运火炬传递带来极大的干扰，在国际上造成比较大的负面影响。但是中国顶住压力，完成了预定的全球火炬传递，最后在中国境内的火炬传递中展现了人民的团结一心和热情支持，圆满收官。

2008年5月12日，汶川发生强烈地震，中国人民守望相助、勇敢抗震，政府和军队全力投入解救受难群众和重建，让世界刮目相看。当时国内的新闻报道活跃、信息透明度很高，可以说中国人是在全球媒体高曝光度之下走出汶川灾难的。记得英国的《每日邮报》曾经在头版刊登了一张照片，是一位骑着摩托车的汶川男子背着用棉被包裹着的妻子的遗体，标注着他的一句话，"要给妻子一个有尊严的死"[1]。外界从中看到了中华文化中强大的人道主义内涵，这是他们过去不了解的。汶川得到英国乃至世界广泛的同情和支持，中国驻英国使馆收到社会各界的捐赠，接受了从国家领导人到普通清洁工、从骑自行车募捐的青年到牵着母亲手的孩子对汶川的赞许和支持。

2008年8月8日晚上8点，北京奥运会的开幕式为这轮国际形象冲击波画上了句号。尽管之前国际媒体对中国举办奥运会很不看好，但开幕式的场景让一切都改变了，其中传递出的信息是非常强烈的，中国国家高效的组织能力、社会财富的增长、观众和表演者的笑脸等，突然之间通过绚丽的画面传递给了世界。

北京时间晚上8点是伦敦时间下午1点，我在使馆大厅举办了奥运会开幕式的电视观摩活动，馆员和家属齐聚一堂，也邀请了一些英国朋友。英国客人看得非常专注，有时都忘记了自己

---

[1] "Pictured：The Chinese earthquake widower who had to strap his wife's corpse to his back to take her to morgue", Daily Mail, May 15, 2008.

不在现场,看到激动人心的场面就鼓起掌来,大家都非常兴奋。临走告别时,一位老者握着我的手说:"大使,这是中国成为世界大国的成人礼啊。"我第一次听到这个说法,当时还没有完全理解。

第二天,英国所有的报纸都用头版刊登了对开幕式的正面报道,配以漂亮的画面。西方媒体以前一直认为中国共产党和人民群众是离心离德的,这一年发生的一系列事情让他们认识到,党和人民是一体的,中国的党和政府是为人民做事的,中国制度的组织能力和解决问题的能力很强,世界看到了一个走向成功的中国。确实从这一年开始,外界对中国的看法开始发生微妙和复杂的变化。

2009年我有一次在曼彻斯特演讲,现场有200多人。在英国,演讲是社会交流的一种重要形式,我作为大使收到的演讲邀请很多。按照规范做法,演讲时间是一个小时,主讲人可以讲20分钟,之后答问40分钟。我会重点讲中国的发展与变化,面临哪些困难,如何去克服和解决。这一次,当我讲到中国仍然是发展中国家的时候,听众哄地一下子笑了,不是一个人,是大家都在笑,我以为自己有哪句话讲错了,一下子有点懵。

等我讲完,进入答问环节时,第一个举手提问的人就说:"大使,您刚才说'中国仍是发展中国家',能不能给出一个定义?为什么说中国是发展中国家呢?有哪几个标准?"他说,"我们需要了解,因为中国的GDP超过英国了,如果中国是发展中国家，那么英国是否应该被称为'发展中国家-(减)'[①]呢？中国定位清楚了，其他国家也好调整自己的位置"。

的确可以感觉到，2009年世界在等待中国的自我定位，中国地位的变动会波及方方面面，如果中国的世界排名上升到第二位，其后很多国家的排序都要发生改变。2009年至2010年，我在演讲中遇到最多的提问就是：中国强大了，想向世界要什么？将给世界带来什么？准备如何改变世界？从英国和其他国家的角度看，从几百年国际格局的演变路径来看，中国作为新生大国，有权也必然会设定一些新的规则，那么其他国家就需要考虑，在中国新设的规则当中他们会得到什么、失去什么？是利是弊？他们将由此来决定自己对待新生大国的态度。

中国学者研究国际形势时，一般都是要关注"美国怎么了""欧盟怎么了""日本怎么了""俄罗斯怎么了"这样的问题，现在国际上都想知道"中国怎么了"。那么，中国人怎么看呢？2009年我在驻英国大使馆召开了一个研讨会，主题是"中国的国际地位"，除了使馆的外交官，记者和企业家也应邀出席，有120多人参加。开始讨论之前先做了一个测试，我的提问是：中国是排名世界第二的大国吗？只有五个人举手表示同意，主要是坐在前排的参赞级外交官，其他大部分人持否定的态度。在这个基础上，我提出的第二个问题是：如果说中国不是世界第二，谁是世

[①] 发展中国家-(减)：可以理解为中国经济总量超过英国，英国是排名在中国之后的国家。

第二章　全球化与中国角色

界第二呢？大家对这个问题的答案五花八门。2010年我回到国内后，应邀讲课时也会做同样的测试，对第一个问题举手同意的人不会超过出席人数的15%。对第二个问题人们给出来的答案很有意思，最常见的答案是俄罗斯，同意的人也最多，然后会有人提到德国，还有人说是日本。这应该反映了当时中国人对国家的世界定位的基本看法。

我与美国人讨论中国的国际地位时，采用了这个案例，他们都表示难以置信。美国前国务卿奥尔布赖特在北京的一次国际会议上听我谈过这个现象，2013年我们在韩国相遇，她说在美国讲我所介绍的中国人的普遍观点，别人都认为是她听错了。因为，美国很多人认为中国人追求强大，要挑战美国。

当世界已经从一个排位世界第二的角度看待中国、期待中国的时候，我们的自我认识相对滞后一些，中国人更现实，当时谈到国际地位时更多采用人均GDP指标。但在英国人看来，人均GDP不是唯一指标，例如，卢森堡的人均GDP高达10万多美元，世界排名第一①，但是它不可能成为世界大国。外界认为中国现在国力强大，是世界大国，需要说清楚自己是谁，打算干什么，会带来什么样的影响。相隔十年之后，2019年我在北京会见一位英国议员，她的关注点仍然在这些问题上，向我提出的第一个问题是："您认为中国将如何影响世界？"可见这个问题困扰他们十

---

① 据环球网报道，截至2016年10月，卢森堡人均GDP位居全球榜首，高达10.58万美元。

年了，估计未来十年，外界还是会不断地提出这个问题，而我们自己，恐怕也需要不断地思考和回答这个问题。

从数据上看，中国 GDP 占世界的比重从改革开放初期 1997 年的 3% 增长到 2019 年的 16.2%。[1] 自 2006 年以来，中国对世界经济增长的贡献率稳居世界第一位，2017 年中国对世界经济增长的贡献率为 27.8%，超过美国、日本贡献率的总和，拉动世界经济增长 0.8 个百分点。[2] 中国有 13 亿人口，[3] 相当于 4 个美国，中国崛起给世界带来的影响必然是巨大的。

中国的发展变化带来的冲击是牵动国际格局变化的重要因素，但不是全部因素。还有第二个因素，就是美国的变化，美国在对国际大势的判断和在对外政策上犯了错误。中美两个国家在冷战之后的 20 年，在对外政策上出现了反向的演进。中国对冷战后国际大势的判断是和平与发展，在国内和国际政策上都顺势而为，对内推行改革开放，对外实施独立自主的外交政策，在国际上开创了一个良好的合作环境，成功地融入了经济全球化的大潮。

中国提出冷战后和平与发展是时代的主题，这个判断很重要。2010 年我有一次在欧洲出席国际会议，应邀在基辛格主持之下发表讲话，介绍中国。在谈到国际形势时，我阐释了邓小平

---

[1] 数据引自世界银行。https://data.worldbank.org.cn/indicator/NY.GDP.MKTP.CD?view=chart.

[2] 国家统计局：《国际地位显著提高 国际影响力明显增强——改革开放 40 年经济社会发展成就系列报告之十九》，载新华网，2019 年 8 月 30 日。

[3] 2020 年 1 月 17 日，国家统计局发布数据显示，截至 2019 年底，中国大陆总人口已突破 14 亿。

关于和平与发展大势的判断，把"势"翻译成"trend"。基辛格打断我，说："我帮你解释一下。"他对听众说，"你们可能不太理解'势'，这是中国人特有的一个政治概念。'trend'这个英文单词不能完全表达它的意思，可以直接用's-h-i'（势）"。他说："中国人说的'势'，就像激流从高山上冲泻而来，无可阻挡。政治家的责任就是要判断'势'在哪里，然后带领人民群众顺势而为，取得成功。"

我说："您讲得比我讲得要好，更清楚。"

美国霸权的自我消耗

美国对冷战后国际形势的判断是完全不同的。苏联解体之后，美国成为唯一的超级大国，自认为世界进入一超独霸的时代。那么，美国的国际战略目标是什么呢？

1994年我在外交部亚洲司工作时，参加了一个由美国国务院新闻署邀请的发展中国家青年外交官访美代表团，选题是"美国国家安全政策的制定"。我带去的调研课题是，冷战之后美国国际战略的目标是什么？苏联解体之后，美国仍然保持着在海外的大规模军事部署，其目的是什么？谁是美国的敌手？代表团访问了华盛顿和纽约、圣迭戈、加州等许多地方，无论是在与官方人士还是与国会议员、媒体记者、智库学者的交谈中，我得到的答案都是一样的：美国的国际战略目标是在全球推进和实现民主、自由和人权。我问，美国的军事部署属于硬力量（hard deployment），而其宣称的目标是软性的（soft target），缺乏清晰的边界，在现实世界如何操作和实现呢？美国人说"我们就是要这样做"，而且说得相当自信，好像美国已经无所不能了。

复盘一下"后冷战"时期的美国国际行为，确实是这样的，一直试图追求实现那个漫无边际的软目标，即用美国的价值观和政治制度改造世界。21世纪第一个十年，美国的重点之一是改造中东欧国家，推动制度转型，结果怎么样呢？2011年我随团访问匈牙利时，欧尔班总理在给中国代表团介绍情况时说道，金融危机对匈牙利的打击很大，西欧企业纷纷撤资，经济陷入困境。欧尔班曾是学生领袖，谈到匈牙利的政治转型是否实现了当年追求的目标时，他认为，政治上算是实现了，有了自由，有了选票，但是，经济上没有。显然，当年的人们以为改变了政治制度就能得到西欧的生活方式，实际上并没有。在代表团与匈牙利老朋友座谈时，一位资深汉学家讲道，他的生活比父辈要好，但是他的孩子过得不如他，孙子还需要他关照。整个中东欧国家基本上都是这种状况，平静，同时也沉闷，年轻人都到西欧去找工作。许多人羡慕中国的成功，既保持了自身的制度和稳定，又实现了经济的高速增长。

21世纪的第二个十年美国将注意力投入了反恐战争。2001年乔治·W.布什出任美国总统，谈到中国时用的是"战略竞争者"，白宫制定战略安全报告的草案中已经考虑"中国威胁"问题，据说都已成稿，但因"9·11"事件的发生而被迫重写。2001年9月11日在纽约发生的恐怖袭击事件彻底改变了美国乃至世界的政治议程，美国全面转向反恐，小布什向世界宣告，恐怖袭击事件是历史的分水岭，美国的国际关系将以是否支持反恐画线。美国发动了一场大规模和旷日持久的反恐战争。白宫的战略安全报告推迟到2002年才发表，将聚焦点转向反恐。当时中方对"9·11"事件做出了及时和明确的判断，认为恐怖主义是人类的共同威胁，中国支持反恐。

美国于2001年10月7日发动了对阿富汗的战争，包括中国在内的大部分国家接受了美国关于阿富汗存在恐怖主义者的信息，对这场战争给予了一定的认可和支持，美国的军事盟友包括英国、德国、波兰、捷克等北约国家。2003年3月20日美国发动了对伊拉克的战争，但是国际社会对此行为的认可度和参与度比较低，美国的一些盟友也没有给予支持，当时包括法国、德国在内的十个北约成员国表示拒绝向伊拉克派遣士兵。

美国发动阿富汗战争开始仅一个月，在美军地毯式轰炸的攻势下，北方联军快速攻克了阿富汗北方大型城市马扎里沙里夫。2001年11月13日，北方联盟部队占领了首都喀布尔，塔利班的力量几乎未抵抗就撤退了。2002年5月我跟随中国外长代表团访问阿富汗首都喀布尔，那时在喀布尔街上散步很安全，我们头上戴着自己买的普什图帽子，向街上的人借来他们手中磨得很旧的步枪拍照，气氛热情友好。市中心的空地上可以看到大扫帚扫过的痕迹，街道两边的房子二层楼以上都被炸得或者烧得只剩下水泥架子，在一层已经有人居住，窗户是用纸壳封上的，炊烟袅袅。一些人家的门前摆着小摊位，出售自家做的烤饼。有一群小男孩儿跑到我们面前来,手里举着黄色的苦菜花,都蔫了,孩子们放在鼻子前,满脸笑容地一再向我们展示(见图2.2)。陪同的人员告诉我们,这意味着和平。阿富汗人民终于迎来了和平,我们在喀布尔充分体验到了一个长期战乱国家的人民对和平的期盼和珍惜。

图 2.2 期盼和平的阿富汗孩子们

代表团住进一个非常破旧和简陋的酒店,是喀布尔勉强恢复起来的第一座酒店。一个中年男服务员端着一个盘子来到我的房间送茶,他穿着熨烫平整的深色旧西服,上装和下装都不是一套,脚上穿着一双很旧的运动鞋,刷了白粉显得干净。他端的盘子旧得看不出颜色,上面垫着一张报纸,茶杯旁有一个图案模糊的小瓶子,插着一朵盛开的玫瑰。茶特别甜,也不热,我喝了茶,付了小费,感动于他的这份心思和尊严感。在经历了20年战争之后，在这么一个破旧的酒店里，出现这样一位服务员，不能不让人感慨万分。

然而，一直到2014年12月，美方才勉强宣布战争结束，持续了13年之久，而且这个国家至今仍然没有实现和平。十年后的2012年，我再次来到阿富汗的喀布尔出席阿富汗问题伊斯坦布尔进程部长级会议。此时城市里的房子比过去完整了，但是战争并没有结束，和平也没有留住，恐怖袭击频发，街上极其不安全，我们已经不能随意走动和散步了。阿富汗总统宴请各国代表团，地点在一个像城堡一样的院子里，我问同桌的一位阿富汗人怎么看战争，怎么看未来。他低声说，美国在阿富汗花的钱就是用金子铺路都够了，但是他们的注意力不在和平和建设上。我理解，他的意思是说，美国在这里的主要目的是寻找本·拉登。

伊拉克战争在2003年3月20日开始，次年5月，小布什站在"林肯号"航空母舰甲板上宣布"美国取得胜利"。但是，在奥巴马任内最后一批美国军队作战士兵于2011年12月18日才撤离伊拉克，若以此作为结束战争的标志，历时八年多，远远超出最初的预期。由此可见，哪怕是在美国与阿富汗和伊拉克这样军事力量如此悬殊的情况下，美国这个战争的发动者仍然无法估计，也无法控制战争的走向和结果。这自古以来就是战争所特有的残酷逻辑。

美国在阿富汗和伊拉克的消耗和损耗是巨大的。耗费了那么大的成本，阿富汗和伊拉克的形势直到现在还是很乱。正如理查德·哈斯在2010年5月出版的《必要的战争，选择的战争：两次伊拉克战争的回忆》（War of Necessity, War of Choice: A Memoir of Two Iraq Wars）中所说，"第二次伊拉克战争是没有必要的"，"美国完全可以在不改变政权的情况下改变其行为和威胁"。特朗普更是直接讲"美国的路走错了"。

2008年的金融危机对美国的打击很大，国库更加空虚，这进一步制约了美国的国际行动能力。记得2011年发生"阿拉伯之春"时，形势比较紧张，我在欧洲开会，问坐在旁边的美国前财长罗伯特·鲁宾："怎么样，美国还要打利比亚吗？"他说不会打了。我问："你怎么那么有把握，有什么根据？"他说："因为没有钱了。"美国霸权的自我消耗和战略透支在21世纪的第二个十年表现得更加明显。

而这个阶段也是中国发展最快的时期，2003年美军进入伊拉克的时候，中国的GDP是1.66万亿美元，是美国的1/7，[①]战争结束时已经超过了美国的一半。美国惊回首，发现一个新的大国崛起了。美国在宣布阿富汗、伊拉克战争结束的时候，被中国追赶的焦虑感就已经出现了。

美国史学家加迪斯2018年出版的《论大战略》中，对何为战略有一段精辟的论断：战略就是常识，是目标与手段的结合。他用大量史实进行比较，展现了在目标和能力的平衡中，战略的制定和执行者的得与失。虽然加迪斯在书中没有直接评价美国政

[①] 数据引自世界银行。https://data.worldbank.org.cn/indicator/NY.GDP.MKTP.CD?view=chart.

府反恐战争的错误，但是读者可以从中看到，进入 21 世纪的美国没能逃脱无视常识的失败后果。诚然，任何战略的成败都脱离不了战略演进所处的时代背景，成功战略的构建更是要基于对时代潮流的准确判断。冷战的终结打破了世界被集团隔绝的状况，给经济全球化提供了更大的空间，而世界各国希冀和平、追求发展构成后冷战时期的基本潮流，美国对世界大势的判断失误是导致其战略透支的原因之一。

关于中国崛起的四个问题*

在国际讨论中常有人问:"中国是否要争夺世界主导权?"

我观察,大多数中国人对这个问题不太感兴趣,他们既不赞同与美国争夺世界主导权,也不认为自己的国家应该成为另一个美国。

然而,在美国和一些欧洲国家,许多人会说:"怎么能相信中国不会这样呢?"他们从霸权争夺的历史轨迹出发,担心中国会试图建立新的地区秩序,并将周边地区纳入其治下。

在与亨利·基辛格博士的一次谈话中,他告诉我,应该让更多的美国人了解中国人的想法。因此,我选择了以下几个备受热议的话题,与大家分享一些观点。

---

* 2014年10月14日,傅莹应邀赴美国纽约出席亚洲协会对话会并发表主旨讲话,本文系根据讲话内容整理而成。《赫芬顿邮报》(*The Huffington Post*)网络版当年10月17日以"Answering Four Key Questions About China's Rise"为题发表英文版,观察者网10月22日以《回答关于中国崛起的四个问题》为题发表中文版。

第二章　全球化与中国角色

中国是一个世界强国吗

在美国人和世界上大多数人看来，中国无疑已经是一个新兴的世界强国。

根据国际货币基金组织最新的购买力平价计算[1]，中国的GDP已经超过美国，成为头号经济大国。然而，中国人并未因此而表现得特别激动，多数人认为这样的头衔名不符实。

外国人眼中的中国，往往是他们在北京、上海和广州看到的高楼大厦。但是，如果驾车从这些特大城市往外开出100公里，你会发现很多人仍然生活在相当基础的条件之下。联合国划定的贫困线为每人每天1.25美元，但在2014年，仍有约2亿，即约14%的中国人生活在这条贫困线以下[2]。

2014年中国的城镇化率已经达到51%。但是如果按人口计算，则生活水平达到城市标准的人数不超过人口的37%。也就是说，大多数中国人的生活质量还未达到城市标准，例如，还未享受到洁净的水和适当的医疗条件。

总体上说，中国是一个刚脱离全民贫困的国家。"80后"这一代人是第一批在成长过程中吃得上饱饭的中国人，开始享受选择的自由。

---

[1] 购买力平价定义见 https://www.imf.org/external/pubs/ft/fandd/basics/ppp.htm。计算公式见 https://www.wallstreetmojo.com/purchasing-power-parity-formula/。
[2] 华晔迪、罗宇凡：《中国经济总量或年内世界第一　2亿人在贫困线以下》，载人民网，2014年5月5日。

但是在国家层面，还有更多挑战亟待解决，中国需要更多的医院、学校和更好的自然环境。中国正在一个陡坡上攀登，面临的困难有时超乎外界的想象。

这就是为什么，我们说中国仍然是一个发展中国家，在未来相当长的时间里，坚持改革开放、促进发展将是中国的主要任务。

我们有"两个一百年"的发展目标，习近平主席称之为中国梦，人民对此充满期待。首先是到2021年中国共产党建党一百年时，实现GDP以及城乡人均收入在2010年的基础上翻一番。第二个"一百年"是到21世纪中叶中华人民共和国建国百年时，把国家建设成一个现代化的社会主义社会，使人均收入达到中等发达国家的水平。

中国是否一定会争夺世界主导权，以至于出现战争

现实主义国际政治理论家汉斯·摩根索认为，国家强大了就不可避免地要争夺国际权力。根据冷战后国际形势提出"进攻性现实主义"的约翰·米尔斯海默也认为，大国间竞争的悲剧不可避免。

但是，希望世界能够注意到，中国正在树立大国崛起的新范式，走出一条和平发展的新路。

以人民币计算，中国2013年的外贸总额比1983年增长了300倍，但这并非是以"炮舰开路"的方式实现的。相反，这个成果是中国在现有以规则为基础的国际自由贸易大环境中，通过

第二章　全球化与中国角色

互惠互利的平等合作取得的。

特别是在 2001 年加入世贸组织以后,中国的国际贸易总额以年均 18.2% 的速度增长。中国现在是全球 120 多个国家的最大贸易伙伴,每年进口商品总值超过 2 万亿美元,在世界各地创造了大量的就业与投资机会。贸易因素成为中国与其合作伙伴发展关系的压舱石。

在过去的 30 多年里,中国的 GDP 提高了 95 倍,而其军费开支增速为 GDP 增速的 42%。按照中国宪法规定,我们奉行防御性的国防政策。历史上列强依靠军事力量抢夺资本、资源和市场的行径,在当今世界上是不必要的,这种政策也是中国所不赞成的。

和平发展之所以适用于中国,其中有国内国际两方面的因素。

从内因上看,中华民族是爱好和平的民族,自古就有"国虽大,好战必亡"的箴言。"和为贵"与"和而不同"的理念世代相传。中国历史上尝尽被外强欺侮之痛,"己所不欲,勿施于人"。

中国作为一个社会主义国家,其国内政策的核心是全体人民的利益,这决定了中国必须坚定奉行与所有国家和平合作的国际战略。

从外因上看,经济全球化带来的新外部条件为中国实现和平发展创造了条件。

冷战结束后,因东西方集团对抗而形成的地域分割被打破。

经济全球化带来扩散化的趋势。过去由西方发达世界掌控的资源、资金、人才,乃至专业经验等各种要素,开始向更广大的边缘地区扩散，战争和地理扩张不再是国家实现经济发展的可行和必要方式。

中国很好地利用了这个机会。通过持续的改革开放，中国已经在吸引国际投资和技术方面走在了发展中国家的前列。中国通过开发全球市场，实现了经济的快速增长。

中国经济增长带来的利益不是单方面的，与中国合作的国家和企业都从大规模增长中获得了切实的利益。

许多其他发展中国家也投身于全球化的浪潮中，在世界经济扩张的新时期，它们带来的活力是至关重要的。

未来，中国没有理由不将和平发展这条成功的道路坚持下去。只有走和平发展的道路，中国才能实现其发展目标。

中国的周边外交政策如何体现出对和平的承诺

进入21世纪的第二个十年后，中国周边已出现了太多不安。沉寂已久的领土争端和海洋管辖权纠纷不断升温。究竟发生了什么？

2012年4月10日，菲律宾派出军舰和武装人员进入黄岩岛潟湖水域袭扰在那里作业的中国渔民。该事件的照片激怒了中国公众，引发舆论呼吁政府采取行动保护中国公民和领土。

同年9月，日本政府一意孤行，对钓鱼岛实施所谓"国有化"，打破了搁置争议的现状。日本政府此举在中国许多城市引发了示威活动，并给两国关系带来了巨大压力。

面对菲律宾和日本的挑衅，中国采取了有效的措施，坚决地维护了领土权益。与此同时，中国保持了克制，并没有放弃通过对话解决争端以及"搁置争议、共同开发"的原则。此外，我们必须对这些挑衅背后可能存在的真实意图和其他复杂因素保持密切关注。

中国和东盟国家经过多轮协商，重申将尊重并落实《南海各方行为宣言》，这是维持中国南海稳定的基石，关于"行为准则"的商谈也已经开启。

维护中国南海航道的自由通畅，对中国这个贸易大国是至关重要的。维护航行自由将一直是中国的重要关注点。

与世界其他地区相比，亚洲在冷战结束后整体上保持着和平与稳定，没有爆发重大冲突，亚洲国家得以致力于经济发展与合作。

在这个过程中，各国不仅加深了共同利益，也使亚洲成为全球经济的引擎，在最近几年，全球经济增长约一半来自亚洲国家。

中国多年以来始终贯彻的睦邻友好政策，在这一过程中发挥了重要的作用。

东盟方式

中国亚洲政策的重心之一，是支持和参加东盟开创的对话合作体系。这一体系奉行开放包容、协商一致、照顾各方舒适度原则，也就是所谓的东盟方式。

东盟领导的这种看似松散的地区性架构，为冷战后凝聚亚洲国家营造了重要融合性框架。

中国支持东盟在东亚合作中的中心地位，是东盟地区体系发展壮大的积极推动力量，这一体系已成为当前亚洲秩序的重要组成部分。

平行于这个架构的，是冷战遗留下来的美国军事同盟体系，其如何更新和适应变化令人关注。

奥巴马政府奉行的"再平衡战略"主要聚焦于军事层面，已引发了新的争论。

军事同盟带来的问题

首先，军事同盟是排他性的。在军事同盟的安全愿景中，非成员国被置于何处？军事同盟成员国如何与非成员国平衡各自的安全利益和责任？

其次，军事同盟应如何在原则问题上划清界限？成员国是否可以不分是非曲直地支持盟友？

最后，结盟制度将如何与本地区其他多边框架对接和相互包容？

以日本为例，其现任领导人[①]拒绝承认侵略历史。他不但参

[①] 此处指安倍晋三。安倍晋三是日本第90任、第96—98任首相，其因身体原因，已于2020年9月16日正式辞去日本首相一职。

第二章　全球化与中国角色

拜靖国神社,否认慰安妇的事实,还不断制造"中国威胁论"来为修改和平宪法的企图做辩护。

日本领导人如此做的目的,很可能是为了让国家摆脱战后限制,成为能再次发动战争的国家。这是中国人民的关注所在。

作为日本最重要的盟友,美国将如何约束这个盟友,并将其保持在和平的轨道上?这将从根本上影响未来的地区秩序。

说到底,影响亚洲的决定性因素是中美两个大国如何处理好相互关系,能否在地区事务上合力协作。

两国领导人已经同意建立中美新型大国关系,下一步是如何落实这一目标。

首先是中美两国能否建立互信,减少误解。无论在战略层面还是在媒体舆论中,中国和美国之间都缺乏信任,经常导致误解误读,不但破坏氛围,还给合作造成了障碍。

关键是美方需要放弃从意识形态视角看待中国,重新认识并更好地理解今天的中国。这个障碍不移除,两国关系就总难免不断起伏。

其次是能否学会尊重彼此利益和关切。在中国人看来,似乎在涉及中国利益的任何问题上,美国都倾向于站在中国的对立面。

例如,当邻国挑衅中国时,美国总是不分青红皂白地指责中国,这样一来,美国加深了自己在中国公众心目中的负面形象。

为此,两国要开展一些可视的合作,对外发出更多积极信息,例如,共同应对气候变化、打击极端恐怖主义、抗击传染性

105

疾病、维护网络安全合作等。

中美两国都需要一个繁荣和稳定的亚洲。两国首先应"求同",在能达成一致的领域深入合作；然后要"存异",在双方无法取得一致的地方,搁置分歧以待进一步讨论。

我们都应该支持东盟主导的地区多边合作机制,消除地区国家对中美交恶、被迫选边站队的担忧。

从中国自身来说,我们的一举一动也要考虑对周邻的影响,尤其需要更加主动地对外说明自己,使中国的声音更加通达,使其他国家对中国的意图和缘由有更加及时和客观的了解。

中国人如何看待中国的国际角色和责任？中国应该分担美国的世界责任吗？

当今世界乱纷纷,局部争端不断。在这些问题上,有舆论认为中国缺乏责任感甚至回避责任。

在许多中国人看来,一些大国对世界上一些矛盾最初的处理方式就存在问题,结果是越来越棘手。最简单的办法就是停止冲突,达成妥协方案。

中国人普遍认同不干涉内政的理念,因此中国会尽力参与对国际热点问题的协商,目的是寻求和平解决,但不能成为冲突的一方或者采取激化矛盾的行动。

中国肩负怎样的全球责任？

首先,作为一个占世界人口 1/5 的国家,自身保持繁荣增长和政治稳定本身就是中国对世界的巨大贡献。

其次，在世界安全问题上，中国在朝鲜核问题以及促进阿富汗稳定等方面发挥了积极的斡旋作用，参与了许多关乎地区和世界安全的谈判。然而，中国并不认为自己拥有凌驾于别国之上的权力。我们的看法是这样的：如果事态关乎国际和地区安全、发展到需要国际参与的地步，必须首先考虑相关国家和地区的意见，并坚持恪守联合国授权。

习近平主席在2014年的亚洲相互协作与信任措施第四次峰会上提出，"我们应该积极倡导共同安全、综合安全、合作安全、可持续安全的亚洲安全观，创新安全理念，搭建地区安全合作新架构，努力走出一条共建、共享、共赢的亚洲安全之路"。这是基于中国智慧提出的安全理念，与亚洲人的安全理念是高度契合的。

中国和全球公共产品

同样重要的是，中国随着能力的增长，也开始向世界提供公共产品。例如，2008年至2018年[1]，中国海军先后向海盗肆虐的亚丁湾派出了45艘军舰执行护航任务。中国海军帮助的船只中，有一半是外国船只。

---

[1] 张军社：《亚丁湾护航对维护国家战略利益具有重要意义》，载中国军网，2018年12月21日。

中国积极参与防灾救灾、打击跨国犯罪、维护海上安全等领域的国际合作。在联合国维和摊款中，中国目前排在发展中国家之首；在联合国安理会五个常任理事国中，中国派出的维和人员是最多的。

中国还努力将自身的扶贫经验分享给非洲和其他发展中国家。中国医务人员在抗击埃博拉疫情的最前沿与致命的病毒斗争，帮助了当地的居民。中国政府分别于2014年4月、8月、9月和10月向疫区国家提供了四批总价值7.5亿元人民币的紧急人道主义援助。[①] 紧随其后，中国为疫情最严重的塞拉利昂、利比里亚和几内亚分别提供了价值200万美元的粮食、食品援助。在西非疫区，中国是唯一一个既提供实验室，又设立留观中心的国家。[②]

亚洲是中国国际合作的重点区域。中方提出"一带一路"倡议，拓展与周邻国家互联互通，带动共同发展。这一倡议将中国的优势和该地区的需求结合在了一起。

"一带一路"倡议不是一种封闭性、排他性的安排。我们欢迎包括美国在内的各国参与进来。

当美国评判中国或其他国家扮演的国际角色时，往往本着一种是否能够"跟我来"和"为我做"的态度。这难以被中国人民

---

① 周素雅：《2014年我国援助西非7.5亿元物资 抗击埃博拉疫情》，载人民网，2015年1月14日。
② 张建波、陈丽丹、王迪：《抗击埃博拉，中国援助见真情》，载人民网，2014年10月10日。

所接受。

另外，中国人也需要充分了解和领会自身在国际社会中的新位置，并逐渐适应这个新角色。

中美两国人民应试着更好地去了解和理解彼此的观点和立场，只有这样，两国才能在世界战略问题上更紧密而有效地协作。

分享而不是分裂*

没有什么地方比地中海更适合讨论影响世界的重大问题，这里是世界三大古代文明诞生的地方，而今日的地中海地区又在发生新的变化，面临新的挑战。

大家关心在全球化背景下中国的政策和主张，我愿分享一些看法。

首先，在冷战后的1/4个世纪中，带动经济增长的最重要动力源自经济全球化。世界经济的增长保持着比较快的速度，全球经济在过去的20多年里增长了3倍多，可谓前所未有，这也使得世界上有更多的人摆脱了贫困。没有经济全球化提供的机遇，世界财富如此快速地扩大是很难实现的。发达国家作为全球化的

---

* 2017年11月30日，傅莹应邀赴意大利罗马出席第三届地中海对话论坛，发表题为"构建共同体，分享而不是分裂"的主旨演讲，本文系讲话原文，中文版以《构建共同体，分享而不是分裂——在第三届地中海对话论坛上的演讲》为题发表于《中国人大》杂志2018年第1期。

主要推手，从中获取了巨大的利益。许多发展中国家也抓住了机遇，中国的成就非常突出。在中国共产党的正确领导下，中国经过艰苦的改革和开放，通过人民的勤奋努力，成长为世界第二大经济体，人民生活水平得到了显著提高。

但是，全球化也因其弊端而受到诟病。2008年金融危机导致全球财富缩水，贸易规模缩小，反对全球化的声音越来越多。但是不可能走回头路了。在我们看来，问题不是全球化本身，而是一些做法和管理出现了问题。全球治理没有跟上，旧的秩序和体系无法充分应对更加复杂和多元的全球性挑战。

中国共产党在2017年10月召开的十九大的报告中提出，新时代中国社会的主要矛盾是"人民日益增长的美好生活需要和不平衡不充分的发展之间的矛盾"。这个判断意味着，中国进入了一个新的时代，未来国内建设的任务与党和国家的聚焦点不再只是经济增长，而且要解决发展的不平衡和不充分的问题，要努力满足人民日益增长的美好生活需要。正如习近平主席提出的，要实现创新、协调、绿色、开放、共享的发展。中国不能在真空中追求发展目标。我们需要总体和平的外部环境，需要与世界各国更加广泛地合作。为此，党的十九大主张建设新型国际关系，构建人类命运共同体。

在全球治理上，中国希望实现共商、共建、共享、共赢。例如，中国提出的"一带一路"倡议的核心词是"互联互通"。中国南部发达的临海省份通过海路与全球市场相连，正经历下一波增长的西部地区可以通过陆路通达欧洲。"一带一路"倡议可以发挥中国独特的优势,利用积累起来的丰富经验、技术和资金,为便利亚欧大陆乃至全球的经济和贸易往来做出贡献,带动新的增长。"一带一路"倡议已经开始显现效果。意大利也是最早参与的国家之一,与中国签署了议定书,两国政府都积极鼓励企业界抓住机遇。

对全球化在其他领域带来的结果,人们的看法不尽相同。现在大部分人都认识到,20多年来,以西方价值观和制度模式改造世界的做法效果不佳,旧的问题没有解决,更多新的问题被制造出来。至今遗留的许多负面效应还在影响着一些国家,人民流离失所,带来的教训是深刻的。中国古人云:"橘生淮南则为橘,生于淮北则为枳,叶徒相似,其实味不同。所以然者何?水土异也。"古人的智慧提醒我们,尊重差异、勿强加于人是多么重要。

在国际安全治理方面,合作滞后的一个原因是存在结构性障碍。美国作为军事上最强大的国家,冷战后并未建立一个包容性的安全框架,而是将世界安全依托于自己主导的军事同盟体系。然而,该体系秉持排他性安全原则,有时甚至不惜以非成员国的不安全为代价。例如,美国在东海和南海的领土争议问题上强调盟友的利益,不愿承认中国这样的非盟友的安全利益。

只有所有国家都不受威胁,都能感到安全时,整个世界才能安全。因此,中国提出了共同体安全的理念,可以简要概括为以下几点:一是共同安全,就是要实现普遍安全,不能有的国家安全而其他国家不安全。二是综合安全,就是要统筹维护传统领域和非传统领域的安全。三是合作安全,就是要通过对话合作,促进各国和地区乃至世界的安全。四是可持续安全,就是要安全和发展并重,对许多发展中国家来说,发展是实现安全的重要途径。

中国必须不断增强自己的国防力量,保护好公民安全和国家利益,并恰当地应对安全挑战。在国际安全事务上,中国主要是在联合国框架内发挥作用,积极参与投入联合国的维和行动。

世界在不断变化,国际合作和国际体系必须与时俱进。如果大国固守集团和排他性观念,不能摆脱地缘争夺的惯性,就将难以形成应对新型挑战的合力。中国主张建立人类命运共同体,应该搭建一个共同的屋顶,最大限度容纳各方的利益诉求和治理观念,分享而不是分裂。

第三章 国际关系

中美关系与 21 世纪的世界*

中美关系处在关键当口,未来向哪个方向发展,是每个人都关心的大问题,也关系到 21 世纪世界的命运。

美国对华政策的方向

2018 年以来,我见到的每个美国学者都说,美国对华政策将发生根本性调整,并且声称这是府学、两党的共识。但是,当我追问:向什么方向调整、如何调整?新的政策是什么?却是言人人殊。

缘何发生这样的变化?据说,首先是美国对中国经济腾飞之

---

* 2018 年 8 月 29 日,傅莹应邀赴美国纽约,在亚洲协会发表题为"中美今天的选择决定未来两国关系"的讲话,本文系讲话原文。彭博新闻社(*Bloomberg News*)网站于 2018 年 9 月 11 日以"How Should China Respond to a Changing U.S.?"为题发表英文版,观察者网 9 月 12 日以原标题发表中文版。

后没有接受美国的政治制度感到失望。其次是有些人声称美国在与中国的经贸交往中"吃亏",更担心无法抗衡中国在全球产业链上的进取和未来对美国的整体超越。最后是猜测中国在军事上要把美国"挤出"亚太,因而感到恐惧,视中国为安全战略上的首要竞争对手。

梳理来看,各种应对中国的政策建议构成了一个宽泛的"光谱",可以大致分为三个层次:"光谱"的最暗端,是将中美关系引入全面对抗的轨道,这种冲动和惯性一直是存在的,但是显然还没有得到大多数人的支持;"光谱"的中间,是企图将中国排斥出美国主导的世界经济体系,让中美"脱钩";"光谱"中较明显、已经摆上台面的部分是美方挑起的贸易摩擦。

美国是一个行动力比较强、国际经验丰富的大国,其大的战略调整,往往需要在一个个事项的推进过程中,经过试错和凝聚共识来完成。因而,美国这一轮对华政策的调整也会需要一段时间,并且也会受到中方言论和反应的影响。中美关系的未来最终将由双方的相互作用和选择来确定。

中方怎么看

冷战后,美国以在全球推行美国的价值观和民主制度作为国际战略的目标,在20多年间,在东欧剧变、苏联解体后的转型和中东反恐战争中,乃至在世界的许多地方,投入巨大。美国成功了吗？即使从美方自己的评价看，也并不认为在世界上实现了美国价值观和政治制度的一统天下。

由此来看，如果说美国改变中国政治制度的企图未能实现，那也是其改造世界的意图不成功的一个体现，说明其目标本身的制定是错误的和不切实际的，这也就不难明白为什么在中国也难以实现了。在见证了所谓"颜色革命"和"阿拉伯之春"给相关国家带来的严重后果之后，美国应该庆幸，中国没有"自废武功"地走上错误的道路，既没陷入政治动荡，也没出现经济混乱，而是坚持在共产党的正确领导下，保持总体社会稳定，实行改革开放的政策，成功走出了一条中国特色的社会主义道路。

当然，这个过程也是千辛万苦的。例如，2001年加入世贸组织之后，中国大规模进行法律法规的修订工作，在短时间内，中央层面清理了2 000多件，地方政府清理了19万多件，艰难地克服了管理上广泛再构建的困难。国内企业突然直接面对国际竞争，多数产业陷入很大的困难，有的甚至难以为继，大量工人下岗。

但是，中国咬紧牙关坚持推进改革，克服了种种困难，充分发挥市场的活力，利用全球化带来的机遇，有效吸纳资金、技术、经验和资源，发展起庞大的制造业，成长为全球经济循环和市场流通的枢纽型国家。数以亿计的中国人民摆脱了贫困，人民生活水平普遍得到了提升。

美国不仅见证了中国的改革开放，还是参与者和获益者。

看世界 2

2001年至2016年，美国货物贸易对华出口增长500%，远高于同期对全球出口90%的增幅。牛津经济研究院估计，从中国进口的低价商品帮助普通美国家庭平均每年节省850美元。[1] 根据中国商务部的数据，2016年美资企业在中国市场销售额达到6 000亿美元。[2] 未来十年，中国消费市场将进一步扩大，万物联网时代也会到来，中美将比以前拥有更大的合作空间。

试图让中国与美国乃至世界经济"脱钩"是不现实的。中国已经成为世界经济不可分割的组成部分，中国日益成熟的巨大市场构成未来世界经济增长不可或缺的重要动力来源之一。任何"脱钩"的尝试都必然给世界（包括美国）经济带来严重的损伤。

中美建交40多年来，双方关系一直起起伏伏，有过严重对立，但是，每次都能云开雾散，回归正常对话与合作。这次有什么不同吗？美国是否要将中国视为全面竞争甚至对抗的主要对手？

我想说的是，如果有些人想追逐蝴蝶，其他人为什么要随之起舞呢？

---

[1] Oxford Economics, "Understanding the US-China Trade Relationship", USCBC, January 2017.
[2] 商务部：《世贸组织对中国进行第七次贸易政策审议》，载商务部网站，2018年7月13日。

第三章　国际关系

中方的选择

美国学者罗伯特·普特南提出的"双层博弈"理论[1]可以帮我们理解外交政策如何受到国内政治的影响。"双层博弈"理论是关于外交谈判的理论，该理论认为，国际协议只有在带来国内利益的情况下才能成功达成。[2]对美方来说，身处两个层面的博弈，不仅要在第一个层面与其他国家达成一致，更要在第二个层面使其协议得到国内支持；对中方来说，美国的麻烦是美国自己的问题，美国国家和社会在分裂和转型压力之下面临严峻的挑战，试图拿中国做"替罪羊"解决不了美国的问题。中国人面对来自美国的混乱声音需要保持淡定，重要的是聚焦自身发展，解决好自己的问题。

在此，我想分享一些中国人的看法和主张。

一是坚持正确的政策方向。中国对美政策是整体外交政策的组成部分，而中国外交政策的目标是维护一个和平的外部环境和合作的国际关系，以服务于国家的发展。因此，中国有理由继续坚持"建设性合作"的对美政策。

中国奉行防御性的国防政策，不搞意识形态输出，与美国不存在恶意竞争。中美两国工商界和民众也不会支持这样的前景。

---

[1] "双层博弈论"（two-level games）或"双刃外交论"（double-edged diplomacy），由美国学者罗伯特·普特南在1988年提出。

[2] Robert D. Putnam, "Diplomacy and Domestic Politics：The Logic of Two-Level Games", *International Organization*, Vol. 42, No. 3.（Summer, 1988）, pp. 427–460.

二是更坚定地推进改革开放。正如习近平主席所说的："过去40年中国经济发展是在开放条件下取得的，未来实现高质量发展也必须在更加开放的条件下进行。"①

中美关系的变局对中国来说是严峻挑战，同时也是又一次倒逼改革、激励前进的机会。美方各界提出来的市场准入等问题，许多正是中方需要通过改革着力解决的。习近平主席2018年4月在博鳌亚洲论坛宣布进一步开放金融业后，央行的11项具体承诺迄今已落实8项，包括取消银行和金融资产管理公司的外资持股比例限制，内外资一视同仁，允许外国银行在我国境内同时设立分行和子行，涉及银行、证券、保险、评级、征信、支付等。

政府也在下大力气改善营商环境，加强对产权和知识产权的保护，切实为中外企业创造良好的发展环境。2018年上半年新设立外商投资企业同比几乎翻了一番，其中不乏美国公司。中国稳定的投资环境、较强的配套能力、巨大的市场，以及公平透明的政策是吸引它们的关键因素。

三是坚持对话沟通，以拆解矛盾和解决问题的方式，渡过中美关系的险滩激流。目前中美贸易摩擦存在巨大不确定性，不仅中国企业不赞成，许多美国企业也表达了反对和担忧的意见。美国自从20世纪70年代初放弃美元与黄金挂钩后，就一直存在贸易逆差且差距不断增大。即便能成功减少从中国进口大量消费

---

① 习近平：《开放共创繁荣 创新引领未来——在博鳌亚洲论坛2018年年会开幕式上的主旨演讲》，2018年4月11日《人民日报》第03版。

第三章 国际关系

品，美国也要从其他国家进口消费品，并以更高的价格和打乱全球生产、供应的市场秩序为代价。值得注意的是，有分析认为，贸易摩擦的深层意图是挫伤中国经济，压制赶超势头。

这场较量真正的影响会在未来显现，结果如何现在还看不出来。中方不赞成美方用打压的方式逼迫让步，绝不会也不能屈服于关税霸凌。我看到美国有官员和媒体拿中国经济中出现的问题说事，以为已经打痛中国，可以期待中国屈服了。这暴露出对中国缺乏了解和一厢情愿。

中国经济正在去杠杆期间，本身就存在较多痛点，处于砥砺前行的阶段，唯此方能保证未来的健康发展。需要提的一句是，2008年金融危机以来，中国正是为了参与解救美国所引发的次贷危机和欧洲发生的主权债务危机，乃至波及全球的经济衰退，才采取了较大规模的刺激政策。当时，美欧都愿意用中国成语"同舟共济"来表达对中国的赞赏。

而现在中国从中退出的过程不可谓不艰难，近年政府正加大力度去杠杆和管控金融风险，贸易摩擦无疑会影响这个进程。尽管宏观上对外贸易在中国整体经济中的占比已经在下降，国内消费需求占比在上升，但贸易摩擦直接打击的是中国主营出口贸易的民营中小企业，伤及广大普通就业者和他们的家庭，政府需要关注到这些情况并采取相应的措施。同时，在下一阶段也会注意平衡去杠杆与调结构之间的关系。目前来看，中国的经济是健康的。

中美都面临各自国内的困难和挑战，抱怨和伤害对方解决不了问题，只会让情况更糟。关键是保持理性和加强沟通，什么情况下都不应放弃沟通的主动性。对矛盾和分歧不加管理地放任自流，就有可能走向更糟糕的情况。

四是坚持与更多国家协调合作，同时也不要放弃与美国在双方都有需要的领域的合作，不能忽略世界上不断出现的各种新问题和新挑战。在处理地区热点、打击跨国犯罪、防治传染病等方面，相关合作还在正常开展，两国基层人文交流仍然紧密，这为世界提供了一个尚且明亮的底色。

我2018年参观了位于北京的中美核安保示范中心，这里已经开始推广知识，为中国及其邻国培训大量的保障核能安全的人才，美国对这个中心给予了很大的支持，从中可以看到，中美合作在安全利用核能和防止核武器扩散上发挥着至关重要的作用。气候变化也是一个不能忽略的重要领域，2018年夏天北京蓝天的回归，让我们对治理污染、克服气候挑战建立起新的信心。中国有句话叫"形势比人强"，无论出于什么样的动机，提出什么样的主张，世界大势浩浩荡荡，顺之者昌。

中国人已经意识到，我们需要更快地提升自己的国际意识，更多地承担不可推卸的国际义务。智库交流曾经在促进中美相互了解和合作方面发挥过重要作用。在当前情况下，这方面的对话更加重要。中美关系的未来需要长期关心中美关系与世界和平的人士共同努力，诉诸智慧而不是情绪，回归符合时代潮流的常识，将双边关系带回正轨。

中美能否跨越"修昔底德陷阱"*

中美关系下滑的速度超出人们的预料。随之而来的问题是：这两个国家是否会闭着眼睛跳入所谓守成大国与新兴大国不惜发生战争的"修昔底德陷阱"？美国在推动加快这个下滑进程，但是，需要仔细考量的是：这是否符合美国的最佳利益？对中国人来说，需要考虑的不仅是如何有智慧地应对挑战，而且要看这种向错误方向的下滑有没有可能被阻止。

贸易摩擦带来的紧张局势已经开始向其他领域蔓延。美国声称中国已经成为其主要的战略竞争对手，甚至指责中国"干涉"选举并试图挑战美国的全球霸权。在国际层面，全球主义和多边主义遭

---

* 2018年10月17日至19日，傅莹应邀赴俄罗斯索契出席瓦尔代国际辩论俱乐部第十五届年会，发表题为"在权力争夺与和平共存之间，我们做何选择"的讲话，本文系根据讲话内容整理而成。中文版以《中美关系再次站在方向选择关口》为题发表于《参考消息》2018年10月18日第12版，英文节选版10月31日以"Can China-U.S. Relations Step Back From the Edge?"为题发表于彭博新闻社网站。

到批判；地缘政治和大国竞争重登台面，与民粹主义、保护主义掺杂在一起，正在削弱几十年来各国之间建立的纽带。所有这些不确定因素颇有要将世界拖回20世纪上半叶那种动荡状态之势。

造成这些紧张的原因是多方面的。在工业和技术领域，围绕新增长动能的竞争是原因之一；动摇了自由民主国家的重大政治力量的变化也带来了不安。此外，美国等西方发达国家基于对不同政治制度的怀疑心态，对中国在共产党领导下取得成功的疑惧日益加深。

美国需要意识到，它的诸多怨诉都建立在不牢固的事实基础之上。例如，美国自认为是全球化的受害者——即便数据所证明的事实恰恰与此相反。根据世界银行以现价美元估算值所做的统计[①]：美国GDP从1990年的5.98万亿美元增长到2017年的19.39万亿美元——人均增加35 577美元；同期中国人均GDP增长8 509美元，与自己相比是巨大的飞跃，但是不及美国增长额的1/4。

事实上，美国是全球化的长期主要受益者，美国跨国公司获得了巨额利润；海外低成本加工制造和低价进口商品以及全球美元环流，则无疑有助于维持美国的经济繁荣和民生的高基准。

尽管如此，美国仍然有一些人似乎想促使世界上最大的两个经济体"脱钩"，减少相互依存，以期阻碍或至少滞迟中国的进

---

① 数据引自世界银行。https://data.worldbank.org/indicator/NY.GDP.MKTP.CD?end=2017&locations=US&start=1990&view=chart。

步。他们提出了一系列让中国改变的要求，其内容如此之极端，甚至涉及中国的制度，似乎这套话语设计的目的就是，让中国除了对抗并卷入代价高昂的世界权力博弈之外，别无选择。

但现实是，中美两国已在同一个全球经济体系内相伴成长了40多年，在经济结构上深层次的联系和互补性意味着"脱钩"不可能立竿见影，即便不得已而发生，也要经历长期而痛苦的过程。而这对双方的经济和人民的福祉乃至对全球经济可能造成的损害，恐怕是世界难以承受之重。

历史进程的方向性变化从来不是在哪个特定时间选定，抑或因某个特别事件发生的，而是在对诸多具体问题的应对和调整中完成的。只有在大势形成之后，人们才能观察到变化的全貌。从这个角度来看，中美的政策选择需要一定的时间来清晰化，所产生的影响将会在很长一段时间内持续。

如果中美两国共同努力，就能够取得重大成就；如果两国对抗，不论对彼此自身来说，还是世界来说，都有极大的危害。因此，双方都需要避免误判对方的战略意图，否则就会陷入无果的恶性循环之中。

美国对中国提出的许多指控并非都是基于可靠和完整的事实，这表明，在美国，关于中国以及中国的目标和利益方面的信息是缺失的。有些指控也许是基于个别情况或者事件，被故意用作抹黑和抨击中国的理由。例如，中国某些个人或者某个媒体以公开合法的方式对美国政治发表评论，由此就被指为官方干涉美国内政是很牵强的。中国对外国干涉自己的内政高度敏感，同样也不会允许对别国采取这样的做法。在缺乏有效证据的情况下，对中国进行这样的指责，如果不是故意"妖魔化"中国，那么只能被当作一种天真的笑话来看待。

中国人也可以做更多努力来消除这类破坏形象的误解，官员和学者可以更积极地与美国公众和更广泛地与国际社会进行沟通。举例来说，2008年中国奶制品污染事件发生后，现任白宫国家贸易会主席的纳瓦罗，曾在他的著作中渲染和扭曲此事。根据他的描述，中国人如此不道德，不仅给外国消费者下毒，也给自己下毒。但是，如果中国人能够主动向外界进行全面通报，说明事件如何得到彻查，相关人员如何被惩处，法律法规如何得到严格执行以避免再发生此类事件，中国的企业如何更好地完善质量的保障，那么，这样不负责任乱讲话的人就不会被轻易相信。

中国有权在其政治体制受到攻击时捍卫政治主权。同时，对美方提出的具体问题也可以做出说明和给予回应。举例来说，美国人批评中国在应对气候变化上的努力不够，而实际上中国为改善环境付出了巨大的经济代价，一些工厂不得不关闭，下岗工人需要再培训和安置。中国人为维护一个健康的地球所经历的种种困难应该让世界知晓。

如果美方提出的诉求有合理的地方，中国人可以坦然接受，并且通过加快改革来解决这类问题。例如，中国已宣布采取措施进一步开放金融服务业，全面降低关税等。为了更好地保护知识产权，全国人民代表大会常务委员会已经做出决定，涉及知识产权专业技术性较强的二审案件，今后将直接提交最高法院审理，以利于统一专利等知识产权司法裁判标准。

自2014年以来,在北京、上海和广州设立的知识产权法院处理了越来越多涉及专利、商标和版权等方面的案件。目前,知识产权领域的侵权和纠纷仍不少见,需要进一步提高人们的意识和加强从严执法的力度。如果美国真的关心中国对知识产权的保护,那就应该成为中国应对挑战的伙伴。

中美关系所面临的问题很多,我们需要细心研究和了解其背后的复杂原因和探寻解决的办法。虽然新的形势令人担忧,但是还没有必要放弃重返稳定和发展的希望,并且应该为此而做出努力,即便"修昔底德陷阱"是存在的,也并不意味着我们必须踏进去。

中美关系面临艰难的选择*

目前中美关系急剧下行,已超出所有人的预期。虽然我对中美关系曾经感到悲观,然而,形势下滑之快也超出我的预料。可以用"偏执焦虑"来描绘此刻在华盛顿谈起中国时的气氛。中美关系跌宕起伏,未来的发展趋势令人难以乐观。为什么出现这样的情况?

特朗普上台伊始,美国新政府即启动对华判断和政策的调整,宣布美国进入"大国竞争新时代",将中国定性为战略竞争者,几年来相继在贸易、科技领域发起挑战,深化针对中国的军事部署,在政治上公开质疑中国的发展方向。这一系列挑衅迫使中方做出反应和反制,中美关系快速下滑。

美国意欲何为?考察和理解美方意图,需要从进入21世纪

---

* 2019年9月6日,傅莹应邀在北京出席中国发展高层论坛专题研讨会,在"中美关系再定义"环节做题为"中美关系面临艰难的选择"的发言,本文系根据发言内容整理而成,观察者网同日发表。

第三章　国际关系

以来世界格局的重要演变中寻找答案。

美国对华态度发生改变的大背景是，在过去的20多年，中美两国的国家基本路线出现两种不同方向的演进。中国顺势而为，坚持改革开放，集中精力发展经济。进入21世纪的第二个十年，中国成长为世界第二大经济体，构建全球合作网络，对国际事务的参与和影响呈现上升的姿态。

而美国在冷战后试图维系一极独霸的世界秩序，按照自己的意愿改造其他国家，发动了多场战争，陷入霸权扩张带来的自我消耗。特朗普政府放弃自由主义国际政策，大搞保守主义。美国的霸权呈现收缩的姿态。

未来中美两国能否在维护现行国际体系的基础上解决彼此的矛盾和分歧，这将是决定21世纪人类命运和前途的重大选择，同时也是非常艰难的选择，因为共赢就意味着有所得、有所不得。

那么，中方希望如何塑造中美关系呢？我观察，中方始终抱有与美国保持合作关系的愿望。在中方的积极推动下，两国领导人在大阪达成共建以"协调、合作、稳定"为基调的中美关系的目标。如果中美经过一段时间的磨合，找到新的交往路径，应能实现某种"竞合"态势，即保持必要的互利合作，管控好不可避免的竞争。这是比较理想的前景。

但是，观察当前美国的决策思维，确实有股力量在推动对华政策走向全面对抗，其动员力和影响力都在扩大。现在中美关系的竞争性和对抗性都在上升，与这股力量的推动不无关系。

那么，中美还有没有可能避免滑向全面冲突？未来的方向既取决于双方在具体矛盾和分歧上的判断和处置，也取决于两国对世界大势和彼此关系的定性，更取决于对各自国家根本方向的选择。

美国对中国的认知趋于严峻，认定中国要与美国争夺主导世界的权力，因此把与中国的竞争视为一场输不起的国家根本利益保卫战。这是在对中国意图曲解基础上的一种严重误判。

在中国，许多人认为美国试图阻止中国的发展，美方的许多言行印证了这种判断。我们对任何危害国家根本利益的风险和挑战，都必须进行坚决的斗争。绝对不能接受美国控制中国的发展空间，不能允许任何人阻挡我们追求人民幸福和国家富强的努力。但是，中国从未提出要与美国争夺世界霸权，我们走的是和平发展的道路，争的是自己合理和平等的发展权利。

看待中美关系的未来，挑战在于能否让彼此信服，继续在同一个国际体系内和平共存，构建合作共赢、良性竞争的新型关系？如果做不到，是否会相互"脱钩"，导致国际体系的裂解和大国对抗？这是国际社会普遍关心的大问题。诚然，在这个过程中，世界其他力量的态度和行为也很关键。

中国和美国之间在争什么*

早期的中美关系

　　研究中美关系历史的学者是这样描绘两国之间早期情况的：中美两国一直远距离相互眺望。确实，直到第二次世界大战爆发之前，中美都处于彼此对外政策的边缘。中国外交的重点是与强加于中国各种不平等条约和不公平待遇的国家进行谈判，打交道比较多的主要是日本和欧洲等国家。美国在这个过程中对中国的态度基本上是同情和疏远，相互缺乏了解。

　　1941年底爆发太平洋战争，美国与当时的中华民国政府结成盟友，共同对抗日本法西斯。在二战的战后安排中，美国一方面支持中国成为联合国五个常任理事国之一，另一方面又将日本纳

---

* 2018年至2020年，傅莹应邀就国际格局与中美关系问题进行多次讲课，本文以2019年8月19日在清华大学"国家意识与青年责任"课程上的讲课提纲为基础，结合其他讲课内容汇编整理而成，系下半部分。

入同盟体系，使之成为自己在亚洲的主要盟友。当中国的内战以共产党战胜国民党而结束时，美国从意识形态的立场出发，对新中国采取了遏制和孤立的政策。朝鲜战争爆发后，中国抗美援朝，中美在朝鲜战场上成为敌手。随后，美国采取了支持国民党防守台湾的政策，打断了中国统一的进程，后遗症至今未获得解决。

中国与美国关系的转折发生在20世纪的70年代，背景是美苏冷战。当时的美苏之间是霸权之争，而中国无论与苏联还是美国，都进行了反对霸权和维护自身独立发展空间的斗争。在中美苏"大三角"的地缘政治格局周旋之中，中美选择走近，改变了各自在"大三角"中的地位，中国获得了减轻外部压力、融入全球经济体系、拓展国际空间的重要机会，而美国也赢得了与苏联竞争更加有利的地位。1979年1月1日中美建交，中国的改革开放也踏上了征程。

1979年至2010年是历史上中美关系相对较稳定的30多年，双方从中都获益巨大。在这30多年里，中美合作不断扩大，经济和贸易往来迅速增加，科技人文交流频繁，双方在国际安全领域和全球重大问题上都认识到彼此有共同利益与合作的需求。中国把对美关系置于对外关系的重中之重地位，在对外开放的过程中，不断积极深化双边的了解与合作。美国对华实施的是接触加防范的战略，主动扩大经济合作，欢迎中国进入由其主导的国际经济体系，不仅认为这有利于全球力量的平衡和世界的稳定，也期待能促使中国内部发生变化。

在此期间，良好的中美关系助推了中国融入世界的过程。

第三章 国际关系

1992年10月10日，中美达成《市场准入备忘录》，美国承诺"坚定地支持中国取得关贸总协定缔约方地位"。1999年11月15日，中美在北京签署关于中国加入世贸组织的双边协议，为中国加入世贸组织扫除了最大障碍。①2001年6月9日和21日，美国和欧盟先后与中国就中国入世多边谈判的遗留问题达成全面共识。中国在2001年12月11日正式加入世贸组织。②

当然，这30多年里双方并非没有矛盾和分歧，美国对中国的接触战略包括"两面下注"的成分。两国在政治关系中分歧比较多，美方从未停止在人权事务方面干涉中国内政的做法。双方不时有所摩擦甚至出现危机，但是，大都能通过谈判解决。例如，1989年6月美国对华搞制裁；1995年6月克林顿政府允许李登辉访问美国，导致台海危机，中国施加外交和军事压力促使美国回归"一个中国"的政策；1999年5月发生中国驻南斯拉夫使馆被炸事件；2001年4月发生南海撞机事件。但是，在这些严峻的危机面前，两国最终总能妥善解决，维护住合作关系的大局。

同时，美国国内也已经开始认真考虑如何与一个政治制度、文化历史都不同，但是在日益成长的中国这个大国和平相处的问题。2005年9月，时任美国常务副国务卿佐利克在美中关系全国委员会上提出中国是"负责任的利益攸关方"（Responsible

---

① 邓京荆：《中国入世谈判大事记》，载中国日报网，2011年11月24日。
② 升平：《中国入世大事记》，2001年11月9日《人民日报》第07版。

Stakeholder）的概念。他认为美中两国应在保存共识的基础上，部分解决分歧，美中关系的发展方向应是成为"利益攸关方"。佐利克"利益攸关方"的讲话引起中美关系专家关注。这一观点反映在小布什政府第二任期白宫发布的《美国国家安全战略报告》中，不仅将中国视为"全球事务的参与者"（Global Player），还希望中国扮演"负责任的利益攸关方角色"。

有意思的是，英文的"stakeholder"（利益攸关方）是金融领域的概念，在政治上如何解释和翻译成恰当的中文，本身就成为中国学界的一个难题。另外，这个定位所隐含的责任和义务也缺乏明确的界定。总之，中方对美方的意图没有给予明确的回应。但是这段时间中方对美方的关切是了解和理解的，在双方活跃的外交和战略对话中，中方采取了积极主动介绍中国和平发展战略的姿态。2010年12月6日，戴秉国国务委员在外交部网站上发表长文《坚持走和平发展道路》，系统地阐述了中国的外交政策，有说服力地展现了中国和平发展的诚意。[1]2011年9月6日，中国国务院新闻办发表了《中国的和平发展》白皮书[2]，明确中国对国家发展道路和战略的选择是和平发展。2015年中国政府发表了《中国的军事战略》白皮书，提出中国始终奉行独立自主的和平

---

[1] 戴秉国：《戴秉国：坚持走和平发展道路》，载外交部网站，2010年12月6日。
[2] 国务院新闻办公室：《〈中国的和平发展〉白皮书（全文）》，载国务院新闻办公室官网，2011年9月6日。

外交政策和防御性国防政策。[1]

在奥巴马执政时期,[2]双方的合作关系继续保持发展扩大的势头,尤其加强了在重大的全球性问题上的合作,例如,中美在应对全球气候变化方面建立了历史性的伙伴关系,并取得了包括《巴黎协定》在内的一系列丰硕成果。作为世贸组织的重要成员,中美与其他成员一道推动达成《贸易便利化协定》,共同参与推动《信息技术协定》扩围、《环境产品协定》等诸边谈判。根据中国商务部2017年5月正式发布的《关于中美经贸关系的研究报告》,在过去十年间,美对华出口平均增速是其总出口增速的近三倍,是中国对美出口增速的近两倍。中国在货物贸易上保持顺差,美国在服务贸易上保持顺差。2016年,中美双边货物贸易额达到5 243亿美元、双边服务贸易额超过1 100亿美元、双向投资累计超过2 000亿美元。[3]中美的民间交流也一直蓬勃发展,至2017年初,中美之间每天平均1.4万人往来,每17分钟起降一个航班。太平洋的浩瀚广阔,隔不断中美两国人民的密切往来。[4]

---

[1] 国务院新闻办公室:《〈中国的军事战略〉白皮书(全文)》,载国务院新闻办公室官网,2015年5月26日。

[2] 2009年1月至2017年1月。

[3] 数据引自商务部《关于中美经贸关系的研究报告》。http://www.gov.cn/xinwen/2017-05/25/5196803/files/f5cc6b1a660f49e0afed66c1b8169317.pdf。

[4] 数据引自新华网。http://www.xinhuanet.com/world/2017-01/09/c_129437034.htm。

美国对华政策的战略调整

然而，美国对中国的担忧和疑虑逐年上升，矛盾也开始积累，美国国内从2013年开始围绕中国问题开始出现比较激烈的辩论，2015年形成势头。从美国学者在那段时间发表的文章和书籍看，目前美方经常提出的涉及中国的许多问题那时就已经在学界被讨论了。

2015年5月20日，我应邀在芝加哥大学的首届美中关系论坛发表演讲，顺便访问了政治学教授约翰·米尔斯海默，他是"进攻性现实主义"理论的创建人，我与他进行了激烈的辩论，持续一个多小时。尽管在具体问题上他明显不掌握充分的事实，对中国的许多批评意见都缺乏依据，但是我说服不了他，我们的分歧是理念上的。

他坚信大国相争是历史宿命。他的核心观点是：中国按照现在的经济增长速度发展下去，必然要追上甚至超越美国。这样，中国就面临两个选择：要么向美国屈服，要么挑战美国，这是大国兴起的必然路径。他看着代表团的年轻人，大家都在摇头，显然是表达中国人不可能屈服的意思。他说，中国必然是要挑战的，既然如此，美国还等什么呢？他是理念上的现实主义者，对我关于世界和平发展大趋势的阐述没有兴趣，毫不隐讳地表示，美国必须及早开始压制中国。当时米在美国是受冷落的，他的观点并不受欢迎。现在他的这套思想已经被白宫的战略设计者所信奉和遵从。

第三章 国际关系

有些人以为是中国人有些话说得太"厉害"了,刺激到了美国,招致打压。恐怕不是这么简单,主要还是因为中国达到了这样的规模,成长到了这样的位置上,让美国这个霸权感觉到了威胁。美国作为霸权,基因里就有永远要防范竞争者和取代者的强烈意识。德国和日本虽然都是美国的盟友,但当其成长形成追赶之势时,都曾经面临美国的打压。以日本为例,二战后日本在美国的扶植下经济迅速恢复,20世纪60年代进入高速发展时期,经济总量先后超过德国[1]和苏联[2],成为仅次于美国的世界第二大经济体,经济总量在1978年达到美国的43%[3],被誉为战后经济奇迹。20世纪70年代末第二次石油危机爆发,美国经济受到严重影响,通货膨胀、美元升值、商品出口锐减。而日本却从中获益,以物美价廉的出口商品抢占了美国市场,赚取了巨额利润,经济迎来了进一步发展。这导致美国的高度警惕和打压,媒体和智库广泛讨论来自日本的威胁,弗里德曼和勒马德写的《下一次美日战争》(The Coming War with Japan)一书就反映了美国人对日本挑战太平洋霸权的担忧情绪。[4] 1985年9月,美国联合英国、法国、德国与日本签订"广场协议"(Plaza Accord),要求各国干预外汇市场。此举让美国实现美元贬值,而作为美国当时最大

---

[1] 1968年,日本经济总量超过德国(联邦德国),成为资本主义世界的第二大经济体。

[2] 1978年,日本经济总量超过苏联,成为世界第二大经济体。

[3] 世界银行数据库显示,1978年,日本经济总量为1.014万亿美元,美国经济总量为2.352万亿美元,日本经济总量约为美国的43.11%,见 https://data.worldbank.org/country/japan?view=chart 和 https://data.worldbank.org/country/united-states?view=chart。

[4] George Friedman, Meredith LeBard: *The Coming War With Japan*, St Martins Pr., 1991.

债权国的日本资产严重缩水，商品出口和经济发展受到阻碍。同时，美国还利用反倾销规则，迫使日本消除贸易壁垒，增加进口美国商品，减少对美出口。此外，美国制定贸易调查法案，保护本国企业，对日本进行贸易报复。然而，无论是日本还是德国，都与美国同属西方阵营，且较为依赖美国市场，因此能够通过一定的屈服争取到相互的妥协和自身继续成长的空间。

美国对中国的警惕和打压有更深层的原因。美国国务院前政策规划主任斯金纳在谈到美中较量与冷战不同时表达的看法值得关注，她认为，美中竞争的本质与美苏争斗不同，是一场不同文明和不同意识形态的斗争，因此需要一个不同的战略。[①] 斯金纳的说法引发了不小的争议，在美国也遭到许多学者的批判，但是，她所传递出的信息在一定程度上可以解释为什么特朗普班底中的政客如此热衷于强调中美争议之不可调和性。

一位长期在美国的中国籍学者是这样看中国与美国的竞争的：美国自立国和参与到国际事务中以来，在成长为世界大国的路上，曾经两次面对"大争"，第一次是与纳粹德国和日本军国主义之争，性质是生死之争，美国不惜对日本使用了核武器，赢了。第二次"大争"是冷战期间与苏联的争夺，争的是输赢，看谁是正确的、站在道义制高点上，看谁能领导世界，美国也赢了。而这两次"大争"都发生在美国的国力处于上升阶段，对于大国来讲，在上升阶段遭遇严峻挑战，如果能转化为机会，应对

---

① 莉雅：《美中之间的较量是文明的冲突吗？》，载美国之音官网，2019年5月3日。

得当，就能前进一大步。

一些美国人把与中国的竞争看作美国面临的第三次"大争"。争什么呢？说法不尽一致，基本上认为是强弱之争，看谁能够保持在世界上的强势地位。比较一下美国人和中国人对双方分歧的看法和判断，会发现一种扭曲的现象：美国人认定中国人是要来抢夺世界老大这把交椅的，所以美国别无选择，必须斗争到底，守住自己世界霸权的主导地位。而中国人普遍认为我们争的是自己合理的发展空间，中国人要实现美好生活，实现"两个一百年"的奋斗目标，我们争的是自己正常的发展空间。

这种扭曲很难拆解，不管中国人说什么，美国人都不信。在中美学者的讨论中，当我们提到过去双方的一些共识时，美方学者会说，那是给他们吃安眠药，中方的目的是抓紧时间发展自己，实现超越。我也参加过许多中国学者围绕这个问题进行的讨论，大部分人不认为需要和美国争夺世界领导地位，认为没有必要去空耗国家的时间和精力，中国完全可以在不争的情况下维护自身利益，保持发展进程。有的年轻人认为必须争，因为美国是中国实现所有目标的障碍，如台湾问题、香港问题甚至新疆问题，美国都伸手干预。这种观点的出发点仍然是中国的国内需要，而非要在国际上进行争斗。

由此看，中国人要争的并非世界主导权，而是维护自身利益和实现发展目标的空间。问题在于，中美两国各自的世界目标是否不相容？也即，美国是否必须阻止中国的发展才能继续当世界的领导？中国是否必须争得世界领导地位才能实现复兴？中美各自的世界目标之间是否还有容纳彼此的空间？

中国的选择

重要的是，我们自己对这些问题需要有一个清楚的考虑和明确的答案，而且我们内心想的、真实的意图，与对外表达的政策目标乃至我们的国际行动必须是一致的。作为大国，信誉很重要，需要用真实的思想和目标赢取国际社会的理解和认可乃至支持。如果心里想着要争世界主导权，或者打算现在暂时不争，10年、20年之后再争，而口头上说不争，还期待国际社会相信，这是不太可能的。大国不像小国，在大的战略意图上，内外须一致，藏是藏不住的。

2019年11月基辛格访问中国时，在北京大学与学生座谈，他谈到中美关系时说：我们面临的一个最大挑战是，美中是否处在一种互为敌手的关系里（adversary relationship）。他说：如果美中互为敌手，两国会在世界范围彼此争斗，其他国家也需要据此做决定，整个世界会被分裂，因为每个国家都必须决定是和美国还是和中国站在一起。当然，搞外交的人不会说美中要做敌人，然而，需要避免的是我们互相说"要成为朋友"，心里想的却是要打败对方，口头上说"要成为朋友"的目的是让对方感到安全，然后自己为所欲为。只要有一方试图这样做，不久就会发现，没有一方能这样被打败，因为当另一方发现对方的真实意图时就会做出回应。如果我们说要合作，就要真的推进合作，这才

第三章　国际关系

是合作的战略。

在国际战略上，我们不仅要有想法，还要有评估。如果决定要争夺世界主导权，需要付出什么样的代价？争这把交椅与实现中华民族伟大复兴是什么关系？是互补还是会相互取代？哪个优先？如果不争的话，实现民族复兴会面临什么样的困难？有什么样的阻碍？我们跟美国之间应该是种什么样的关系？如果我们不屈服于美国的霸权，同时又不跟美国对抗，那么应该是什么样的关系态势？还有没有可能搁置分歧、促进合作？如果美国就是要搞对抗，我们如何才能在坚决抗争的同时继续推进国家自身的发展目标？

判断的扭曲对政策是有影响的。假设美国认定中国的意图是挑战美国的世界主导地位，并且在这种误解的基础上制定对华政策，美方基于以维护自身世界主导地位为根本目标的认识，不惜一切代价，哪怕走向冲突，调动全部资源、条件和力量来阻止和隔绝中国，视此为国家利害攸关的博弈。而中方需要坚决维护自己的发展空间，必然对美方做出坚决的抵抗，不惜一切代价地去抗争，那么中美关系走向的结局就不言而喻了。

记得在2017年春天的中国发展论坛期间，我与来参会的美国前财政部长劳伦斯·萨默斯和英国记者马丁·沃尔夫等人探讨形势，当时中美关系已经出现比较大的不确定性，谈到中美关系是否会更加紧张时，萨默斯说："What can you expect?"（能指望什么呢？），言下之意是中国都发展到这个份儿上了，将来还要超越美国，那让美国怎么继续领导世界啊？美国怎么可能不打压、阻止中国呢？

我问："那中国的选择是什么呢？"马丁·沃尔夫说："中国没有选择，中美之间的矛盾是无解的。中国不可能停止成长，美国也不可能停止焦虑。"他戏谑地说："只有在一种情况下，中美可以合作，携起手来。那就是发生了来自火星的入侵。"后来我们经常用这个梗，把诸如中美学者关于人工智能国际治理的研讨等项目戏称成"火星"项目。

现在美国围绕中国问题的辩论基本尘埃落定。特朗普政府上任以来加快调整和改变对华接触的政策，2017年12月发布任内首份《美国国家安全战略报告》，将中国定性为美国的头号"战略竞争对手"；2018年1月，美国国防部发布《国防战略报告》[1]，随后还有《核态势评估报告》将"国家间的战略竞争"定为美国国家安全的"首要关注点"，称中国是要求改变现状的力量威胁。[2] 华盛顿比较快地推进国内的政治动员，形成朝野和府学比较一致的论断，就是与中国合作不再符合美国的利益，必须调整对中国的战略和政策。2020年5月20日，白宫发布《美国对中华人民共和国战略方针》[3]，进一步否定了过去几十年的对华接触政策失败，明确要改变对华策略，采取公开施压的方法，遏制

---

[1] 英文全称为 National Defense Strategy，见 https://dod.defense.gov/Portals/1/Documents/pubs/2018-National-Defense-Strategy-Summary.pdf。

[2] 《美国防战略报告：将中俄视为头号威胁》，载 BBC 官网，2018年1月19日。

[3] 英文全称为 United States Strategic Approach to the People's Republic of China，见 https://www.whitehouse.gov/wp-content/uploads/2020/05/U.S.-Strategic-Approach-to-The-Peoples-Republic-of-China-Report-5.24v1.pdf。

中国在经济、军事、政治等多领域的扩张,[①]甚至把矛头对准了中国共产党和领导人,挑战中国政治制度的合法性。这种做法的政治意图很明显,如果把中美之间的政治制度和意识形态分歧推高到成为两国竞争的主导面,不仅有利于蓬佩奥等人拉盟友站队,也能为他们更加有效地推动产业和科技"脱钩"提供政治依据。

例如,在产业转移的问题上,对企业来说,产业转移是一个自然的发展过程,在经济全球化的推动下,产业会在价值链的结构性变化中逐渐发生接替。随着中国制造业成本的上升,一些劳动密集型产业在中美贸易摩擦之前就开始转移到越南、柬埔寨和南亚一些国家,就像当年制造业从日本、韩国向中国转移。而中国的产业界也会进行结构调整,沿着价值链往上走。但是,如果把政治安全因素纳入进来,将迫使美资企业不是从价值的角度评估进退,而是从政治和安全的角度考虑对企业的利弊,那样就会导致非正常的产业转移,对全球产业链和价值链带来消极影响。在目前世界经济陷入严重困难的阶段,这样做肯定是非常不负责任的。但是,白宫的强硬势力显然是下定决心要把中美关系引向对抗的轨道,招招都指向那里,让冲突成为主导,其他的考虑做出退让。

---

① 《白宫战略报告:对华接触政策失败,全面遏制中国扩张》,载美国之音官网,2020年5月22日。

如果中美博弈涉及的主要是经济利益问题，贸易协议的达成和实施应该能够稳定住中美关系，突发的新冠肺炎疫情更应该能够促进两国重新开展合作。但是情况相反，中美关系在向更加紧张和危险的方向发展。这说明，美国的强硬势力对华政策的意图是引向对立甚至是冲突的方向，因为他们认为，唯此才能阻止中国的赶超和与美国的权力争夺。他们不希望中美在疫情中合作的需求改变这个趋势，认为除了冷战，除了对抗，已经没有别的出路了。但是，也有思维冷静的人认为，在贸易问题、科技问题上，美国如果能和中国达成一定的协议，如果中国能切实执行、适当调整自己违反知识产权等方面的做法，美方有信心赢得与中国的公平竞争，因此认为或许还是有可能继续合作的。尤其秉持全球主义观念的人，仍然看重中美两国在人类面临的多种全球性问题上合作的至关重要性和承担的无法替代的责任。总之，未来美国对华政策会确立在一个什么样的轨道上，恐怕还不是确定无疑的，各界人士看法不一，但总体上是偏向严峻的。

中美之间到底该不该争？争什么？如果拿这个问题问我，我觉得中国对美国的战略意图不是要争夺霸权和对世界的主导权，不仅是因为我们不想争、争不到，而且是因为霸权的时代已经过去了。美国的霸权地位在下降，一方面是因为霸权的透支，另一方面也是因为这个世界经过经济全球化的激荡之后，已经发生了改变，人们不再接受霸权的统领了，也很难有一个主导性国家能决定世界的所有事务。中国若想称霸，谁来支持呢？有人说这是因为中国没有盟友，我觉得不是这个问题。假如世界需要霸权，

第三章　国际关系

总会有国家被推上来，也会有国家追随。但现在的情况是，这个世界已经不需要和不接受霸权了，美国继续待在那里，也发挥不了以往的那种霸权作用。作为世界的领导性国家固然自己有利可图，但更重要的是，要为世界提供公共产品，包括安全上、经济上、金融上、规则上，也包括在价值的感召力方面，美国曾经有条件和意愿这样做，现在美国是自己在退缩，力有不逮了。

导致国际格局发生动摇和变化的，除了中国和美国两大因素，还有很多其他因素，最重要的是经济全球化，在很大程度上改变了世界交往和交流的方式，最大化地提高了信息流动和产业活动的效率和效益。这也必然带来国际权力的分散化。国际格局发生动摇之后，是恢复稳定，仍然呈现"一超多强"抑或"两超多强"？还是在动荡之后有新的格局出现，直接进入多极格局？这些问题的前景，都要受到中美关系发展的很大影响。

我们要看到时代的变化。习近平主席提倡构建人类命运共同体，这是非常具有前瞻性的思维和理念，未来的世界只能是人类共命运的世界，霸权的思维、冲突的思维都不符合这个大方向。那么，未来人类命运共同体的主导性力量是谁呢？习近平主席多次谈到国际合作的问题，强调"只有合作共赢才能办大事、办好事、办长久之事"。[1] 我理解，中国支持和倡导的是合作的力量，由多国合作来发挥主导性、发挥领导力，在不同的事务上有不同

---

[1] 习近平：《迈向命运共同体 开创亚洲新未来——在博鳌亚洲论坛 2015 年年会上的主旨演讲》，载新华网，2015 年 3 月 28 日。

147

的合作组合和领导方式。中国是共产党领导的社会主义国家，不可能走美国这样的资本主义国家称霸的道路。

那么现在的难点在哪儿？中国与美国在博弈中所要追求的方向是相反的。中国希望与美国开展对话与合作，实现和平共存，而美国的现任政府是在推动两国关系走向冲突。我们有没有能力不跟着对方的意图走，争取让对方走到我们这个方向上来。即便对方不过来，如果我们能坚持走自己的路，也能够成功的，就像冷战之后，尽管美国推行的是独霸世界的政策，但中国坚守住世界和平发展的大势，积极融入世界经济体系，坚持走的是和平发展的道路。正如习近平主席讲的，"世界潮流，浩浩荡荡，顺之则昌，逆之则亡。综观世界历史，依靠武力对外侵略扩张最终都是要失败的。这就是历史规律。世界繁荣稳定是中国的机遇，中国发展也是世界的机遇"，[1] "只要我们咬定青山不放松，沿着中国特色社会主义道路奋勇前进，我们的国家必将日益繁荣昌盛，必将日益走近使节舞台中央，必将日益为人类做出新的更大贡献"。[2]

中美关系的未来方向

研究美国的学者都认为，未来美国大选之前的几个月，形势

---

[1] 习近平：《习近平谈治国理政》第一卷，外文出版社，2014年，第248页。
[2] 习近平：《习近平谈治国理政》第三卷，外文出版社，2020年，第421—422页。

第三章　国际关系

存在比较大的不确定性，甚至可能会很糟糕，特朗普政府会继续对中美关系发挥破坏性领导力。新冠肺炎疫情已经全面改变了2020年美国大选议程、议题和选情。目前美国的疫情越来越严重，数百万的确诊数，十几万的死亡数，特朗普政府对疫情处置的漠视和错误是无法掩盖和转移视线的，美国的经济已经陷入第二次世界大战以来最惨烈的衰退，第一季度GDP增长 –4.8%，失业率飙升，失业人数增加到了4 000万人，是十年来最差的表现。2020年7月30日，美国商务部公布了第二季度GDP，环比减少32.9%（年率），为1947年开始公布季度数据以来的最大跌幅。美国劳工部7月30日发布的数据显示，在过去一周，美国首次申请失业救济人数达到143.4万人。这是该指标连续19周超过100万人大关。[①]

在这种情况下，白宫的非理性、冒险性会比较大，可能会不断地扔出一些挑逗性和刺激性的举措。因此，对中美关系的管控是当前最重要的课题。美国大选之后，无论是谁上台，都需要重新考虑中美关系，认真考虑未来往哪个方向发展。

美国现在自身面临比较多的困难和问题，有的看上去很难解决。资本的贪婪、对利润最大化的追求和资本主义制度的内在弊端决定了，它不能像中国的社会主义制度那样，国家有能力调剂资源，让社会财富惠及底层人群。尤其是在应对疫情的过程中，

---

① 沙晗汀：《美国2020年第二季度经济下滑32.9%》，载中国新闻网，2020年7月31日。

中国党和政府对人民群众生命的关心和解决问题的能力，与许多国家相比，高下立见。

美国是否会因此一蹶不振呢？恐怕也不能低估美国自身的韧性和调整能力，毕竟是延续了200年的政治制度，经受过磨炼，有其自身的弹性。2020年6月明尼苏达州因为警察暴行而引发反种族歧视的运动带来社会动荡，会再度刺激其制度的调整和修复。另外，从经济上看，美国毕竟是一个能"剪全世界羊毛"的国家，对世界金融、经济有相当的控制能力，因此有较多可以调动的资源。美国的兴衰取决于如何解决国内的错误和问题，如何调整其在国际行为、国际战略当中的错误，它再"甩锅"中国都解决不了自己的问题，最终还是要看美国用什么方式去修正和完善自身。现阶段，美国处在比较困难的阶段，在国际事务中和在对华关系上都存在非理性思维，在做法上也有比较大的不可测性。

中美关系会走向哪里？是走向全面对抗，还是走向"竞合"关系，也即既有受管控的竞争，也有稳定和广泛的合作，这不仅取决于美国的选择，也取决于中国的选择。甚至，在当前源自美方的政策信号比较混乱和负面的情况下，中美学者在讨论中有不少人提到，现在中方能发挥的作用所占比重更高一些，中国的战略主动性在增加。因为中国政局稳定，领导力强而有效，政策的执行力比美国要强很多。因此，在当前国际形势下，中国的重要性上升了。但是，中国毕竟还是相对于美国较弱的一方，当前中美紧张关系的挑起者是美国，未来中美关系走势在很大程度上要看美国会做什么,同时也要看双方互动的方式和结果。

2019年底,清华大学战略与安全研究中心举办了一个研讨会,对未来的世界格局进行评估,不少与会学者都赞同这样一个认知:如果中国能够把控好局面,通过斗争维护住世界和平发展的大局,保持住经济全球化的基本趋势,中国自身的发展能持续,将来世界就有可能出现"两超多强"的局面,美国继续是超级大国,中国成为超大规模的世界级大国,其他国家不会在中美之间选择,而是在不同问题和利益上形成不同组合的合作。这个局面将有利于迈向人类命运共同体的方向。

慕安会上与佩洛西交锋*

2020年2月13日,我与几位学者和同事抵达德国慕尼黑,应邀出席第五十六届慕尼黑安全会议。在14日的会上,我与美国国会众议院议长佩洛西有一段交锋,2月15日,"美国之音"就此做了题为《数字专制与华为威胁:佩洛西、傅莹当面交锋》的报道,国内媒体纷纷转发。

慕安会自1963年召开至今,一直是国际战略与安全问题讨论的重要平台,备受关注。会议场址是慕尼黑的拜耶里切酒店(Bayerischer Hof)。2020年参会者有1 300多人,加上各代表团的随行人员、工作人员,拜耶里切酒店里里外外都显得非常拥挤。除了少数人能住在会议酒店,大部分人都分散地住在附近的其他酒店。

---

* 2020年2月14日,傅莹应邀赴德国出席第五十六届慕尼黑安全会议,期间向美国国会众议长南希·佩洛西提问,本文介绍了背景和过程。

第三章　国际关系

会议于 2 月 14 日下午正式开幕，前期的各种讨论会议 13 日就开始了，到 16 日举行闭幕。开幕式通常有德国领导人讲话，是在主会场举行，之后每天主会场都有各国领导人和高官的演讲和论坛。中国国务委员王毅的演讲就是 15 日上午 11 点 45 分在主会场举行的。

会边会也是慕安会的一大特色，除了主会场，大大小小的边会 50 多场，有圆桌会、方桌会、L 形桌会、U 形桌会，还有午餐会、晚餐会，应有尽有。因为慕安会对分会场的需求越来越多，临近酒店也为慕安会提供了各种活动场所，大部分双边小会也挪到外面进行。

慕安会的规模不断扩大，但是主会场只有 200 个座位，也算是一种"饥饿营销"方式吧，主会场一向是一座难求，每次开全会的时候，200 多个座位早早就被占满了。不过顾问理事会成员有前三排的留座。我是顾问委员会的成员，到场就有座位。开幕式之后，不断有人离场去参加边会，主会场也就不那么拥挤了。

另外，主会场的会议全程对外直播，进不去的人可以从网络上观看主会场的演讲和讨论，也能跟上会议进程，我的同事经常在二层的咖啡厅里占据一个角落看现场直播。大多来跟踪慕安会进程的记者也都会聚集在这里。我每年都能在这里遇到英国、德国和美国的资深记者，与他们交谈，听他们评论会议和形势，也是很有特色的。

咖啡厅外面的一整圈的走廊上都站满了架着摄像机的媒体记者，随时采访路过的人，在角落里还有更加正式的采访机位，参会的各国人士都会受到采访邀请。慕安会期间，德国的新闻电视台和报纸上充斥着来自慕安会的消息和评论，许多信息也会被传递到世界各国的首都。由此可见，慕安会不仅是德国进行国际传播的有效手段，也是国际战略与安全信息交流和辐射的高效平台，这里就好像成为一个国际信息聚集的码头，随时随刻地向世界传导出去。

2020年2月14日下午2点举行慕安会开幕式，大会主席伊辛格致欢迎辞，随后德国联邦总统施泰因迈尔致开幕词。之后将举行题目为"西方民主的状态"的全会论坛，一直持续到下午4点。同台的嘉宾有美国国会众议院议长佩洛西和德国联邦议院议长朔伊布勒，由保加利亚"自由战略研究中心"主任伊万·克拉斯特夫担任主持人。这是慕安会的第一次全体会，我进会场的时候一层和二层都已经挤得满满当当，楼梯上都站满了人。

美国一直是慕安会的支持方和参与者，除了政府要员，国会参众两院议员也组团出席每年的慕安会。已故参议员麦凯恩曾经连续20多年率领数十位国会议员组成的代表团与会，对会议有比较大的影响，2019年慕安会专门对他进行了表彰。2020年美国议会40位民主和共和两党议员组成的代表团由佩洛西牵头，是美国议员出席慕安会人数最多的一次，将有6位国会议员在主会场发言。他们放下分歧，目标明确，要游说欧洲政要，力图让欧盟支持美国打压中国的立场。

开幕式和德国总统的演讲之后，进入论坛阶段。主持人伊万·克拉斯特夫介绍了嘉宾，宣布论坛开始，邀请佩洛西先讲。

第三章 国际关系

佩洛西穿了一身橘红色的套装,搭配同色系的花丝巾和高跟鞋,坐在台上神采奕奕,满脸带笑地对大会主席和她的欧洲盟友表达了感谢。她是一位很有气场的女政客,在华盛顿的政治生态当中是相当抢眼的,作为当前民主党在政坛上的头面人物,她经验丰富、言语犀利,与特朗普的较量虽然有得有失,但是在气势上从不丢分,在美国人当中有一定的号召力。但是她不了解中国,偏见比较深。

她侃侃而谈,从美国同盟的集体安全讲到气候变化,从北约讲到G20,重点向大西洋另一边的盟友们强调,应如何应对"共同的挑战",呼吁盟友间的紧密合作。然后,她话锋一转:"现在我要谈谈你们有些人可能不太同意的事情了,但是我必须做到坦率,那就是5G和网络安全。"说到这儿,佩洛西的表情变得严肃起来,开始念一篇写好的稿子:"中国正在谋求通过电信巨头华为输出他们的数字化专制,并以经济报复威胁不使用他们技术的国家。美国已经将华为定性为对国家安全的威胁,列入实体清单,限制美国公司与华为的交易。"

在此基础上,她反复要求欧洲国家不要靠近华为:"任何一个国家都不能为了财政的需求而把电信基础设施割让给中国,""这种错误的让步只会鼓励中国进一步削弱我们的民主价值、人权、经济独立和国家安全。"她甚至将"是否选择华为5G"上升到价值观的高度:"允许5G就是选择专制而非民主。"之后,她提出一个替代性的"国际化"方案:"我们应该做到国际化——我知道欧洲正在做这方面的努力。欧洲是一个数字基础设施国际化的地方，不能容忍专制。即使我们无法就采取美国还是欧洲模式达成一致，也可以共同倡导国际模式。而且我们必须在维护我们的价值和安全的前提下，在其他可行的选择上投资。"

佩洛西发言之后，主持人邀请坐在轮椅上的朔伊布勒发言，他接过佩洛西提出的5G话题，说道，在德国联邦议会里围绕这个问题也有很激烈的争论，但是，他似乎没有太在意佩洛西的"国际化方案"，也没有谈欧洲与美国如何在这个问题上进行合作。他更多是在谈欧洲国家之间如何加强合作的问题，同时有意无意地说了一句："这并不是反对谁。"

两位嘉宾发言之后，进入提问环节。这是慕安会的一个重要特点，任何重要的讲话都要留出比较多的时间进行现场互动，讲话者需要回答大量的即席提问，主办方希望用这样的方式刺激思考，鼓励不同观点的辩论，为与会者提供有利于判断的多元视角。这也是慕安会的会场总是气氛热烈和活跃的重要原因，也因此而充满吸引力。但是，近年也有些重磅的受邀演讲者拒绝答问，这样的会场往往比较沉闷，人也会少许多。

现场举手提问的人很多，5G是提问者关注的焦点之一。有人问到美国在5G政策上是否存在两党分歧，也有人认为5G在当前是比意识形态冲突更重要的"技术战"。佩洛西在回答这些问题时再次说道："互联网让交流更加民主，有时候更好，但是有时候并非如此。如果扩展传播和交流的同时向专制倾斜，那就是在阻碍民主。这不是毫无关系的。"

佩洛西的讲话漏洞百出，对中国的评价和判断蛮横，我早就

第三章　国际关系

听不下去了，思忖了一下，决定针对她把技术政治化这个漏洞反击一下，我举手表示希望提问。主持人克拉斯特夫与我相熟，相互也有过辩论，他知道我提问题一向比较尖锐。作为顾问委员会成员，我们在会场有优先权，所以他看到我举手就让我先讲。

我先介绍了自己的身份，我来自中国全国人大外事委员会。然后提到佩洛西几年前对中国的访问很有成效[①]，接着转向我的问题："技术是一种工具。中国自从40年前开始改革开放以来，一直在引进各种各样西方的技术——微软、IBM、亚马逊在中国都很活跃。我们使用的1G、2G、3G到4G技术都来自西方国家，来自发达世界，而中国一直保持着自己的政治体制。中国共产党领导的政治体制很成功，没有被这些技术威胁到。为什么如果西方国家引进华为的5G技术，就会被威胁到其政治制度？您真的认为民主制度已经如此之脆弱，可以被华为这样一个高科技公司威胁到吗？"

佩洛西从我站起来讲话时就开始问主持人：是中国人吗？她可能完全没有想到这里会有中国人给她提问题。我讲话语气柔和，甚至可以说态度是友好的，话音一落，会场响起相当热烈的掌声，可见我的提问引发了一定的共鸣。这个提问点到了她的长篇讲话中逻辑难以自洽的关键漏洞，佩洛西一时找不到回应的焦点，回答颇为闪烁其词。她避而不谈西方的民主制度是不是脆

---

① 2015年11月佩洛西作为美国国会众议院少数党领袖访华，表示肯定中美就气候变化、网络安全、国际和地区热点问题开展的合作卓有成效。

弱,而是以一些道听途说的传闻对中国的内政大加评论。声称,选择华为的5G就是选择成为中国这样的"专制社会"。"30年来我一直关注中国的贸易、知识产权以及其他很多方面,我可以毫不犹豫地说:继续走这条路(靠近华为)要千万小心,除非你想最终成为一个像中国一样的社会,或者一个像中国一样的经济体,在那里没有自由的企业制度。"

虽然言不对题,她也不忘说些好话,表达对中国的友好态度,由此可以看出她在公众场合老练的自律习惯。她说:"我访问中国时讨论了气候变化的问题,中国在解决气候问题上走在世界的前列,有很多很好的办法,我可以都列举出来。在这些方面我们可以合作。"

但是她显然不想以此作为讲话的最终调门,于是再次强调:"这并不能掩盖一个事实,那就是压抑自由的想法在中国是存在的,甚至越发严重。我再说一遍,如果你想要信息自由,如果你想建立共同的信念并尊重人权,那就别靠近华为。"佩洛西的语速越来越快,可能会场的掌声对她有所刺激,她好像面对欧洲盟友有些恨铁不成钢,再次强调:"相反,让我们变得国际化些,一起建立一些能带来信息自由的东西。而且我说的这些意见在美国有着两党的共识基础……"

朔伊布勒抢过佩洛西的话茬,他没有针锋相对地反对谁,而是说道:"确保自由需要多样化,垄断和寡头我都不喜欢。"

这场论坛的内容很丰富,现场提问者还提出了跨大西洋关系、民粹主义等方面的问题。最后主持人在总结中提出:"是否如果德国之声在中国被接受，华为就能在欧洲被接受呢？"对此，佩洛西没有正面回应，但再次申明："美国人为大家许下庄严的誓言，要保护和防卫，安全是我们讨论的核心议题。"

从现场回应来看，欧洲人对美国提出的要求是存在犹豫和怀疑的。哈佛大学教授格雷厄姆·艾利森在其他的论坛上提到几个有趣的数据：美国皮尤研究中心2019的民调显示，法德受访者中认为美国是最大威胁的占比均为49%，认为中国是最大威胁的分别是40%和33%。欧洲人对美国的看法已不再是一边倒的态势。

论坛之后，与会的一些欧洲人找到我继续讨论这个话题，在他们看来，中美之间还是需要有更好的沟通，同时，他们也希望中国人能够重视和解决在与欧洲国家和欧盟关系中一些的具体问题，给当前的国际关系增加一些确定因素。我在这次交锋之后，进一步认识到中国人在国际上多出现多讲话的重要性。尤其近年美国一些政客到处攻击中国，肆无忌惮，必须要让世界更多地听到中国人的声音和理性客观的观点，去对冲美国政客的非理性攻击，维护我国的外部环境。

"西方的缺失"与中国因素

"西方的缺失"与中国因素*

第五十六届慕尼黑安全会议于 2020 年 2 月 14 至 16 日举行，吸引了 32 位国家元首和政府首脑、77 位内阁级部长出席，参会的政、军、学、商界人士逾千人。我作为慕安会的顾问理事会成员应邀出席，有几点印象和体会与大家分享。

欧洲反思西方地位和作用，寻求超越困境、自我更新

2020 年 2 月 10 日发布的年度《慕尼黑安全报告》题目是"西方的缺失"（Westlessness），从欧洲人的视角讨论西方作为第一次世界大战后最重要的地缘政治中心，是否正在衰落？报告列举了西方内部的矛盾及其与外部的冲突，感叹世界变得越来越不西

---

* 2020 年 2 月 14 日至 16 日，傅莹应邀赴德国出席第五十六届慕尼黑安全会议并发表讲话，本文系出席会议的感想，以《在慕安会感受西方对华复杂态度》为题发表于 2020 年 2 月 21 日《环球时报》第 15 版。

方了,而西方本身也变得不那么西方了,从而提出了"西方的缺失"这个概念。

慕安会诞生于半个多世纪前的冷战中,初衷是协调西方立场。冷战后其视野扩大,开始关注更广泛的国际安全热点问题,参会者也从单纯的跨大西洋国家成员扩大到中东和亚洲等地区。近年慕安会敏锐地观察到国际格局的变化,开始思考西方应如何调整自身以应对新挑战。2017年慕安会报告提出了"后真相、后西方、后秩序"的全球变局挑战,2018年探讨了"超越西方"的时代特点,2019年则提出"全球拼图:谁来捡拾碎片"的紧迫问题。2020年以"西方的缺失"为主题,进一步拓展了欧洲战略界的反思。

这个表述反映了弥漫在西方内部的一种焦虑情绪——担心西方在急剧变化的世界格局中失去主导地位、关注欧美统一立场正在因为不断生成的不同理念和利益取向而受到侵蚀、担心西方主导的世界体系被所谓"威权国家"势力"修正",等等。

何谓西方?从世界历史和国际政治的角度看,西方既是地理和物质层面的,也是精神和制度层面的。西方文明发源于古希腊、古罗马,历经城邦制、罗马帝国、中世纪、文艺复兴、大航海时代、殖民扩张乃至美国崛起,逐渐形成文明体系并不断被充实和强化。现代西方人以欧洲各民族及其后裔为主体,思想文化深受基督教信仰的影响,以所谓自由民主制度为价值信条。这些共同筑就了西方对世界的政治和文化的影响。在物质层面,过去三四百年间,西方基于海洋、大陆扩张和金融霸权,引领了军事革命和科技创新，主导了工业化乃至后工业化时代的世界经济发展。冷战结束后，美国主导的西方一度冲高到国际权力的顶峰，并且强力推进了全球化进程。而后随着新兴力量的崛起和全球产业链重组，西方的综合实力被稀释。欧美在全球推进西方化遭遇一连串挫折，自身问题也全面暴露，使得西方价值理念的光环褪色。欧洲人更加认识到，西方已经难以在塑造21世纪的政治和经济特征上发挥绝对主导力。

从本次会议的一系列讨论可以看出，经过四年的反思，欧洲战略界的思维更加聚拢了，对于"西方的缺失"的判断主要源自两个方面的认识。

一是对中国崛起抱有既给予认可又充满担忧的矛盾心理。尽管欧美经济总量相加仍占到全世界的近一半，但中国已达到全球GDP的17%以上且保持上升势头，亚洲总量占到1/3强，世界经济和国际权力的重心必然向亚太地区倾斜。越来越多的欧洲有识之士认识到，中国的崛起势不可当，是无法逆转的持久现象，欧洲和西方须尽力适应，找到与政治制度迥异的中国和平共存的路径。

二是对特朗普政府的"美国优先"政策日益不满，认为美国右翼主导下的保护主义、孤立主义、单边主义倾向背离了支撑自由主义国际秩序的基本理念。特朗普政府不顾及欧洲利益、重大决策不与欧洲商量的做法，破坏了跨大西洋联盟的基础，双方渐行渐远，欧洲须"形成自己的战略"，"走自己的路"。

欧洲对西方的反思是多维度的。一方面，欧洲看到"体系性危机"正在发生,另一方面,欧洲也认为西方的"自觉"仍在,并非行将"终结"。他们对中国等新兴力量融入西方主导的世界体系进而不断壮大感到不适,但是也对为保全体系而调整规则和协调共存持开放态度。所以,欧洲并非在为西方唱"挽歌",而是希望从战略、价值观和务实层面进行再构建,对世界是否会陷入美国与中俄激烈竞争,进而分裂的状态审时度势,试图寻找自己的新角色,谋求发挥更大作用。为此,他们强调"超越",对内超越利益和价值差异,增强集体行动的能力,对外超越原有的路径依赖,发展更为多元、平衡和务实的全球战略。

美国强势要求欧洲站队,试图推动形成与中国竞争的统一立场

美国对慕安会高度重视,将其当作宣传政策和协调跨大西洋立场的重要平台。本届会议美国人的出席相当抢眼,有包括众议长佩洛西的20多名参众议员,还有国务卿蓬佩奥、国防部长埃斯珀、常驻联合国代表克拉夫特、前国务卿克里等政要、高官和智库学者出席,在会议的大小场合都有美国人的身影和声音。而且美方显然是协调了两党一致的立场,把如何应对中国崛起和"中国威胁"作为与会的主打"炮弹",其中的核心诉求是阻止欧洲国家使用中国华为的5G技术。

蓬佩奥在慕安会上的演讲不长,却用1/3的时间批评中国,指责中国奉行"胁迫性的海洋政策",污蔑华为是"中国情报系

统安放在西方内部的'特洛伊木马'",声称中国运用军事和外交力量挑衅他国等。蓬佩奥显然对慕安会报告的主题不以为然,傲慢地宣称"西方没有没落","西方价值观将战胜俄罗斯和中国对'帝国'的渴望"。他要求欧洲与美国共同应对"中共不断增强的进攻性"。埃斯珀在讲话中也指责中国通过华为实施"邪恶战略",对英国1月决定允许华为有限参与5G建设的决定,他表示如能"往后退两步"为时未晚。

美国人如此聚焦中国,而且对华为这样一个民营科技企业喋喋不休地进行话语攻击,在会场获得的反馈并非都是积极的,得到的支持有限。确实有不少人从美苏冷战的角度看待这场争论,追随美国攻击中国的内外政策,但也有不少人能够更加理智地观察美国与中国的较量,希望更多了解事实到底是怎样的,从中寻找符合自身利益的判断基点。美国政客的简单粗暴态度也引发一些与会代表的反感。

中国因素是本届慕安会的主要焦点之一,疑惑、误解和期待交织

王毅国务委员兼外长作为中国政府代表在主会场发表演讲,对美方的宣传和污蔑做出了严肃的回击,斥之为谎言,强调"如果把这些谎言的主角换成美国,那么谎言就会变成事实,就是真相"。

2020年慕安会中明确涉及中国的分论坛多达11场,议题包

第三章 国际关系

括"西方如何面对中国挑战""跨大西洋关系与中国难题""欧洲如何对付崛起的中国""如果中俄结盟怎么办""中国在全球军控中的未来参与"等,还有关于南海、新冠肺炎疫情、中国网络政策的专题会,其他一些论坛虽然在题目设计上没有提中国,但是也大都把矛头指向中国。

我和出席慕安会的其他三位中国学者,南海研究院的吴士存、中国与全球化智库的王辉耀和上海外国语大学的汤蓓,都分别在不同场合发表讲话,回应对中国的关注和疑问。我观察到,但凡有中国人出现的场合,人们在讨论中总是要顾忌中国人的感受,中国学者的发言和提问也很吸引与会者的注意并经常得到肯定。一位德国学者参加了我的午餐演讲之后说:"当面听你讲中国的情况,感觉我们是可以建立信任的,但在许多时候和很多问题上,很难直接听到中国人的意见和对一些重大问题有说服力的阐述。"

确实,国际关系与人际关系差不多,需要以一些基本的信任作为基础,来构建合作和协调关系。建立信任是中国日益走近世界中央舞台过程中必须面对的重要课题。然而,在慕安会各种论坛的讨论中,我们区区几名中国学者,要应对美国人铺天盖地的反华遏华声浪,深感力不从心,哪怕仅仅是争取出现在所有涉及中国议题的场合,我们都分身乏术。当世界形势如此快速变化之际,中国的国际角色和地位面临众多复杂的挑战,中国应该有更多重量级的人物出现在慕安会这样的国际论坛上,也应该有更多的中国学者和人大代表、政协委员直接走向国际,参与到外交斗争中来，否则很难改变当前国际舞台上，尤其在欧美舆论场上，在涉及中国的话题上中国人的声音较弱的状况。

中国应对新冠肺炎疫情的举国努力引发国际社会的同情和支持

世界卫生组织和国际红十字会罕见地高调出席本届慕安会，重点宣介中国为抗击新冠病毒疫情做出的巨大努力和付出的沉重代价，呼吁国际社会伸出援手，共同打好防疫战。面对一些怀有偏见的媒体质疑世界卫生组织"屈从于中国压力"等说法，谭德塞总干事坚定地赞扬中国为世界争取了时间，批评谣言和错误信息阻碍了行动。世界卫生组织专家呼吁世界要为疫情可能的进一步蔓延做好准备，尤其要支持中国研发疫苗和药物。世界卫生组织专家高度肯定中国在应对疫情过程中展现出的强有力的应对能力。他们认为，如果将中国的经验归纳总结，形成模式和样板，向其他国家提供参考和借鉴，将是宝贵的国际公共产品。

王毅国务委员兼外长和秦刚副外长分别在大会和公共讨论会上介绍中国党和政府全力组织抗击疫情和全国人民团结一心抵御病毒的斗争，赢得与会者赞赏。我们几位学者也在多个场合讲述中国人民抗疫的经历，包括病疫导致的家庭破碎和居民恐惧，勇敢的医护人员、无私的志愿者和坚强的党员干部等。尽管外界对中国仍存在一些偏见，但在慕安会上同情和支持中国的声音逐渐增多。在最后一天的总结会上，慕安会主席伊辛格表示，中国真

第三章　国际关系

的已经做了非常多的努力来应对巨大的医学挑战，理应得到支持与鼓励、同情与合作，而不是被批评和指责。还有不少欧洲企业界人士希望中方对抗疫物资需求提出具体目录，以便于有针对性的募集和援助。

会下也有欧洲学者表示，各国与中国的往来由于疫情而减少，许多国家采取了中断航班和交流的做法，导致中国陷入事实上的孤立，难免造成后续的负面经济和政治后果，应尽量减少、尽早结束这种非正常现象。有学者谈到，新冠肺炎疫情在中美之间已演化成一场"脱钩"的实际操演，如不尽快修复，有可能固化为系统性"脱钩"。

慕安会之后，美国政府高官和议员大肆批评中国"隐瞒疫情信息"。但实际情况是，虽然美国出席慕安会的人很多，无论是对中国代表团分享的抗疫信息，还是对世界卫生组织会专家谈到的疫情情况，美方人士都没有表现出任何兴趣和关注，甚至在专题会上都看不到他们的身影。

在本次慕安会的一个体会是，在中美关系紧张恶化之际，欧洲等第三方力量的作用不仅重要而且宝贵。这些国家大多不愿看到中美恶性竞争导致国际体系的分化、瓦解，不希望中美科技"脱钩"阻碍人类社会的进步。他们希望中国能在维护全球共同利益上发挥更多作用，期待中国真诚维护多边主义，而不要像美国那样从一己之利出发，对多边主义采取选择性利用的做法。同时，他们力图在全球格局变化中守护欧洲自身的利益和地位。在中美竞争的背景下，欧洲无法置身事外，也不情愿选边站队，而是更希望能加强欧洲自身的作用。欧洲所奉行的制衡战略在客观上起到了加强全球多边主义的作用,因此,我们应该多与各方力量沟通,增进了解,增强世界推动命运共同体建设的共识和聚合力量。

全球变革下的中国与俄罗斯*

我很荣幸于2016年10月应邀出席瓦尔代俱乐部的年度论坛。早就听说过瓦尔代的故事，有机会亲临，受益匪浅。自2004年创办以来，瓦尔代俱乐部一直以塑造俄罗斯国家的新形象为己任，成为俄罗斯与国际社会沟通的重要平台。近年中俄关系不断深化发展，瓦尔代俱乐部也更加吸引包括学界在内的社会各界的关注和兴趣，大家为中俄合作出谋划策，发挥了重要作用。

2017年瓦尔代俱乐部举办中俄专题论坛，是及时和重要的。在世界快速变化的这个时刻，期待中俄智者围绕当今时代重要课题展开充分讨论，提出好的思想和建议。

---

* 2017年4月4日，傅莹应邀在第四届瓦尔代论坛中俄关系研讨会开幕式上发表视频致辞，研讨会主题为"中国与俄罗斯：应对全球变化的挑战"，本文系根据致辞内容整理而成，以《中俄需加强应对全球变革的思想对话》为题发表于《世界知识》杂志2017年第9期。

世界对全球变革的焦虑

中俄专题论坛的主题是"全球变革下的中国和俄罗斯"。下面我要针对全球变革当中的经济全球化问题谈一点看法。一方面，冷战后世界最鲜明的特征之一是经济全球化，这种趋势为经济增长提供了强劲动力，促进了科技和文明进步，各国都从中受益。中国和俄罗斯这样一些新兴国家也获得了快速发展，不仅大幅度减少了贫困，而且进一步扩大了世界经济的规模。但近年来，大国矛盾再度突出，地区冲突频繁发生，各种传统和非传统的安全挑战得不到有效应对。

另一方面，金融危机导致世界经济步入结构性低迷，国家间增长的不平衡和国家内部贫富差距的拉大等问题日益凸显，一些发达国家的中产阶级地位下降，陷入失落和焦虑。美国等西方发达国家最初是全球化的积极倡导者和推动者，现在进退失据，反全球化声音四起，有不少人开始质疑，全球化道路是不是走错了。

2017年2月，我去德国参加慕尼黑安全会议的时候，感受到这种焦虑情绪的蔓延，与会人士普遍感知到旧的秩序难以维系，但未来的路在哪里，大家都在思考和探求。

我觉得，导致上述现象的原因是复杂的。就经济全球化而言，它做大了财富的"蛋糕"，却没有预设相应的治理，没能解决好资本的管控和"蛋糕"的合理分配问题。在人们热议的全球储蓄与消费失衡问题背后，是更深层次的失衡——财富分配的失衡、南北发展的失衡。

在政治方面，西方积极推进的全球化不仅限于经济领域，而是推行所谓"全球西方化"，试图向全世界输出价值观和制度模式，结果不仅导致一些国家陷入长期动荡，由此产生的难民潮也终为西方所累，使改造者和被改造者都付出了沉重代价。它们还在安全上固守集体防务的"小圈子"，不惜通过损害别国的安全来维护自己的绝对安全，同盟与非同盟利益冲突所产生的对立和对抗带来很大损耗。

全球化暴露出的诸多问题表明，全球治理体制已站在变革的历史拐点上。改革是大势所趋，必须找准症结。在这方面，与其说是现行国际秩序失序，不如说是最强国的目标出现了错位；与其说是经济全球化有问题，不如说是西方推行全球化的方式出现了偏差；不是《联合国宪章》的宗旨和现行国际关系中的其他准则过时了，恰恰是它们没有得到认真履行；也不能说全球化都是失败的，而是西方为全球化主观设定的政治目标失败了。新的全球性问题不断出现，需要新的思维和方式去应对和治理。

中国的主张与应对

2017年1月，习近平主席在瑞士达沃斯世界经济论坛开幕式和日内瓦万国宫"共商共筑人类命运共同体"高级别会议上发表了重要演讲。人们普遍认为，在反全球化和贸易保护主义的阴霾中，这两个讲话给世界带来了信心，表明中国是国际秩序的维护者和经济全球化的支持者。

中国对全球治理和推动经济全球化的态度是务实的。

中国主张用发展的办法解决层出不穷的国际矛盾。习近平主席多次谈到这个问题，他认为，人类处在大发展、大变革、大调整的时期，也处在一个挑战层出不穷、风险日益增多的时代，要解决好各种全球性挑战，根本出路在于谋求和平、实现发展，"必须攥紧发展这把钥匙"。在中国看来，经济全球化虽然有许多不足，但其本质是包容和开放的，我们要正视问题，适当引导，使之更有活力、更加包容和可持续，而不能开倒车。

习近平主席把中国的国际秩序观和全球治理观上升到构建以合作共赢为核心的新型国际关系、打造"人类命运共同体"的高度，主张世界各国共同努力，协商化解分歧，谈判解决冲突，实现持久和平、普遍安全和共同繁荣。中国主张的全球治理并非要另起炉灶，而是在维护以联合国为核心的国际秩序的基础上，改革不公正、不合理的安排，使之更加平衡地反映大多数国家的意愿和利益。

中国对全球治理和推动经济全球化的态度是认真的。

完善全球治理是个曲折和漫长的过程，中国首先要走好自己的路，解决好国内的经济和民生问题，以自身改革开放取得的成功影响外部世界变革的方向。同时，在自己有优势和条件而且符合自身发展需要的领域，中国也要主动设计和向世界提供公共产品。2013年9月和10月，中国国家主席习近平在出访中亚和东

第三章　国际关系

南亚国家期间，先后提出共建"丝绸之路经济带"和"21世纪海上丝绸之路"的重大倡议，[1] 主要目的是构建新的经济增长区域和发展动力，多年来得到包括俄罗斯在内的100多个国家和国际组织的支持和参与。[2] 2017年5月，"一带一路"国际合作高峰论坛在北京举办，此次论坛主要讨论如何实现各方优势互补和区域新增长等问题。习近平主席在论坛开幕式上明确提出，"一带一路"建设不是另起炉灶、推倒重来，而是实现战略对接、优势互补。[3] 俄罗斯也是积极投入到这次会议之中，仅俄一国参与达成的具有代表性的成果清单[4]就涵盖了交通运输、质量标准、金融、教育等领域[5]。

---

[1] 国家发展改革委、外交部、商务部：《推动共建丝绸之路经济带和21世纪海上丝绸之路的愿景与行动》，载中国政府网，2015年3月28日。

[2] 截至2020年6月，中国同138个国家签署"一带一路"合作文件，数据引自2020年6月25日《人民日报》（海外版）第06版。

[3] 习近平：《携手推进"一带一路"建设——在"一带一路"国际合作高峰论坛开幕式上的演讲》，载新华网，2017年5月14日。

[4] 新华社：《"一带一路"国际合作高峰论坛成果清单（全文）》，载新华网，2017年5月16日。

[5] 各自领域的具体成果为：俄罗斯与中国铁路总公司签署《中国、白俄罗斯、德国、哈萨克斯坦、蒙古国、波兰、俄罗斯铁路关于深化中欧班列合作协议》；俄罗斯与中国国家质量监督检验检疫总局签署《关于加强标准合作，助推"一带一路"建设联合倡议》；中国国家发展和改革委员会将设立中俄地区合作发展投资基金，推动中国东北地区与俄罗斯远东开发合作；中国教育部与俄罗斯教育部门签署教育领域合作文件。

中俄在如何应对全球挑战方面拥有广泛共识

许多俄罗斯专家学者都关心和支持中俄合作关系的健康发展，我们在如何应对全球挑战上拥有广泛共识。中国和俄罗斯都是具有世界影响的大国，两国互为最大的邻国，中俄合作不仅有利于两国，也有利于世界。中俄建立战略协作伙伴关系不是权宜之计，而是双方基于两国根本利益做出的战略选择。

当前，国际形势的变化更加激烈、快速，呈现出更多的不确定性。世界显然尚未做好应对全球变革的准备，在思想上缺乏清晰的认识和共识。幸运的是，中国拥有俄罗斯这样一个平等相待的真诚伙伴，两国相互尊重和谅解，培育起良好的协调与合作习惯。这也源自两国学界密切沟通和积极寻求共识的努力，其中有瓦尔代俱乐部的贡献，也有上海华东师范大学俄罗斯研究中心的积极努力，双方凝聚起一批致力于中俄友好的专家学者，为两国关系健康成长发挥着不可或缺的积极作用。

或许人类还不掌握应对全球变局的完整答案，这就更需要中俄学界和思想界坦诚交流、积极探索，为两国决策层提供前瞻和及时的参考意见，确保中俄两国和两国关系在全球变局的惊涛骇浪当中，站稳脚跟，砥砺前行。

为中日关系打开一片天空*

中日关系和周边乃至世界的情况在发生新的变化，也许是时候以一个更加开放的视野来观察中日关系了。

早年中日友好氛围浓厚的时候，常讲"一衣带水""世代友好"，现在这样的话语不多见了。中日关系走到今天这样的复杂境地，是历史和现实多种因素纠葛的结果。尽管风雨如晦、月残月缺，两国有识之士为中日关系打开一片天空的努力从未间断。

当我们努力在政策和行为层面寻找解决办法时，是否也应该考虑一下理解的层面？虽然中日相隔这么近，打了这么多交道，似乎仍然缺乏真正意义上的彼此了解。双方也许都对这样的状况负有一定责任。常听日方有人抱怨，中国对日本的和平道路缺乏了解，而他们对当代中国的了解又有多少呢？

---

* 2015年10月24日，傅莹应邀在北京出席第十一届"北京－东京论坛"并发表题为"东亚区域合作视野中的中日关系"的午餐演讲，本文系根据演讲内容整理而成，以《为中日关系打开一片天空》为题发表于2015年10月26日《人民日报》评论版。

当然，说日本不研究中国是不公平的，尤其对中国的历史。比如2014年在中国有一套热销的丛书，是由日本讲谈社出版的《中国的历史》，条分缕析、功底扎实，是既有可读性又很严肃的历史研究，而且充满对中华文明的敬慕之心。再比如东京大学川岛真教授所著《中国近代外交的形成》，虽然观点有待商榷，但是其中引用的资料不可谓不系统、不深入。

然而，这些年我同日本官员和学者接触时，另有一种感受，他们似乎不带耳朵来，缺乏倾听的意愿。拿钓鱼岛问题为例，野田佳彦政府所谓"国有化"决定之前，中方多次表达关切，而日方一直是自说自话，不关心中国人的感受和提出的要求。事实上，日本关于中国钓鱼岛的史料并不缺少，对史实应该是了解的。早年，两国领导人正是因为对中日分歧的复杂性有充分认识，选择了"搁置争议"这个并不理想但最为现实的出路。

对此，1972年田中角荣首相访华和1978年邓小平访日期间都做过明确的阐述，也直接讲给日本国民了。后来双方还在如何共同开发的问题上有诸多思考和互动，然而，这些似乎都已经被忘记或者无视。

时至今日，日方对中国政府和民间表达的强烈意见完全听不进去，依旧强调"国有化"是"现实选择"，比私人购岛要好。但是，这其中的要害是，假定"钓鱼岛是日本的"这样一个前提。而这恰恰是中国人民不可接受的，如果事态的结果是让中国永远失去钓鱼岛，那中方是一定要坚决反对和阻止的。"搁置争议"不意味着放弃，这是日方忽略了的重要一点。

进而，在充满重重迷障的情况下，日本政府做了什么呢？是把围绕岛礁的领土争端放大到国家安全的层面，甚至渲染成事关日本生存的战略安全矛盾，把中国描绘成对日本整个国家构成安全威胁的邻国。这也使得日本公众对中国的误解越来越深。

与此同时，中国人民对日本的认识也越来越严峻，在纪念第二次世界大战胜利70周年的重要日子里，日本官方在历史问题上不仅没有做出与中国人民实现和解的努力，反而表现出对历史认识的暧昧和不情愿，有时还用"中国威胁论"转移话题，导致两国人民之间的对立情绪更加严重。

有个现象让我很不理解，现任日本政府好像对中国人民、对70多年前日本军国主义侵略战争的任何谴责都很敏感。

近年中日民间相互的好感度相当低。2015年，日本"言论NPO"[①]和中国国际出版集团联合调查的结果显示，情况略有好转，两国民众印象不好的比重下降了一点，但是仍然在80%左右。同时，70%被调查的双方人士都认同两国关系重要。

2015年我参加了中国研究日本问题的专家座谈会，大家提出了很多问题，比如，如何看中国对日本的外交政策目标？日本的对华政策目标是什么？两国政策目标的重合点在哪里？对于不重合的地方该怎么办？我想，如果中日要摆脱目前这个负面议题主导的旋涡，需要对两国关系中的许多问题有比较清楚的判断，最好能达成共识。当然，首先，中日能否相互倾听是关键，不能一

---

① "言论NPO"是日本的一个民间非营利组织。

门心思只从自己的角度出发考虑问题。

中日双方也需要考虑如何重拾改善和发展关系的地区视野。

东亚区域合作曾经是我们这个地区共同的骄傲。欧洲一体化走的是制度模式和价值体系类同国家合作的路子，可以超越地缘分歧，一步步深化联盟；而东亚国家走的是跨越制度和价值鸿沟的路子，采用多重构建、梯次整合的合作模式。从这个意义上讲，后者对人类社会的启示意义不亚于欧洲。

东亚地区最具多元化和宽容的特点。20世纪90年代我在柬埔寨参加联合国的维和活动期间，一次在西贡休假，在街上漫步，走进一个街区的礼堂，里面供奉着各路"神明"，有佛像，有穆斯林做礼拜的地毯，也有圣母玛丽亚和耶稣的画像，不同宗教信仰的人在这里和谐相处、各拜其神，让我深受触动。这在别的地方恐怕很难看到。

正是秉承宽容精神，东亚各国经过30多年的努力，逐步形成了纵横交叉的"同心圆"合作架构。以东盟为中心，以"10+3"合作为主渠道，由东亚峰会构成外延。中日都支持东盟发挥主导作用，虽然是"小马拉大车"，但是也挺有效果。我们同时构建起蓬蓬勃勃的中日韩合作。

现在中国-东盟自贸区要升级了，中韩自贸区也达成了，鉴于该文于2015年公开发表，15国已于2020年11月15日签署，以脚注等形式反映这一积极进展。① 日本也同多个东盟成员国签

---

① 2020年11月15日，东盟10国和中国、日本、韩国、澳大利亚、新西兰共15个亚太国家已正式签署该协定。

署了区域贸易协定。

东亚区域合作和市场的整合与全球化是顺势且同节奏的,我们成功地赶上了全球经济结构调整的大潮,并且从中受益,许多国家的竞争力得到提升,东亚也反哺了经济全球化进程。

1985年至2014年,全球经济总规模增长了6.2倍,而东亚经济体(东盟+中日韩)的经济总规模扩大了9.3倍。30多年前,东亚经济体占世界经济的比重不到17%,现在达到25%,可以说是四分天下有其一了。

亚洲区域合作之所以取得这般非凡成就,中国和日本都做出了巨大贡献。从20世纪90年代后半程到21世纪初,中日两国推动区域合作的抱负一直非常接近且合拍,那也恰是东亚合作机制建设突飞猛进、各种创意层出不穷的年代。当时中国和日本出席东亚会议的代表团,都比着拿好主意,出好创意。

然而,近年东亚合作似乎不那么引人注目了,东亚会议往往被负面议题遮蔽。前几天美国智库学者问我,中国的东亚政策一直特别有效,好像2008年开始突然转向,是什么原因?

我不认为中国的地区政策发生了变化,但是确实有多种作用力在冲击东亚合作进程。地区争议问题突出带来干扰,美国"重返亚太"强调安全议题,增加了复杂因素,国际金融危机也肯定会影响区域的合作发展。而中日两个东亚合作的重要推手相互之间关系紧张,对东亚合作难免有负面影响。现在两国代表团在东亚会议上很难再去商量怎样推动地区合作了,在有的问题上彼此是回避和怀疑的。

过去,在东亚区域合作的平台上,大家有一个默契,就是要优先讨论合作与发展的议程,分歧和争议问题可以放到会议之后私下商议。但是,现在这个传统被打破了。每次各国领导人难得一聚,却是常常被负面议题牵扯很多精力。中日韩三国首脑会议更是已经中断三年。[①]

中国与东盟的关系受到南海问题的严重干扰。一位新加坡的资深国际法专家说,《南海各方行为宣言》(DOC)每个成员都没有遵循承诺。我说:"你总要区分一下哪些国家是主动挑衅,哪些国家是应对吧。"而这正是问题的要害所在。东盟个别国家偏离2002年签署的《南海各方行动宣言》原则,在关于南海问题上发表挑衅性言论,采取挑衅行动,中方不能不做出强有力的回应,一方面维护自己的利益,另一方面也是为了遏制进一步的挑衅。东盟显然难以约束自己的成员,有的国家还拉日本和美国为它们站台。中国支持东盟联合自强,但无法支持东盟国家联手损害中国利益。

在南海问题上,中国和日本都是贸易大国,因此对西太平洋航线的自由和安全高度依赖和关注,这应该是中日的共识点而不是分歧点。但是,日本在海上问题表现出偏袒某些争议方的态度,进一步刺激了中国人对日方意图的警惕。

[①] 曹岳:《重启中日韩首脑会谈彰显中国自信》,载中国政府网,2015年10月31日。"始于2008年的中日韩首脑会谈,意在促进中日韩三方的全方位伙伴关系,并以此提升地区合作水平。由于日本政府在2012年单方面宣布'国有化'钓鱼岛,该机制于2012年5月中断。"截至本文发表之时,已中断三年。

第三章 国际关系

东亚合作平台上的"退行性"变化，将削弱本地区的竞争力，中日都不可能从中获益。我们有必要重新审视自己肩上的责任，合作推动东亚进程重获势头，这样最终符合两国和地区的利益。

正如习近平主席讲的，"只有合作共赢才能办大事、办好事、办长久之事"。[1]中方也需要坚定自己推动东亚区域合作的信念。中方提出的"一带一路"倡议，亚投行等，一定程度上也源于在东亚合作中积累起来的灵感和经验，这些新议程的推进将为东亚合作提供更为宽广的舞台。当前重要的是，如何引导地区议程回归积极内容，重新由合作事务主导，而不是总被消极和争议问题牵动。期待中日关系和东亚合作早日回到敞开心扉地对话、宽容互惠地合作的轨道上来。

2015年举行的第二次中日高级别政治对话释放出希望两国为关系改善共同努力的信号。[2]形势的发展可以令人保持谨慎的乐观。

---

[1] 习近平：《迈向命运共同体 开创亚洲新未来——在博鳌亚洲论坛2015年年会上的主旨演讲》，载新华网，2015年3月28日。
[2] 档绍延：《中日第二次高级别政治对话在东京举行》，载新华网，2015年10月13日。

181

不同的地缘政治观*

我总是很钦佩瓦尔代组织者设计议题时，在哲学层面的深刻思考和探索。

2017年的议题是"不同的地缘政治世界观冲突"。地缘政治受到推崇是在工业化时期，国家崛起需要控制更大的地理空间，获取更多的资源，地缘政治概念为此提供了理论依据。但是，这也导致世界不断上演"零和"争夺和冲突，因为世界的地理空间是有限的。

地缘政治对今天的世界有什么意义呢？我谈两个观点。

第一个观点是，地缘政治无法为解决人类面临的新问题提供答案。

30多年来，人类经历前所未有的经济全球化，资金、技术、

---

* 2017年10月17日，傅莹应邀赴俄罗斯索契出席瓦尔代国际辩论俱乐部第十四届年会，发表题为"要冲突还是要合作？超越地缘政治思维"的讲话，本文系根据讲话内容整理而成，观察者网10月18日以《美国坠入自己的地缘政治陷阱》为题发表。

第三章　国际关系

资源更加自由流动，曾经被边缘化的国家也能抓住机遇发展。一个直接后果是，世界的地理空间被重塑，不再被权力和集团所割裂和隔绝，过去的中心与边缘的概念也已经被颠覆。今天的世界是平的，我们都在同一经济体系之内。

但是，在世界经济活动全球化的情况下，全球治理却没有跟上，全球化带来巨大的发展机遇，也带来新的挑战，例如，分配不公、金融监管缺失等，全球安全挑战更加复杂。这个世界需要加强和完善治理。

同时，地缘政治思维并没有消失，尤其对传统大国仍然有很大的影响。例如，在亚太地区，美国难以摆脱控制海上要冲的地缘战略思维的惯性，甚至试图介入海上争议，这令人担心局部争议会转变为大国之间的地缘战略竞争。一个更加突出的案例是朝鲜半岛。美国正是出于地缘政治的考虑，不愿意认真考虑朝鲜的安全关切，不断错失解决核问题的时机，我们正目睹风险的加剧。

全球安全合作严重滞后。面对极端主义、恐怖主义的严峻威胁，大国囿于自身地缘利益，意见分歧、进退失据，不能形成合力。

所以，我要谈的第二个观点是，中国怎么办？出席俄罗斯瓦尔代国际辩论俱乐部第十四届年会之前，我与中国学者进行了头脑风暴，大家意见不尽相同，大部分人认为，超越地缘政治应该是一个现实的选择。

看世界 2

我比较赞同施展①的观点，中国在世界经济中是海陆兼具的超大型国家，自身就是一个自变量，中国的成长本身就会给世界带来新的变化。需要看到，世界已经在大步前进，旧的地缘政治思维无法解释所有的现象和问题，我们需要的是共同体意识。

事实上，中国的成功印证了，大国可以选择不同的崛起道路。可以期待更加美好的未来。中国取得这些成就不是靠攻城略地式的地缘博弈，而是要归因于中国在共产党领导下坚持正确的政策和国家任务的合理聚焦，主动拥抱经济全球化和国际合作，对国家治理的不断改革和完善，以及全体中国人民的辛勤劳动。

中国可以依托海洋融入全球经济，同时自身辽阔的陆地经济纵深也确保可以通达中亚乃至欧洲，不仅处于连接海洋与大陆的"节点"，也构成国际贸易结构从低端向高端过渡的"节点"。作为世界最大的制造业中心，中国吸纳了全球大量技术研发向制造业转化的需求，进而将大量产品输往全球。更重要的是，中国的成功也在改变国际价值分配中富者越富、穷者越穷的旧文化，通过推动改革给国际秩序带来新的变化成分。中国的故事远没有结束。中国人在网络和创新的新维度上正在迸发新的活力，共享经济、互联网金融、青年创客成为中国的新名片。

习近平主席提出的"一带一路"倡议完美地展现了中国向陆、向海以及在全球化进程中的枢纽优势，目的就是沟通和便利亚欧大陆乃至与世界其他地区更好的往来。

---

① 施展，北京大学史学博士，外交学院教授，外交学院世界政治研究中心主任。

中国召开的党的十九大,总结了过去五年的成绩和面临的问题,习近平总书记也阐述了对世界形势的看法和中国的政策。我理解,中国对世界的一个核心词是"共享",这与中国国内政策的方向是一致的。

因此,结论就是,超越地缘政治既是中国发展的切身体会,也是世界发展的潮流所向。未来,世界各国应该携手走向人类命运共同体,而不是退回到地缘博弈的格子里去。

中国需要和平合作的外部环境——接受土耳其记者穆拉特·耶特金专访*

提问：如何描述中国当前外交和安全政策的基本原则？中国战略上的优先考虑和优先地区是什么？指导思想是什么？

傅莹：外交是内政的延伸，中国国内的任务是实现"两个一百年"的奋斗目标，也就是到 2021 年全面建成小康社会，到 2049 年把中国建成富强民主文明和谐美丽的社会主义现代化强国。中国外交需要服务于国内发展，有助于维护和平与合作的外部环境。同时，随着国家实力的提升，中国也开始承担一些地区和国际责任。如果说有什么需要优先考虑的话，那应该是中国更加重视与周边国家的合作。目前，中国在东亚多边对话与合作方面发挥着积极作用。在指导思想上，习近平主席提出了推动构建

---

* 本文系土耳其著名记者穆拉特·耶特金对傅莹进行的书面采访，耶特金报道网站（Yetkin Report）2020 年 4 月 10 日以 "Corona Taught China a Hard Lesson: Diplomacy Guru Fu" 为题发表英文版。

第三章　国际关系

人类命运共同体,这是中国外交思想的核心内容。这一理念在此次中国援助其他国家抗击新冠肺炎疫情方面,得到了很好的体现。

提问: 中国的外交和安全政策在习近平主席担任最高领导人前后有何不同?有什么外部因素促成这种变化吗?

傅莹: 中国的外交政策是有连续性的。我们认为,和平与发展仍然是时代主题,中国的外交政策就是在这个基础上制定的。进入21世纪第二个十年,中国成为世界第二大经济体,国际社会对中国的期望越来越高。世界正处于百年未有之大变局,中国外交日益活跃。但是,中国也面临与长期主导国际事务的"世界领袖"美国如何和平共存的挑战。美国政府把中国定性为主要战略竞争对手,采取了打压的政策,在中国周边也加强军事部署,增加挑衅活动。因此,中国希望并正在努力与美国构建新型合作关系,同时需要与其无理言行进行斗争。中美能否在现存体系内解决分歧,是当前国际政治中的重大挑战和风险之一。

提问: 中国日益增长的经济和国际贸易,在其外交和军事议程以及战略的形成中扮演什么样的角色?

傅莹: 中国的安全政策和外交理念深深植根于自身历史和理想。中国过去的教训是落后就要挨打,因此,当中国的经济发展起来,就更要追求现代化,包括国防现代化。在外交方面,中国与其他国家交往时留下了经济"足迹",这不仅增强了中国的影响力,也使其他国家对中国承担责任有了更高期望。因此,中国需要向世界解释自己的观点和想法。习近平主席提出构建人类命运共同体，既反映了中国人的世界观，也有助于人类未来进步。

诚然，中国仍然是发展中国家，其重点还是在国内，实现改革和发展仍是第一位的。在军事上，中国秉承以国家安全为基础的防御性国防思想。在国际安全事务上，中国主要是通过联合国发挥作用。例如，截至2019年9月，中国参加了联合国24项维和行动，已累计派出维和军事人员4万余人次。中国海军护航编队刚刚主动参与了在亚丁湾的第34次护航任务。

提问：北京和莫斯科之间的冲突过去曾是一个重大的政治和意识形态分歧，促成了苏联的解体。如今中俄成了战略伙伴，正如在叙利亚问题上看到的那样。中国希望与俄罗斯建立什么样的伙伴关系？这是针对美国的反射性动作吗？或者您会对此如何描述？

傅莹：中俄关系中最重要的因素是战略互信，两国都视对方为可靠的伙伴，而不是威胁。我在青年时期曾经在北方的兵团劳动，那里距离中苏边界不到400公里，当时中国一直对苏联的入侵保持高度警惕，而我们就处在前沿。当时虽然兵团的体力劳动已经很重，但仍然要时常进行夜晚的紧急集合和行军训练。从这段经历中，我体验到国与国之间的紧张局势是什么样的，也理解了为什么邻国之间的和平与信任如此重要。2019年中俄宣布两国建立新时代全面战略协作伙伴关系，中俄经贸、投资、能源、人文、地方等合作深入推进。两国在包括叙利亚问题在内的国际事务方面有着相似的看法。但是中俄战略合作不针对第三方，中国本着客观、公正和道义的原则，根据是非曲直决定自己在国际问题上的立场。

提问:"一带一路"倡议被中国政府描述为重要的互联互通工程,但是西方批评其为单向的全球化企图和市场主导之举。您认为为什么会有这样的批评,这个倡议接下来会有哪些步骤?

傅莹:"一带一路"倡议的核心是改善基础设施建设和互联互通。中国在这方面积累了丰富的经验和技术,愿意以互惠互利的原则与各国分享。但这不是搞慈善,主要是商业性的合作,中国的企业需要评估投资风险和收益等问题。土耳其也有自己的丝绸之路复兴计划。2015年11月,中土两国签署了将"一带一路"倡议与"中间走廊"计划对接的谅解备忘录。"一带一路"倡议得到了越来越多国家和国际组织的欢迎,当然各国情况不同,对各种项目的推进需审慎评估。西方国家批评中国有扩张的野心,其实是以己度人。中国走的是和平发展道路,时间终将表明,这条道路更加适合21世纪的世界。

提问:几年前,我们有史以来第一次在伊斯坦布尔看到了中国军舰,这标志着中国在地中海和中东的存在。中国的中东和地中海政策是什么?在这片区域,中国的优先事项是什么?

傅莹:可能是进行友好访问的中国海军舰艇。中国与地中海国家有良好的合作关系,我2017年在罗马出席地中海论坛时,观察到各国都对与中国合作抱有很高的期待。中国没有兴趣在中东和地中海地区谋求势力范围。本地区多为发展中国家,和平与发展仍是它们的最大课题。中国将继续致力于推动地区和解与和平,通过"一带一路"倡议加强经济合作,助力地区经济发展。

中华文明与地中海文明都是灿烂的文明，彼此有悠久的交往历史，双方进行的"文明对话"也是中国与该地区现代交流的重要组成部分。

提问：鉴于土耳其与它的北约盟国美国以及俄罗斯都有复杂的关系，中国如何看待土耳其以及土耳其在本地区的作用？您认为中国与土耳其在哪些领域可开展对两国都有利的、富有成效的合作或协作？

傅莹：土耳其横跨亚欧大陆，是连接东西方的桥梁，地理位置十分重要。近年来，土耳其更加注重外交的多元化，在发展同美国、欧洲等盟友关系的同时，积极同俄罗斯、西亚、非洲等地区国家交往，地区作用日益受到国际社会关注。中方关心这个地区的形势发展，对出现的分歧，希望有关各方通过政治对话解决。土耳其和中国一样，都是重要的新兴市场国家，保持稳定和发展有利于地区的和平稳定。

自1971年建交以来，中国与土耳其的双边关系稳步发展。近年来，习近平主席同埃尔多安总统多次会面、通话，达成许多重要共识，为新时期双边关系发展指明了方向。

目前，两国在投资、金融、工程、人文等领域有着广泛的交流与合作，中方各界对深化与土耳其的交往有广泛兴趣，双边关系有很大的发展潜力。另外，中土两国都反对极端主义、分裂主义和恐怖主义，希望双方加强战略协作，增进互信和理解，在维护主权安全和统一的重大问题上相互支持。

提问：您如何看待塔伊普·埃尔多安总统的有关政策，它会

第三章　国际关系

影响土中政治和经济关系吗？

傅莹：中国和土耳其同属发展中国家，都秉持不干涉他国内政的原则，尊重对方走自己的发展道路。去年12月我去土耳其出席一个会议，与会的土耳其等国代表向我谈到对新疆问题的关切，他们给我看了一些YouTube上的视频，里面一些人在哭诉受到"迫害"，但是可以看出来视频是摆拍的，很明显，因为里面有人在两个视频中扮演不同的角色。我向对方解释了中国的新疆政策和发展历程。自从2009年发生骇人听闻的"7·5"事件以来，新疆一直深受恐怖主义困扰。中央和地方政府一直采取相关措施来减贫、创造就业和教育机会，以帮助新疆一些人消除极端思想、融入正常社会生活。现在，那里的人民生活和平安定，经济繁荣。同时我也认识到，中方有必要更及时地提供第一手信息，并与外界相互沟通，增加了解。

提问：新冠肺炎疫情对中国的经济、政治前景和公信力有什么影响？您认为最大的损失是什么？从国内和国际疫情中吸取的教训，可让人们期待什么样的系统性变化？

傅莹：目前，疫情在中国已基本被控制住，但代价也是沉重的，那么多人被感染，给许多家庭和个人留下了长久的痛苦。疫情对经济带来的影响日渐显现，中国在停摆了两个月后，各行各业正在缓慢恢复，服务业、中小企业处境更困难些。中国政府采取了稳就业、扶持企业的措施，希望能尽快好起来。不过中国经济的基本面依然稳固。疫情的教训是深刻的，中国人民期待进一步实现治理现代化，希望公共卫生、疾病应急反应乃至相关法律法规等方面都能不断得到改善。

2020年2月初土耳其援助的医疗物资运抵武汉，令我们深为感激。现在，中国正通过捐物资、派医疗队、远程会诊等方式支持包括土耳其在内的各国抗疫。在3月26日的G20视频峰会上，习近平主席提出四点倡议，呼吁国际社会坚决遏制疫情蔓延；建立联防联控机制，合作加快药物、疫苗、检测等科研攻关；支持国际组织发挥积极作用，加强疫情防控信息共享；加强国际宏观经济政策协调，采取减免关税、取消壁垒、畅通贸易等行动。

提问：在不久的将来，您认为中国共产党领导下的国内和国际政策会有什么样的变化？要看到变化，我们应该关注什么？

傅莹：2021年是中国共产党建党100周年。在党的坚强领导下，中国人民不懈奋斗，把国家发展成为世界第二大经济体，开辟了一条适合中国国情的发展道路。中国共产党从未变过的初心，就是为人民谋幸福，为中华民族谋复兴。党在民众中有很强的感召力和号召力，这次抗击疫情中有很多党员冲在前面，也有很多人申请入党。

目前中国国内的首要考虑，是如何在控制疫情的情况下复工复产，避免经济遭受更大的损失。我们仍然致力于实现全面脱贫、全面建成小康社会的目标。当然，也会更加重视公共卫生事业。在对外政策方面，中国将继续注重维护和平与合作的国际环境。中国致力于构建人类命运共同体，将努力为世界的繁荣、稳定和发展做出更大贡献。

第四章 新冠肺炎疫情与国际形势

新冠肺炎疫情之后的世界*

中国既不是苏联，也无意成为下一个美国。

清明之痛

清明节是中国人为追思逝去亲人而扫墓的日子，2020 年 4 月 4 日的清明节，也成为全国人民哀悼新冠肺炎疫情中罹难者的日子。人们沉浸在哀伤中，缅怀没能等来这个春天的人，思考能从灾难中学到什么。

---

* 本文系《经济学人》杂志网络版约稿，2020 年 4 月 29 日以 "The World After Covid-19- Fu Ying on Why China and America Must Co-operate to Defeat Covid-19" 为题发表英文版，观察者网 4 月 30 日以《新冠病毒疫情之后的世界》为题发表中文版。

21世纪第三次危机中世界领导力的缺失

这场疫情是进入21世纪以来,人类经历的第三次改变世界议程的重大危机。在前两次危机——2001年的"9·11"事件和2008年的国际金融危机,尤其是在金融危机中,美国与其他主要国家密切合作,共克时艰,让危机在多边进程中逐步化解。这一次的新冠肺炎疫情切实威胁到更加广泛意义上的人的安全,已经吞噬了20多万个生命[①],且仍然没有停下脚步。然而这次,素以世界领导者自冠的美国没有释放团结合作的信号,也完全没有体现出发挥全球领导作用的意愿和能力。

更令中国寒心的是,美国的一些高官和政客,喋喋不休地污蔑中国,试图将自身的估计不足、反应迟钝和陷入困境归咎于中国。这让我更加深刻地意识到,近年美方试图让中国成为自身所有问题替罪羊的做法,是多么阻碍当今世界迫切需要的大国理解与合作。

缘何要玩弄推责的游戏

记得2020年2月13日,正值武汉最艰难的时刻,我与几位学者来到慕尼黑出席安全会议,还临时邀请中国的公共卫生专家参团与会,介绍抗疫情况。世界卫生组织亦有专家团队与会,呼

---

① 此处数据截止于本文发表时。

第四章　新冠肺炎疫情与国际形势

呼关注流行病的危险。美国参会的高官和政客未对疫情表达丝毫关注，更谈不上了解中国的抗疫信息，只顾着就华为 5G 等问题指责中国。现在，同样是这些人，包括国务卿蓬佩奥和某些议员，反过来批评中国掩盖数据，真想问他们，难道不知道中方早在 1 月 3 日便开始向各国，包括美方，通报新发传染病信息？[①] 难道不了解中方 1 月 11 日便公布病毒基因序列，让包括美国在内的各国得以开始研究检测技术和疫苗？

我们中国人比任何人都更希望对病毒的传播危险能有更早的认识、处置得能更加迅速。然而这是一个人类全然未知的病毒，医疗专家争分夺秒地确认足够的证据，在对病毒的传播方式有了明确结论后，马上于 1 月 20 日公布，并且 3 天后即封城武汉。中国人民奋起抗疫，付出了巨大代价，大量生命失去，经济和社会生活停顿。许多国家在后续疫情中，学习了中国的经验，从保持社交距离、戴口罩、及时收治确诊病例，到避免医疗资源的透支。

然而，这些专业和科学上的信息对美国一些政客似乎并不重要，他们关心的是与中国进行的战略竞争而不是合作，以免导致美国的主导地位被中国取而代之。如果中美两国无法在这场严重的全球灾难面前携手，甚至，如果两国无法在现行国际架构内解决彼此分歧，我们需要考虑，这对全球体系将意味着

---

① 陈芳、刘华、韩墨、李志晖：《中国发布新冠肺炎疫情信息、推进疫情防控国际合作纪事》，载新华网，2020 年 4 月 6 日。

什么？

中美关系与未来的终局

最终，是否就要遂了美国这些强硬势力的心愿：中美对抗、彻底"脱钩"？我们是否准备好了面对全球产业链、供应链遭到破坏，经济全球化势头逆转，其他国家选边站队，世界分裂为对立的阵营？若此，人类在冷战后致力于推动和平与发展的势头何以延续？

不管外界对中国的全球合作努力怎么猜度，中国首先要做好自己的事，保护人民生命安全，尽快恢复正常的经济和社会生活。但是，这并不意味着只顾自己、单打独斗。中国已经在助力他国：向100多个国家提供物资援助，并向其中一些国家派出医疗支援队伍，中国工厂的机器为供应包括美国在内的各国物资需求日夜转动。

中外国情不同，具体防疫模式各国自有高招，中国不能也不想强加于人，更不会搞模式输出抑或追求地缘政治利益，但是我们必须向有困难和有需求的国家伸出援手。大疫当前，同舟共济才是正途。

疫情后的世界将如何取决于今天的作为

疫情的暴发加快了世界的深层变化。面对无形和非传统的强

第四章　新冠肺炎疫情与国际形势

大敌人，美国以大国战略竞争为优先考虑的霸权模式不注重解决实际问题，既不能很好地保护人民，也无力承担全球化之下的新型国际责任。

世界正在向多极化迈进，人类恐已无法接受新的霸权，很难设想世界将再次被某个或某几个国家所主导。今日之世界，所有国家利益相连、命运与共，需要构建平等的伙伴关系，超越传统思维，希望能走出一条以相互尊重、平等公正、合作共赢为特征的新路来。

我们正在步入一个比以往更加相互依存的时代

中国是在和平发展中成长起来的，既不是苏联，也不想成为下一个美国。中国需要一个和平合作的国际环境，并愿为此做出努力。我们认识到，在所有的国家都摆脱新冠肺炎疫情的威胁之前，人类不可能奢谈战胜疫情。

国际社会期待中美两国开展协调。2020年3月27日，习近平主席与特朗普总统通了电话，确认流行性疾病是人类共同的敌人，国际社会只有共同应对才能战而胜之。这个信息给期待中美合作的人带来了希望。

包括中国和美国在内的世界各国通力合作，对取得成功至关重要。当务之急，一是应当分享控制疫情的信息；二是世界，尤其中美两国，应当在疫苗和特效药的研发、生产和分发上开展合作，承诺实现全球信息开源和成果共享；三是应当帮助医疗条件

199

较弱的国家，防止更大规模的疫病暴发；四是应当维护供应链、产业链的稳定与安全，防止世界经济次生灾害。

如果全球不能合作、中美不能合作，将会产生难以估量的后果，未来取决于今天的作为，前路还有许多风险。痛定思痛，世界正在步入一个各国和各国人民比以往更加相互需要的时代。

新冠肺炎疫情与中美关系：风险、选择和路径*

2020年新冠肺炎疫情在全球蔓延，3月11日，世界卫生组织宣布，"新冠肺炎疫情已经构成全球性大流行"。美国在全球层面没有释放团结合作的信号，完全没有体现出发挥领导作用的意愿和能力，不仅不出面组织国际防疫，还试图阻碍合作、制造对抗，令世人惊诧。2020年4月上旬，美国成为疫情新"震中"，感染和死亡人数不断上升，处置和应对明显吃力。

国际社会最初对中美合作抗疫是抱有期待的。一方面，经过13轮艰难谈判，第一阶段中美经贸协议在2020年初签署，延宕一年有余的经贸摩擦终于得到缓解，给持续下滑的双边关系踩了刹车。在双方正式签署协议之前，中美元首于2019年12月20日通了电话。国家主席习近平指出，"中美两国在平等和相互尊

---

* 本文以《新冠疫情后的中美关系》为题首发于《中国新闻周刊》2020年6月22日总第952期。收入中国社会科学出版社2020年8月出版的《后疫情时代的全球经济与世界秩序》一书。

重基础上达成了第一阶段经贸协议。在当前国际环境极为复杂的背景下，中美达成这样的协议有利于中国，有利于美国，有利于整个世界和平和繁荣"。①

在这样的形势下，人们对中美关系前景的判断和两国合作的预期有所回升。

另一方面，面对突如其来的疫情，根据中美2001年携手反恐、2003年合作抗击非典、2008年同舟共济应对全球金融危机，以及2014年共同阻击埃博拉病毒的经历，人们习惯性地预期，这次两国仍能将这场全球公共卫生挑战转化为改善关系、恢复合作的机会。

有原则的现实主义

然而，事情的发展并不如人们所愿。武汉发生疫情后，美国政府没有表现出关心和开展合作的愿望，而是单方面撤侨、断航，商务部长罗斯将中国疫情称作"加快工作机会回流的机遇"，言谈之间缺乏基本的同情和人道关怀。美国有一些企业、个人和华人华侨给中国送来了物资援助，但是根据中国官方的信息，没有收到来自美国政府的实质性援助。《华尔街日报》的评论文章《中国是真正的"亚洲病夫"》刺激了中国民众的痛苦记忆，引爆

---

① 新华社：《习近平应约同美国总统特朗普通电话》，载新华网，2019年12月21日。

第四章 新冠肺炎疫情与国际形势

两国间舆论对立,[①]第一阶段经贸协议带来的中美关系缓和势头很快被冲淡了。

但是,此后美国国内疫情的暴发和失控,导致经济衰退,并牵动2020年美国大选选情的变化。特朗普政府为了转嫁防疫不力的责任、保选情,采取"推责中国"的策略,掀起批评中国的舆论浪潮。白宫的表态可以被看作官方的措辞指导,强调是由于中国政府的延误、不透明、向外输出旅客以及与世界卫生组织勾结,才导致美国和全世界深受疫情之害。[②] 美国国会一些议员闻风而动,煽动对中国的抱怨,挑动针对中国的溯源追责调查,个别州的检察部门试图发起针对中国的索赔诉讼。[③]

中方也不示弱,坚决反击美方不实之词,同时用大量数据和事实呈现中国采取的负责任措施。国务院新闻办公室6月7日发布《抗击新冠肺炎疫情的中国行动》白皮书,更加全面系统地介绍了中国人民抗击疫情的历程和做法。

特朗普政府没有因为疫情而放松对中国的打压,美国行政部门颁布针对华为的贸易和出口新规,限制进而准备封锁华为获得美国方软件、硬件的产品供应,同时将更多中国企业和机构列入

---

① Walter Russell Mead, "China Is the Real Sick Man of Asia", *The Wall Street Journal*, February 3, 2020.
② Alex Isenstadt, "GOP memo urges anti-China assault over coronavirus", PLITICO, April 24, 2020.
③ 2020年4月21日,美国密苏里州总检察长施密特在密苏里东区联邦地区法院提起针对中国所谓"索赔"诉讼,紧接着4月22日,密西西比州检察长费奇也同样提起此类诉讼。

"实体清单",限制在美国上市的中资企业。由此可以看出,美国加大推动与中国的科技、产业"脱钩"力度。

与此同时,美国战略界有舆论指责中国借疫情离间美欧跨大西洋关系、扩张在印太地区的战略影响力,声称中国试图加强对国际组织的掌控,说中国已经"不再掩饰"与美国争夺全球领导力的意图。在台湾、香港、新疆等问题上,美国国会动作不断,通过《2019台北法案》等新的干涉中国内政的立法,后续还有一批涉华议案等待审议。美国行政部门违背"一个中国"政策,与进入第二任期的台湾蔡英文当局增加了官方接触和交往。加之中美航线联系、人员交流等均因疫情而萎缩,这些都在事实上加快了"人文脱钩"的步伐。

两国关系的急剧恶化对民意产生了负面的塑造作用,愤恨、敌视情绪迅速扩大。美国皮尤研究中心2020年3月3日至29日对1 000名美国民众的调查显示,66%的人对中国持负面态度,这是自该中心2005年开始对这个问题进行调查以来最为消极的评价,2017年这方面的比例为47%。在此次调查中,还有62%的民众认为中国的实力和影响力是美国面临的一个主要威胁。[1]哈里斯民调中心2020年4月在全美开展的调查显示,90%的共和党人、67%的民主党人认为中国应该为疫情的扩散负责,66%的共和党人、38%的民主党人认为特朗普政府应该对中国采取更

---

[1] Kat Devlin, "Laura Silver and Christine Huang, U.S. Views of China Increasingly Negative Amid Coronavirus Outbreak", Pew Research Center, April 21, 2020.

加强硬的政策。①中国国内虽然没有民调机构进行此类调查，但是，从网络空间的大量评论和媒体声调看，民众对美国朝野疑华、反华的言行十分反感，负面情绪和不信任感也达到了建交以来的高点。

5月20日，白宫网站发布《美国对中华人民共和国战略方针》报告（以下简称"战略方针"）。②"战略方针"是根据《2019财年国防授权法》的要求向国会提交的，并非出台新的对华战略，但是其中包含了根据形势变化而更新的政策思考，更加明确地否定美国过去历届政府推行的对华接触政策，更加激昂地渲染中国崛起对美国带来的"威胁"和"挑战"，更加具体地描绘对华竞争的路线，意识形态对立的含义也更浓。可以认为，美国对华竞争性新战略朝着成型又迈进了一步。

究其原因，还是美国强硬势力要咬紧与中国的战略竞争，不想让双方在抗疫中的合作需求缓和竞争，进而分散乃至打乱他们的"战略部署"；相反，他们试图借机强化竞争。"战略方针"中提出"有原则的现实主义"（principled realism）概念，③成为阐述对华战略的关键词。

---

① Zachary Evans, "Poll: Americans Report Bipartisan Distrust of Chinese Gov't, support for Tariffs", April 8, 2020.

② "United States Strategic Approach to the People's Republic of China", The White House, May 20, 2020.

③ "United States Strategic Approach to the People's Republic of China", The White House, May 20, 2020.

看世界2

回顾美国对外战略中的现实主义传统,影响最大的是里根时期"以实力求和平"的现实主义思想,也被称为"里根主义"。在当时的冷战对抗中,美国处境并不十分有利,里根政府通过大力渲染扩充军备、扩大核威慑,刺激苏联,将其诱入军备竞赛的陷阱。近些年面对俄罗斯复兴、中国崛起等挑战,美国出现重归大国对抗思维的倾向,有学者倡导"进攻性现实主义"[1],其基本判断是,国际体系的无政府状态注定了大国竞争的悲剧宿命,主张以进攻的思维和行动提防对手、维护权力、捍卫霸权。

"有原则的现实主义"更像是"以实力求和平"的里根主义和"进攻性现实主义"的杂糅,不排除白宫试图以此为基础,发展出一套新的对华竞争理论,对未来美国政府的对华政策发挥"塑模"作用。

中美关系在螺旋式下降的循环中,步入两国建交以来十分困难的阶段。2019年以来华盛顿推动的政治动员的趋势是,形成更加明确的与中国竞争的"全社会共识"。两国在新冠肺炎疫情期间的碰撞加快了这个进程,目前的状态恐怕还不是最低谷。

美国加大与中国的竞争

中美矛盾如今成为国际格局转变中的一对主要矛盾,两国之

---

[1] 美国芝加哥大学政治学教授约翰·米尔斯海默(John Mearsheimer)被公认为是"进攻性现实主义"的代表性人物。John J. Mearsheimer, *The tragedy of Great Power Politics*. New York: W.W.Norton, 2001.

第四章　新冠肺炎疫情与国际形势

间的紧张态势主要是由美方主动驱动的，试图挑起在以下四个博弈场上的竞争。

一是制度和价值观之争。新冠肺炎疫情之前，西方思想界已经开始担心，中国作为非西式民主制度国家，其成功会带来稀释西方价值观号召力的效应，进一步印证"美西方"在冷战后试图在政治制度和价值观上统领世界的不成功。在美国战略界看来，中国的崛起不仅是对美国现实利益和国际地位的挑战，更是对美国的制度稳定和价值输出的威胁，这是更具深层意义的挑战。从中国的角度看，美国从来没有放弃颠覆中国共产党领导的社会主义制度的企图，近来美国政府当局的涉华话语更是试图将中国共产党和中国人民割裂和对立起来，挑衅中国政治制度的合法性，因此中方必须坚决与之斗争。

"战略方针"将矛头指向中国治理和执政党，将"价值观挑战"列为中国对美三大挑战之一，[①] 突出中国内外政策的意识形态根源，似乎刻意将中国包装成当年的苏联，其意图无非是将政治和安全因素推到中美关系的优先位置，为胁迫企业和经济界接受"脱钩"提供依据。沿着这个路径走下去，两国将不可避免地陷入零和对抗模式的意识形态之争。

二是舆论摩擦。2020年以来，美国对华较量的重点出现从贸易摩擦转向舆论摩擦的趋势，但这并不意味着美国要放弃其他领

[①] "United States Strategic Approach to the People's Republic of China"，The White House，May 20，2020.

域的竞争。

贸易摩擦恶化的势头在第一阶段协议签署后基本得到控制，科技竞争则难以速战速决。在安全领域，美国军方目前的主流想法是保持足够威慑，而非主动进攻。而在舆论摩擦方面，美国经验丰富，有话语优势，在国际舆论场上有传统影响力。而中国与美国乃至整个西方世界的信息库和舆论场处于相对隔离状态，关于中国的一手信息对美国和国际社会的通达度一直不够充分。

解决舆论摩擦需要设计一个简单清晰、能直击人心的主题词，然后通过多角度推导和多叙事渲染，形成压倒性的舆论潮。从一段时间以来美国强硬势力人物的表现和表态，基本可以看出对华舆论摩擦的轨迹，关键词就是"中国不可信"。其目的就是要颠覆中国改革开放以来确立的成功者和负责任大国的形象，换言之，就是改变中国的"人设"，贴上"不诚实"和"不守信"的标签，进而破坏中国的外部舆论环境。冷战期间，美国也是不断给苏联贴标签，从道义的角度将对手放到让公众认为无法相容的对立位置上。

三是经济、金融安全之争。疫情对美国经济带来重大冲击，根据美国劳工部的统计，2020年4月失业率达到了14.7%，5月略有下降，但是仍然高达13.3%。[1] 经济下行导致美国财政状况迅速恶化，在2020财年的前8个月，财政开支预计将超过39 250

---

[1] Erin Duffin, "U.S. unemployment rate : seasonally adjusted November 2020", Statista.com, December 9, 2020.

第四章　新冠肺炎疫情与国际形势

亿美元，较 2019 年同期增长 9 120 亿美元，增速超过 30%；其中在疫情高发的 4 月和 5 月，联邦政府收入减少了 45.8%，而开支增加了 93.6%，赤字更是高达 11 620 亿美元。① 预计 2020、2021 财年，联邦政府的财政赤字将分别高达 3.7 万亿美元和 2.1 万亿美元。② 财政恶化导致美国联邦债务快速增加，截至 6 月 10 日，其总额已经接近 26 万亿美元，③ 也就是说在本财年的前 8 个月内，联邦债务增加了约超过 3 万亿美元。美联储预计 2020 年经济将萎缩 6.5%，④ 因此，预计到本财年结束，财政赤字和联邦债务占 GDP 的比重将分别达到 18%、140%，这对美国政府来说是极为沉重的负担。

为应对新冠肺炎疫情引发的经济衰退，美国政府推出约 3 万亿美元的救助计划，美联储也计划将联邦基金利率维持在 0%~0.25% 的区间内不变，直至实现充分就业和物价稳定的目标。⑤ 这种无底洞式的经济刺激措施和"直升机撒钱"的办法，不仅会抬高债务率和赤字率，也会刺激高杠杆投机和流动性泛滥，埋下市

---

① Congressional Budget Office,"Monthly Budget Review for May 2020", cbo.gov, June 8, 2020.
② 同上。
③ 根据美国财政部网站数据，截至 6 月 10 日，其公共债务已经超过 25.98 万亿美元。https://treasurydirect.gov/govt/reports/pd/pd_debttothepenny.htm.
④ "Federal Reserve Board and Federal Open Market Committee release economic projectionsfrom the June 9–10 FOMC meeting", Board of Governors of the Federal Reserve System, June 10, 2020.
⑤ "Federal Reserve issues FOMC statement", Board of Governors of the Federal Reserve System, March 15, 2020.

场隐患。随着债务的不断膨胀,联邦赤字占GDP的比重有可能在未来几年甚至长期保持在10%以上。

在此情况下,美方的焦虑感进一步上升,力图借疫情中多国反思供应链安全之机,渲染中国将优势产业"武器化"的风险,加快产业链、供应链结构调整中的"去中国化"。美国战略考量中的理想目标是,通过重修规则、重定标准、重立区域贸易集团、改造国际机制、关键技术和产业"脱钩"等做法,借"去全球化"实现"去中国化"。美国有少数政客主张利用金融霸权压制中国,尽管滥用金融工具会对国家信誉和美元信用造成伤害,但是已不能完全排除这个选项。

不过,全球供应链的形成和调整是国际分工不断深化的结果。在中国的许多外资企业把本地市场作为自己的主要经营对象,在没有大的政治和安全压力的情况下,不大可能在短时间内大规模离开中国。

四是战略安全博弈和海上安全较量。在军事安全领域,美国在战略、战术和具体操作层面对中国的疑虑都在上升,试图加大施压和制衡。在涉及中国主权和安全的问题上,中国对美国的压力和刺激须予以回击,并采取适当的反制措施和必要的行动。从趋势上看,未来一段时期中美军事关系中的不确定性会增加,战略信任的缺失难以弥补。两国军事舰机在海上和空中近距离相遇已非偶然现象,发生摩擦的概率在增加。

新冠肺炎疫情期间,美国海外部署的军事力量面临病毒威胁,不得不减少在全球的行动,但是为了防范中国"借机填补战略真空",反而增加了在南海、台海、东海针对中国的巡航、侦察频率和挑衅力度。两军态势最大的不确定性还在于,双方未建立起有效的危机管控机制,彼此底线不够明确,互动的规则和"红线"不够清晰。这导致双方需要不断相互试探,增添了发生突发事件和不可控结果的风险。两国和两军高层在军事上曾经达成"不冲突、不对抗"的战略共识,[①] 如何切实维护是双方都需要认真考虑的问题。

中美之间的战略威慑关系也开始出现一些新变化。美国调整核战略、更新核武库、降低核门槛,以及发展导弹防御体系和高超声速飞行器、酝酿在中国周边部署中程导弹,可能拉大中美之间本就悬殊的核力量对比。并且,这是否会迫使中方考虑适度调整有待观察。此外,中美双方都是人工智能技术推动下的新型武器平台和军事技术的主要探索者,两国网络、太空、极地军事化的动力明显,在这些领域如何管控两国竞争,亟待提上日程。

中美博弈的全球大背景

许多学者将新冠肺炎疫情视为战后世界历史的一道分水岭,认为它给人类带来的冲击不仅是心理上的,也是物质上的。但从目前看,它带来的变化并非颠覆性的,而是在产生催化剂和加速度的效果,全面加快和深化了已经出现的趋势。例如,经济全球

---

① 高扩:《中美达成共识,不冲突不对抗》,载人民网,2013年6月10日。

化和区域化更快调整，国际权力进一步分化，大国战略竞争态势更加清晰等，一些国家的内部治理矛盾也更加严峻。中美关系的恶化不是孤立发生的，需要放在多角度、多层次的变化中加以审视和度量。

从经济全球化角度看，疫情进一步挑战全球化思维，主要经济体纷纷反思和重审现行全球化模式下产业链对外依赖的风险。有分析认为，在经济全球化的大框架下，有可能会形成以中国（东亚）、美国、欧盟为中心的三大分体系，由此向外发散，离岸外包越来越被近岸外包取代，生产基地尽量靠近终端消费市场，供应链流程变短并更加多元，以便于灵活应对突发波动。

"三个中心"的形成也会促使国际资本相应调整流向，客观上助推中美"脱钩"。从目前各国的政策讨论和拟推出的举措看，有以下动向：第一，攸关美国安全的产品生产，如生物医药、个人卫生防护设备（PPE）和部分尖端制造企业可能会移出中国，不排除美方立法强令企业回迁；第二，劳动密集型产业因生产要素成本变化而从中国向外转移的步伐可能加快，美国在耐用消费品上的对华依赖下降；第三，适应中国市场需求的行业巨头会驻守，它们在全球销量下降之际，继续从中国市场的复苏中获益；第四，5G等高科技产业"脱钩"，导致中国被排除在美国及其盟友市场之外，不排除形成事实上的不同体系和不同标准。

从全球治理的角度看，中美仍然拥有应对全球性挑战的广泛共同利益，两国专业人士在传染病防治、应对气候变化等重要领域的功能性合作并未停止。但是，现任美国政府不仅缺乏对两国

第四章 新冠肺炎疫情与国际形势

在全球领域合作的政策支持和资源投入，而且力图阻挠中国在国际事务中发挥影响力，把从多边机构中排斥中国作用当作重要的外交目标。特朗普政府架空世界贸易组织，终止与世界卫生组织的合作，在世界知识产权组织、国际货币基金组织、世界银行等机构中阻挠中方人选承担关键领导职务。同时，与多国谈判和签署以"零关税、零壁垒、零补贴"为核心内容的新双边自贸协定，植入排斥中国的"毒丸条款"。美方这一系列做法，对以联合国为中心的国际治理和合作体系的破坏和干扰是比较大的，发展下去难免会影响到全球解决共同挑战的意志和能力。

从国际格局的角度看，冷战后中国对国际格局的描述是"一超多强"，现在这一格局因为美国和中国的相对力量变化而发生了动摇。2020年初清华大学战略与安全中心举办年度国际形势研讨会时，中外战略界学者对当今世界的力量和权力分配进行了评估。一个比较重要的看法是，美国的世界霸权难以为继，但是作为超级大国，其实力地位和影响力仍然超群；中国虽然在硬实力和软实力方面都与美国有相当大的差距，但是在经济规模和新经济态势上同排在后面的国家已经拉开了距离。中美加起来约占世界经济总量的40%、全球军费开支的44%，未来两个相对强大的国家如何确立彼此关系，能否给世界带来稳定预期，抑或相反，是当今国际政治中的最大的课题。

中国学者认为，中国与美国在实力上仍然有比较大的差距，不愿意接受"两个超级大国"的概念，国际社会对"两极世界"也有很不好的历史记忆。但是，两个遥遥领先的国家不可避免地会对世界发展产生更大的影响力，也因此必须承担更多责任，包括准确判断彼此意图，避免基于误判确定战略。更重要的是，要对新的全球问题进行探索并推进国际共识。这原本是一个在复杂互动中缓进的过程，然而，2020年新冠肺炎疫情的发生及其后果与美国大选选情的变化交织在一起，与美国国内政治、经济和社会矛盾的激化相叠加，使得美国的自信心进一步下降，对中国的恐惧和疑虑更深。这也必然会影响到两国探索新路径的互动方式和节奏，无论向哪个方向发展，都会明显提速，中美界定彼此看法和相处方式的迫切性变得更加突出了。

在中美战略博弈过程中，不能忽视第三方视角。中美关系已经成为影响新的世界格局形成的主线，未来世界能否保持在和平与发展的轨道上，还是会进入大国战略竞争甚至冲突，这在很大程度上取决于中美关于对方和两国关系的定位，是"敌"还是"非敌"，结果大不相同。而在这个方向的确定过程中，两国都会受到其他各方政策取向的影响。国际上的其他主要力量，无论是欧洲、日本、澳大利亚等美国的盟友国家，还是印度等发展中国家，目前都在采取一定的观望态度，构成某种"第三方力量"。

中国对世界经济拥有巨大影响力，全球70%的国家和地区都以中国为第一大贸易伙伴。而美国拥有在世界金融和科技等领域的领先优势和对国际事务的传统影响力乃至其同盟体系的聚合力量，仍对世界发挥着主导性作用。在这样的背景下，"第三方力量"普遍不希望中美关系紧张到导致世界发生大分化的地步，各国也因与中美都有千丝万缕的利益关联，不想在两国之间做选

第四章　新冠肺炎疫情与国际形势

择。但是，如果中美不可逆转地走向了冲突，许多国家在缺乏来自中国的利益和安全保障的情况下，即便不主动选择美国，也很难选择支持中国。

疫情期间，我在参加一些中外学术线上会议时注意到，国际学界在议论"他者的崛起"，言外之意，如果世界进入领导力缺乏的状况，需要考虑如何构建新的聚合性领导力。[①]2019年法德曾提出"多边主义联盟"的倡议，意在联合多国应对单边主义挑战，维护其自身利益和全球治理体制。[②]

中美博弈的全球大背景下的高度复杂、多元、多层次的因素是流动性的，也是可以转换的。中美竞争固然已经不可避免，但并非像美苏冷战等历史上曾经有过的因大国权力争夺而引发的对立关系那样，两者不可进行简单类推。

近现代史上曾出现的比较典型的大国竞争，如第一次世界大战前的英德竞争、20世纪30年代至40年代的美日对抗、20世纪后半叶的美苏冷战，有一些相近的特点。例如，都曾经有全球性经济危机的背景，新兴大国表现出进取姿态，守成大国在强烈的忧患意识和被追赶的恐惧心理驱动下，选择了遏制对方的政策。[③]

但是，中美竞争是在世界经历了较长时间的和平发展和经济

---

① Ziv Rubinovitz, "The Rise of the Others: Can the U.S. Stay on Top?", *Great Powers and Geopolitics: International Affairs in a Rebalancing World* (ed. Aharon Klieman, Springer, 2015), pp.31-64.

② "Germany, France to Launch Multilateralism Alliance", Deutsche Welle, April 3, 2019.

③ 王立新：《从历史与比较的视野看大国竞争时代的中美关系》，载澎湃新闻网，2019年6月9日。

215

全球化进程之后，被人为地突出起来的，两国相互之间和各自与世界多国之间已经存在深度依存的关系，中国自身也以和平的方式实现了综合力量的全面发展。这些特点和条件在以往的大国恶性竞争中都是不存在的，这就决定了中美竞争将更加复杂，利弊关系更加难以拆解。虽然竞争面比较广泛，有时甚至十分激烈，但是两国在竞争关系和敌对关系之间，仍有相当大的空间。中美两国需要面对的最重要挑战抑或是最重要选择是，未来将是继续在同一个全球体系内解决彼此分歧，还是分道扬镳剥离成为两个相对独立又彼此连接的体系，各行其是。如果出现后一种情况，那也就意味着全球化的终结和现存体系的裂解。

中美能否实现良性竞争的新型大国关系

进入 21 世纪的一场大博弈的序幕已经拉开，无论中国是否情愿，都已被裹挟其中。需要看到的是，美国已不具备冷战刚结束时的那种影响国际事务和国际关系的绝对强势地位，也没有充分的理由和足够的号召力掀起一场对华全面战略围堵和意识形态围猎的世界浪潮。中美关系揭开了新的篇章，双方需要在新的环境中重新评估彼此，两国既存在观念和利益上的分歧，也有着维系现存体系与总体和平合作大势的共同责任，两国人民在世界的稳定与可持续发展等重大问题上，存在广泛的共同利益。

目前中美两国对相互竞争的认识和基本判断存在比较大的差异，甚至可以说双方竞争的目标不在同一维度上：美国坚信中国

第四章 新冠肺炎疫情与国际形势

的意图是从自己手中夺取世界领导地位，两国之争的性质是"老二"与"老大"的地位之争，因此其竞争战略以从各方面有效制约中国为目标；而中国的意图是实现"两个一百年"的发展目标和民族复兴，如果说"争"，中国争的是自己的发展空间。由此可见，未来中美是否会陷入零和对抗抑或实现"竞合"关系，关键要看两国能否客观判断对方的实力与意图，进而能否找到彼此目标相容的空间。

在2020年余下的时间里，美国外交举措必然要受到大选因素影响。经济衰退、两党极化、种族等社会问题，以及特朗普本人极富争议等现象，会使得美国国内持续动荡，政治争斗和民情撕裂的程度高于以往。针对"中国威胁"的炒作进一步向"高政治"辩题发展，强硬势力会更加卖力地激化与中国的矛盾，不能排除利用各种借口发动激烈攻势和采取激进举措的可能性，中美关系的形势会更加严峻。

无论美国大选结果如何，中美关系的未来方向都是下一阶段双方决策层需要认真思考和理性探讨的。看美国对华态度的演变趋势，在如何实施新战略上可以观察到两个方向上的推动力：一股力量以华盛顿右翼为主导，主张对抗和"全面打压"中国，不断挑动争论，包括用"国家安全关切"和"政治分歧"等引领议题，极力减少双方各领域交往和持续推动"脱钩"；另一股相对理性的力量也是存在的，不主张放弃"有限接触"，希望保持务实关系，督促中方修正自己，改变"违规"和"不公平"做法。特朗普政府过激的对华政策措施对美国自身的伤害日益显现，因此，虽然后一种观点常常被更加高调和尖锐的对抗声音所遮蔽，但是并非没有广泛和沉默的支持者，将来随着美国国内政治局势的变化，其影响可能会有所上升。

对中国而言，如何应对美国的竞争挑衅，如何准确判断世界潮流，并且能顺势而为，对内确保实现"两个一百年"目标的进程不被打断，对外赢得和保障国家发展所需要的和平与合作的环境，如何赢取更多国家对中国政策的了解和理解，在构建人类命运共同体的道路上有效争取和开展国际合作，维护世界和平与发展的大势不受严重干扰，这些都是摆在21世纪历程途中必须面对的大问题。而中国对两国关系发展方向的选择，将在很大程度上决定对上述问题的回答。

毋庸讳言，美国对华政策和战略的调整带来的挑战是严峻的。在前述两个方向的选择中，前者意味着正面对抗，意图将两国关系拖入恶性竞争的轨道。若此，中国自身的发展路径很难不受到大的冲击。一旦中美滑向局部乃至全面"脱钩"，美国对华采取极端行为的顾忌就会减少，中国进一步深化改革开放的难度也会增加。第二个方向看似缓和，但是顺此发展下去，不能排除美方会持续提高要价，所谓"合规"的压力从经贸领域外溢到政治和安全领域，将中国规范为美国治下的新全球体系的一部分。

需要认识到的是，历史人物是否成功，关键取决于他们的思想和行动是否符合历史发展的客观规律。我们看今天的美国对华政策调整，不能低估一些政客出于各种利益的考虑，刻意误读、误判中国和由此可能对两国关系带来的伤害，甚至会让两国关系

第四章 新冠肺炎疫情与国际形势

一时偏离正确轨道。但是，我们也不必高估他们改变历史潮流的能力。正如习近平主席讲到的，各国逐渐形成利益共同体、责任共同体、命运共同体。这既是经济规律使然，也符合人类社会发展的历史逻辑。[①] 习近平主席还指出，我们应该把握时代大势，客观认识世界发展变化，以负责任、合规矩的方式应对新情况、新挑战。

鉴于此，我们需要对未来中美关系的发展做认真的思考和设计，主动提出自己的选择和方案，既能够切实维护中国根本利益，又能解决美国合理关切，同时也符合世界和平发展的大方向。毕竟，中国的发展已经与世界息息相关，中美两个大国，合则两利，斗则双输。为此，两国领导人曾经达成的构建"稳定、合作和协调的中美关系的共识"，应是思考和设计两国关系具体路径的根本指导。

中美关系未来比较好的前景是，经过博弈和理性的利益权衡，形成"竞合"关系，即相互进行有限、可控的竞争，同时能保持协调，维系双边关系在具体问题上相对稳定地发展，在多领域和全球事务中开展合作。最终实现这种大国良性竞争的新型关系的前景，需要双方认真做出努力。然而，目前美国在官方层面不仅这种意愿比较小，反而在加紧向相反的方向使劲儿。因此对中国来说，朝这个方向努力的难度和阻力是非常大的。在2020

[①] 陈赟、缪晓娟、郑晓奕：《习近平出席APEC工商领导人峰会并发表主旨演讲》，载新华网，2018年11月17日。

年美国大选结果出炉前的几个月,美方对华态度很难有积极的改变,接下来中国的选择和作为将对中美关系能否走向正确方向更具塑造力。

明确站位,大胆博弈

我们需要学会从相对平视的角度观察和处理对美关系,客观和冷静地评估我们所处的世界环境,善用对未来所拥有的前所未有的塑造力,须以足够的自信、定力和韬略同美国这个老到的大国打交道。中美关系的更新和调整,必然要经历一个较长时期的艰难博弈过程,好的结果是不可能求来的,只能通过艰苦斗争、大胆博弈和主动协调来赢取。

在现阶段的中美博弈中,中方需要更多地从积极的角度发挥引领作用,尽可能多地注入理性和务实的成分。

可以考虑主动进取,主动出牌,推动在关键领域开拓坦诚对话,彼此真正倾听,切实解决双方的合理关切,累积经验和条件。中美贸易第一阶段协议就是在这个方向上努力的一个成功案例,虽然双方都没有实现所有的愿望,但是结果惠及彼此,也有利于两国关系的长远。这个协议在执行中难免遇到困难,尤其在当前气氛恶化和疫情持续的环境中,阻力和压力必然增大。但是,放弃协议带来的风险会更大,只有有效落实协议,才能避免两国关系更快下滑。协议中涉及的许多问题,亦是中国的改革中需要解决的。

第四章　新冠肺炎疫情与国际形势

中国坚决维护自身政治制度和发展道路的安全，反对任何干涉国家内政的企图。同时，中国也不以消灭其他制度为目标，更不会落入"美西方"向世界推广自己价值观的窠臼。要实现新时期的大国关系稳定，双方需要通过对话和谈判加深对彼此核心利益、制度尊严、价值体系的理解，按优先顺序梳理各自和共同关切的清单，就行为边界和底线形成共识和必要的默契。需要培育尊重对方关切和恰当的利益交换的能力和习惯，对一些不可调和的安全利益和分歧，做出必要的管控安排。

中国的海上力量在成长，其意图和目的必然是美国等其他海上传统力量关注和应对的新问题。我们需要在西太平洋维系力量存在并建立有效威慑，通过必要的维权行动、积极的沟通磋商、务实的海上合作和专业有效的风险管控，实现保卫国家安全和维护地区和平的责任。为此，须使我国的防卫政策和目标更加透明，让各方切实了解中国军事安全的合理主张和底线。

国际战略界也关心中美能否通过谈判构建军事力量和平共存的战略均势。虽然目前缺乏谈判的气氛，但是中美作为亚太两大主要军事力量，双方在战略安全领域建立对话渠道尤显重要。应开辟有效和多层沟通的管道，同时加强危机管控机制建设，避免发生误判。另外，中方虽然不参加涉及美俄双边问题的核裁军条约谈判[1]，但一直是国际军备控制体系的重要成员，几乎参加了所有重要机制，

---

[1] 具体指美苏《中导条约》和美俄《关于进一步削减和限制进攻性战略武器条约》（New START）。

在国际上有良好口碑。中国在这方面可以更多地主动作为，例如推动有核国家接受中国提倡的"不首先使用"原则等。

中国人关心和擅长的，主要还是要做好自己的事。例如在科技这个新的博弈前沿，需要将美方施加的巨大压力转化为激励自强的动力。可以充分利用当今世界全球科技的开源知识环境，努力提高创新能力，补"短板"，以增强在技术、元件上的自给能力，更重要的是增"长板"，提升向世界科技进步提供支撑的能力。唯有更好地维护我国在世界科技和经济体系中的影响力，维系全球体系的健康成长，才能真正打破"脱钩"和分裂世界的企图。还应坚定和及时地采取"反脱钩"策略，在各个领域都执行坚决维护和增进交往的政策，各部门都多做"挂钩"的事，不做和少做会进一步导致"脱钩"的事。

我们需要以习近平外交思想为指引，明确中国作为国际秩序和体系维护者和改革者、完善者的站位，坚持高扬全球治理、多边主义的旗帜，用中国的"进"应对美国的"退"，用维护和平、促进增长的行动，对冲美国的破坏性举动，维系经济全球化的势头。面对后疫情时期世界发展难题和矛盾增加的局面，尽可能多地开展协商，协助各国解决问题，也就是在国际关系中多做"加法"，多"赋能"，承担合作型大国的责任。做第三方工作要切实以发展彼此互利合作为目的，以促进世界和平发展为大方向，而不需要形成中美争夺第三方的零和局面。

在全球问题上，当特朗普政府在一些领域减少投入之际，世界多国都期待中国能发挥领导力。我们需要调动各领域的积极性和主动性,多为解决世界性问题发挥作用。目前在气候变化等领域,国内已构建起政府与智库的有效合作机制和政策储备手段,无论是在官方层面,还是在社会层面,都与国际社会保持着比较好的互动,体现了合作的力量。可以此为蓝本,在涉及反恐、防扩散、禁毒、跨国传染病防治乃至人工智能治理、打击跨国犯罪等全球关注的重大课题上,培养官方和智库的有效合作,鼓励拓展国际对话渠道,不断提升向世界提供有效资源、解决实际问题的能力。

在国际传播领域,我们需要增强有效传播的能力,包括鼓励和动员多元化的传播手段和渠道,积极培养人才,改善和增强中国国际形象。一方面,我们需要更多地向国际信息库提供关于中国的一手信息和资料,让世界更多地从中国人这里获取而不是从间接渠道得到中国信息。此次美国大选,共和、民主两党都在用中国议题竞选,通过炒作"中国威胁"和"中国挑战"来拉选票,这对中国来说是挑战。但是另一方面,从传播逻辑的角度看,外部的高度关注也为中方有针对性地传播中国知识和信息提供了窗口,如果能够有效和合理利用,可以让更多的美国人乃至国际民众了解到中国的真实情况和中国人的想法。

总之,中国已经从力量偏弱的国家,成长为拥有较强力量和一定国际影响力的大国,进入一个需要在新的实力基础上和更广阔的利益平台上运作内政和外交的时期,对美关系的处理也需要反映和适应这种变化。哈佛大学的格雷厄姆·艾利森教授一直试图论证中美之间是否存在"修昔底德陷阱",最近他把研究重心转向为避免冲突提供解决之道，发起了一项名为"寻找应对中国挑战的大战略"的专项研究。[①] 这样的研究在美国并非仅此一家。中国的战略界是否也需要行动起来，研究"应对美国挑战的大战略"呢？我认为是有必要的。

[①] Graham Allison, "Contest：Do You Have a Grand Strategy To Meet the China Challenge?", The Belfer Center for Science and International Affairs，March 2019.

中美关系的发展方向*

现在，中美关系确实进入建交以来一个十分困难的阶段，有人甚至说是"至暗时刻"。我认为，可能还不是最低谷。观察白宫释放出来的一些信号，在美国大选之前，中美关系再出现新问题的可能性还是高度存在的。但是我也注意到，在美国，各方对未来中美关系到底向何处发展有很多深入思考和不同的观点。

观察美国对华态度的演变趋势，可以看到两个方向上的推动力：一股力量以华盛顿右翼或者可以称之为"鹰派"为主导，试图把中美关系推向对抗，持续推动"脱钩"，他们提出的中美关系方面的政策产生的作用都是"减号"，把中美关系往对抗的轨道上推，而且毫不犹豫，不考虑后果。任凭这股力量推动下去的

---

* 2020年7月9日，傅莹应邀出席主题为"相互尊重、信任合作——把握中美关系正确方向"的中美智库媒体视频论坛，发表题为"需要认真考虑中美关系的发展方向"的讲话，本文系根据讲话内容整理而成。中美聚焦网7月17日以原标题发表中文版，以"Dark Moment, Smart Choices"为题发表英文版。

话，中美关系进入恶性竞争的轨道恐怕难以避免。所以，中方面临着如何做出回应的问题。他们往这个方向推，我们在反抗、斗争的过程中，是否也存在加快这一走向和对抗的节奏的问题？从观察者的角度来看，是存在困惑的。另一股力量是相对理性的，不主张放弃"有限接触"，督促中方修正自己。这个方向看似理性，但是顺此发展下去，不能排除美方会持续提高要价，将经贸、科技领域的"合规"压力外溢到政治和安全领域。就像王毅国务委员讲的，在政治制度和价值观上，双方应该各走各的路，不应试图去改变对方。

21世纪的中美关系中，中方面临着一些大的问题，需要把它们想清楚，也需要和美方探讨清楚。从中方的角度来讲，我们应该如何应对这种挑战，如何判断世界潮流？冷战之后中国对世界潮流的判断是和平与发展，这个潮流如今是不是改变了？是不是要变成冲突与对抗了呢？还是会继续和平发展？中国自身的发展是要实现"两个一百年"的目标，如何避免这个进程被打断？中国在自身的发展过程中需要和平与合作的国际环境。我们如何保障这个环境？习近平主席多次提到，我们对世界未来的构想是构建人类命运共同体。如何在这个方向上、在这条道路上有效地开展国际合作？这些都是中国在21世纪历程中必须面对的大问题。而在中美关系发展方向上的选择将决定对上述问题的回答。

未来两国是继续在同一个全球体系内解决分歧，还是分道扬镳、剥离成为两个相对独立且又彼此连接的体系，各行其是？如果出现后一种情况，那也就意味着全球化的终结和现存体系的瓦

第四章　新冠肺炎疫情与国际形势

解。我们经常听到欧洲、日本等"中间地带"国家的学者对目前的形势表示担心，加拿大和其他一些国家的大使也和我探讨过，大家都比较纠结，因为其他国家都不愿看到中美分裂，不愿世界分裂，不愿选边站队。他们希望中美关系能够在方向上有一个理智的选择。陆克文说过，中国人常说"正确的方向"，但是正确不正确是中国人的概念，关键是有利于大家的方向。确实，其他大部分国家对中美关系现在的发展方向是担忧的。

中美关系未来比较好的前景是形成"竞合"关系，即大国良性竞争的新型关系，其中有竞争，但是可控，同时保持必要的合作。然而，目前美国官方层面这种意愿比较弱。美国人非要说竞争，中国人一开始是不愿意接受"竞争"概念的，现在我们也看到竞争的不可避免，但是中国希望形成大国间的良性竞争与合作的关系。问题在于，尽管中国有这样的愿望，但我们面对的美国的决策者以及国会释放的信号是，他们不愿意这样做。那么中国怎么办？我们认为应该做个理性的、有利于两国人民、有利于世界的中美关系的方向选择。如果美国不愿意这样选择，我们怎么办？这是个大问题，我们想往这边走，美国人想往那边走。有没有办法说服美国，和美国一起协调合作，能够走向"竞合"的方向？看起来，在 2020 年美国大选结果出炉前的几个月，美方对华态度很难有积极的改变。

鉴于此，中国需要对未来中美关系的发展方向做认真的思考和设计，主动提出能够维护中国根本利益、能够解决美方合理关切，同时也符合世界和平发展大方向的选择和方案。我提几点想法供参考。

第一，中方应该不仅仅对美方的挑衅做被动回应，要考虑主动出牌，推动在关键领域坦诚对话，彼此真正倾听，切实解决双方合理关切。当然，我们采取主动，并不是说我们也要提出对抗，我们做出的选择，或者主动做的一些事情，首先要维护中国的根本利益，同时也要考虑美国的合理关切，还要符合世界和平发展的大方向。从中方的角度讲，我们应该主动提出在哪些关键领域进行坦诚对话，而且要认真倾听彼此，而不是事先就认为对方都是错的，自己都是对的，这样就会陷入无休止的辩论和辩解的循环。要认真倾听彼此，要通过对话和谈判，加深对彼此的理解，要就行为边界和底线达成共识，对一些不可调和的利益分歧，做出必要的管控。

第二，现在海上安全问题比较令人担心。中国的军事力量，尤其是海军成长比较快，必然会引起各方关注。大家都想知道中国海军力量增长的目的是什么，要在世界上发挥什么样的作用。所以，我们需要让防卫政策和目标更加透明，尤其对海上的诉求和利益边界要更加清晰，使各方切实了解中国军事安全的主张和底线，在此基础上加强危机管控机制建设，避免发生误判。现在双方军事力量的近距离接触确实比较多，要避免发生误判的可能。

第三，面对后疫情时期的世界，我们需要尽可能多地开展协商，协助各国解决问题，多做"加法"，多"赋能"，承担合作型大国的责任。实际上，虽然中美双边关系紧张，但据我了解，业

第四章　新冠肺炎疫情与国际形势

界的协商、对话很多，这非常重要，我们一定不能阻碍他们，要多给予鼓励和支持。在全球层面，中美合作是全世界非常期待的，中美两国应该早一点开始探讨这个问题。

第四，要提升中国的国际形象。中国要有树立自己形象的意识，让世界多了解中国的真实情况和中国人的想法。我们有时听到一些批评或说法容易愤怒、容易生气、容易着急，其实这个在很大程度上还是因为其他人对中国不了解，我觉得，在这方面，我们还可以多做一些努力。我们的对外传播可以更多地着眼于国际社会的大多数人，包括美国的普通公众，让世界多了解中国。

美国现在有很多困难，无论是在国内还是与世界的关系都处在调整阶段，能不能调整过来，能不能恢复起来，这是美国自己的事，不是别的国家说什么能决定的。同时，中国国内也面临非常严峻的任务，要实现"两个一百年"的目标，2020年要完成脱贫攻坚任务，我们还在制定"十四五"计划，自身的任务非常繁重。中美两国在国内都有非常重的任务，我们没有必要相互"踩"对方，各自解决好自己的问题，同时相互合作，从积极的角度去帮助世界，这是我们两国应有的姿态。

习近平主席和美方已经多次谈过，希望构建协调、合作、稳定的中美关系，这应该是我们讨论和推动中美关系最根本的指导。

面对新冠肺炎疫情，人类应同舟共济——接受克罗地亚《晚报》书面采访*

提问：2020 年 1 月，中美签署了一项可能有助于两国和解的贸易协议。2018 年您在彭博网站上的文章中写道，中美两国都受益于全球化。之前中美关系看起来更加紧张，您对现在取得的进展感到满意吗？

傅莹：中美关系呈螺旋式下滑，根本原因是特朗普政府聚焦大国竞争，视中国为主要战略竞争对手。中美签署第一阶段经贸协议算是踩了一脚"刹车"，但是未来仍然有比较大的不确定性。例如，美国一些部门试图推动中美"脱钩"；在中国近海采取的

---

* 本文系克罗地亚《晚报》(*Vecernji list*)记者迪诺·布鲁迈克（Dino Brumec）对傅莹进行的书面采访。《晚报》以"Koronavirus, nepoznat ljudima, pojavio se naglo, ali je pokazao da su sve države svijeta u istom čamcu"为题发表于 2020 年 3 月 14 日第 26 至 28 版。中美聚焦网 2020 年 3 月 18 日以《面对突发的未知冠状病毒，人类同舟共济——傅莹接受克罗地亚〈晚报〉采访》为题发表中文版，以"All Countries in the World are in the Same Boat"为题发表英文版。

第四章　新冠肺炎疫情与国际形势

军事活动有所增加，威胁中国领土主权和海洋权益。中国和美国无疑是可以决定未来国际政治风格的重要国家，所以，两国能否在现存国际体系内解决彼此分歧至关重要，恶性竞争不仅损害两国利益，也将破坏全球稳定。中美关系的另一种前景是"竞合"，也即相互进行有限、可控的竞争，同时在多领域开展合作。相信欧洲国家更愿意促使中美合作，而不愿意被迫选边站队。

提问：华盛顿声称，中国为了工业和政治利益而利用技术来监视其他国家，您认为北京应该如何对待？

傅莹：中美政治文化的根本区别是，我们反对干涉他国内政。中国自己不希望被干涉，也不会这样对待其他国家。而美国则滥用网络技术对包括盟国在内的各国进行监听，正如斯诺登所披露的。最近，中国 360 网络安全公司调查报告显示，美国情报机构 11 年来一直在对中国进行系统性网络监控和渗透。[①] 而美国指责中国利用华为监视别国却拿不出证据。2019 年 3 月，由英国政府牵头的"华为网络安全评估中心"（HCSEC）监督委员会（OB），向英国家安全顾问提交了 2019 年度评估报告，对华为技术的优缺点做了说明。[②] 华为在对这份报告的声明中也明确提到，英国国家网络安全中心（NCSC）不认为所发现的缺陷是中国官

---

① "国际安全智库"微信公众号：《披露美国中央情报局 CIA 攻击组织 CAPT-C-3a》对中国关键领域长达十一年的网络渗透攻击，载 360 官网，2020 年 3 月 3 日。

② Cabinet Office and National security and intelligence, "Huawei cyber security evaluation centre oversight board: annual report 2019", GOV.UK, 28 March, 2019.

方介入的结果。① 中国在努力加强知识产权保护，同时也愿意与他国合作，让技术在阳光下运行。

提问：2018年您在《南华早报》发表文章时谈到，没能改变中国的政治制度是美国的失败，但美国应该对此心存感激，因为一个不稳定的中国也不会是美国希望看到的。如果今天的中国有自由选举，您认为共产党会赢吗？

傅莹：你这是一个假设式的提问，试图把社会制度简单化地做比较。美国在世界推广自己的政治制度，给一些国家带来了悲剧性后果，在有些国家所造成的难民问题对欧洲社会也带来了冲击。中国既没陷入政治动荡，也没出现经济混乱，而是在共产党的正确领导下，保持社会稳定，推进改革开放，成功地走出具有中国特色的社会主义道路，包括推进和完善自身的民主选举制度。中国宪法规定："中华人民共和国的国家机构实行民主集中制的原则。全国人民代表大会和地方各级人民代表大会都由民主选举产生，对人民负责，受人民监督。"

提问：中国对新冠肺炎疫情的反应一直受到批评，尤其是来自西方媒体的诟病。有人指责北京最初隐瞒疫情信息。您认为中国在未来几个月将如何提升自己的形象？

傅莹：你是否注意到，那些曾经批评中国的媒体现在已经把矛头指向了本国政府。新冠肺炎病毒是一种新型病毒，而且出现

---

① Huawei, "STATEMENT BY HUAWEI ON THE HUAWEI CYBER SECURITY EVALUATION CENTRE (HCSEC) OVERSIGHT BOARD ANNUAL REPORT 2019", huawei.eu, March 28, 2019.

第四章　新冠肺炎疫情与国际形势

得猝不及防，对任何国家来说，都很难立刻拿出一套完全恰当的应对方法。针对疫情，习近平主席做了全面部署，成立了李克强总理牵头的领导小组，孙春兰副总理也一直在武汉指导抗疫。对疫情前期暴露出的问题也在进行调查，我们需要思考如何能做得更好。武汉原本医疗体系相当完备，但是应对突如其来的大规模疫病也难免不支。现在通过建新医院、加床位、全国4万多名医护人员奔赴湖北支援，情况已经大幅度缓解。加之在全国普及严格的隔离措施，疫情已经基本被控制住，曙光就在面前。

中国的处置是透明的，1月12日中国科研团队就向世卫组织分享新冠病毒全基因序列信息、通过视频会议与海外专家交流经验、派遣医疗专家小组赴伊朗，并向邻国提供检测和防疫物资。钟南山博士率领的团队也一直与美国疾控中心保持联系。

提问：就新冠肺炎疫情而言，您认为中国人民对政府和习近平主席的最大需求是什么？

傅莹：中国特色社会主义的本质特征是共产党的领导，中国不是苏联，中国共产党的宗旨是为人民服务。人民也希望在党的带领下成功战胜疫情，创造美好生活。在英勇抗疫的过程中，武汉的医务人员感染超过3 000人，[①]更多地从全国各地赶来支援的医生护士许多是党员。没有人退缩，他们心中只有一个目标：救更多的人！面对疫情，中国党和政府与人民的诉求是一致的，举

[①] 2月17日疾控报告显示，医务人员在整个过程中感染超过了3 000名，疾控公布的医务人员感染的数据来源于传染病直报系统，3 000多名是指有医务人员身份的感染者，有的在社区里感染。

国上下齐心。当前疫情防控仍处于关键时刻，同时，考虑到供应链、就业、教育等都受到冲击，是时候逐渐恢复正常秩序、复工复产了。

提问：有时，与莫斯科和华盛顿发出的对抗性信息不同，中国似乎希望保持全球合作的秩序。当今中国外交政策中最大的问题是什么？

傅莹：外交是内政的延伸。中国外交的任务是服务于实现国家发展目标，维护有利于和平与合作的国际环境。习近平主席提出要构建新型国际关系，推动构建人类命运共同体。此次疫情再次体现出世界各国同舟共济的重要性，因此，未来的中国外交也将更多关注全球治理，为解决全球性问题贡献力量。

提问：您如何描述中国和俄罗斯的关系？

傅莹：中俄关系的一个重要特征是，两国都视对方为可靠的合作伙伴，而不是威胁。2019年纪念中俄建交70周年时，习近平主席和普京总统宣布两国建立新时代全面战略协作伙伴关系，中俄经贸、投资、能源、人文、地方等合作深入推进。两国在国际问题上有不少一致的看法，但是中俄合作不针对第三国。此次抗击新冠肺炎疫情，普京总统多次表达对中国的坚定支持，俄方派专机运来援助物资。不过，也有中国公民在俄遇到困难。虽然我们可以理解俄方需要采取措施保护本国公民的安全，但是希望外国公民在俄罗斯的权益能得到保障。

提问：由于维吾尔族人受到的待遇问题，对中国的批评正在增加。就在本周末，有报道称中国强制雇用了多达8万名维吾尔族工人给耐克等一些全球大牌供货的工厂工作。您如何描述维吾尔族穆斯林在中国的现状？

傅莹：从2009年发生骇人听闻的"7·5"事件，一直到2016年，新疆都深受极端主义、恐怖主义的危害。中央和新疆地方政府采取了一系列措施来解决这个问题，包括减贫和创造就业。设立教培中心是去极端化总体举措的一部分，重点是培训职业技能和消除极端思想，帮助学员融入正常的社会生活。我们采取的措施是综合性的，从新闻报道上看，已经比较有效地遏制了新疆的恐怖活动，让社会恢复了安定并促进了经济繁荣。中国的就业市场是开放和自由的，流动性很大。新疆也不是封闭的地区，许多其他地区的人来新疆工作，也有很多新疆人到外地谋求机会。境外对新疆的许多说法都不是事实，我就看到过一些摆拍的假视频，这也说明，中国需要更加主动地向外界提供第一手信息。

提问：截至目前，"一带一路"倡议在扩大中国在世界各地的政治影响力方面非常成功。您认为未来克罗地亚在该倡议中是何种定位？一家中国企业正在克罗地亚建造我们国家最大的基础设施项目——佩列沙茨大桥。您如何看待克罗地亚和中国的经济和政治关系？

傅莹："一带一路"倡议的核心内容是促进基础设施建设和互联互通。中国愿以互惠互利的原则分享这方面的经验，但是，这不是搞慈善，中国企业也需要评估投资风险和收益等问题。

克罗地亚是马可波罗的故乡，我曾经去访问过，被那里的美景所震撼。它位于"一带一路"的交汇点，也是中国与中东欧国家、与欧盟成员国合作的重要成员。目前，中国与克罗地亚积极推进在贸易、投资、旅游、医疗卫生等领域的合作，两国关系越来越密切。佩列沙茨大桥是中国与克罗地亚之间最大的合作项目，也是中国在欧盟国家建的重大的基础设施项目。大桥建成后会通过陆路将克罗地亚南北两部分连接起来，为当地旅游业、运输业和其他工业活动带来极大的便利。中国重视克罗地亚在"一带一路"建设中的作用，双方的合作共识包括：注重经济上的可行性与可持续性，确保债务风险可控，坚持生态环境优先，遵循当地法律和国际规则等，这与欧盟的原则也是一致的。相信我们两个国家将继续秉持相互尊重的原则，用公开透明的方式和市场化的原则推进合作，造福两国人民。

提问：在您的职业生涯中，您曾看到一个孤立主义的中国，也看到了一个全球化和强大的中国。无论是从国家角度，还是从您个人角度，如何比较当下与改革开放前的那个时期？

傅莹：1949年新中国一成立便受到西方世界的封锁，后来中苏发生分歧，中国面临美苏的双重威胁。但是中国并没有屈服，而是坚持奉行独立自主的外交政策，同时努力建设一个比较完整的国民经济体系。邓小平开启的改革开放道路带来了中国经济新的发展时期。正如习近平主席所说，改革开放前的社会主义实践和探索为改革开放后的进步奠定了基础，这是在前一个时期成就的基础上努力取得的。

提问：您在中国很出名，甚至有一种外交风格以您的名字命名,那就是"傅莹风格"。您也是许多女性外交官的榜样。您的职业生涯中最大的障碍和最大的回报是什么?

傅莹:谢谢你的赞美。中国外交界有许多优秀的前辈是我学习的榜样。作为女性,在外交这个旅行多甚至需要常年驻外的职业生涯中,如何平衡家庭与事业的关系是最大的难题,这对于大部分女外交官来说都是挑战。幸运的是我有个非常理解和支持我的家庭,丈夫和女儿都尽量照顾我的职业需要,尽量多陪伴我。

从事外交职业让我有更多机会了解外部世界,从而更好地认识我的祖国以及国家在对外关系中面临的挑战与问题。如果说回报,让我感到高兴的是,这些年结交了许多朋友。我时常在国际场合重逢一些老朋友,一别经年,彼此都还记挂。

第五章 亚洲和平问题

中国的黄岩岛与 2012 年的黄岩岛事件

2016 年 8 月 10 日至 11 日，我应邀与菲律宾前总统拉莫斯在香港一个共同的朋友家会面。拉莫斯是当时新上任的杜特尔特总统委派的特使，此次他邀请我以私人身份会面，目的是寻找缓解中菲紧张关系的途径，包括探讨他拟议中的北京"破冰"之旅的可行性。我与拉莫斯彼此熟识，在 1999 年任驻菲律宾大使期间经常与他交谈，也曾经围绕南海局势有过讨论。我们聊了旧日时光，当谈到那些年中菲各界如何克服困难、持续推进友好合作时，我们都对目前两国合作陷入低潮感到遗憾。

这次见面气氛很好，但是我们很快发现了一个问题，就是拉莫斯和他的团队对这些年发生的事情，特别是对黄岩岛事件的了解，与我掌握的情况差别比较大。菲律宾人听到的故事是，"2012 年中方欺骗了菲方和美方，中方船只没有按照约定与菲方船只同时撤离黄岩岛"。我也曾经听美国的一些前政要和学者提到过类似的说法，这些言论让许多人对形势和中国的做法产生了误解。

美国前助理国务卿坎贝尔在他出版的《转向：美国对亚洲战略的未来》(The Pivot：The Future of American Statecraft in Asia)一书中有这样的描述："2012年，与中国十周的僵持最终使菲律宾失去了两国都声称持有主权的黄岩岛。中国的反对、抗议以及非正式的施压迫使菲律宾提起了南海仲裁案。"[1]

我对这样的貌似中立实则袒护菲方的叙事感到忧虑。显然，在菲律宾和美国流传的故事不符合实际情况，而且刻意回避了黄岩岛的历史经纬和事件的初始状态。如果以这种信息作为决策基础，不仅菲方无法理解中国在解决中菲矛盾中的积极作为和释放的善意，更危险的是，有可能导致事态滑向错误的方向。因为对事实看法上的差距肯定会影响到彼此的认识和判断，进而影响到事态的发展。

那么，真实的故事究竟是怎样的？黄岩岛又有着怎样一段历史？作为该事件的亲历者，下面是我对这个事件的过程和相关问题的回忆。

事情的起因是2012年4月在南海发生的一个事件。那一年的4月11日，中国的报纸和网络媒体以头条的方式，报道了中国渔民在黄岩岛潟湖内受到菲律宾海军侮辱的新闻。4月10日，12艘中国渔船在黄岩岛潟湖内正常作业时，菲律宾的"德尔皮拉尔"号的汉密尔顿级巡逻舰突然出现，对中国渔民进行堵截和干

---

[1] Kurt M. Campbell, The Pivot：The Future of American Statecraft in Asia, New York：Twelve, 2016, P. 225.

扰。新闻照片显示，中国渔民被扒去上衣在菲方舰只的甲板上曝晒，头上顶着菲律宾海军的枪口。这些照片瞬间在中国社会产生爆炸性效果，引发全国声讨。

闻讯后，在黄岩岛附近巡航的"中国海监75"号和"中国海监84"号编队赶到现场，在美济礁守礁的"中国渔政303"船也前去保护渔民。此后，国际媒体报道称，中菲双方在黄岩岛形成对峙。这就是2012年"黄岩岛事件"。

黄岩岛的过往和今日

在叙述事件的处置过程之前，需要简单了解一下历史：为什么说黄岩岛属于中国？为什么中方不认为对黄岩岛存在"争议"？

黄岩岛是中国中沙群岛的一部分，是珊瑚礁在海盆中的海山上长年堆积而成，位于北纬15°07′、东经117°51′海域，英文别名为"斯卡巴罗礁滩"（Scarborough Shoal）。黄岩岛的地理构造独特，属于环形礁盘，周长55千米，围成一个面积为130平方千米的潟湖，水深10~20米。潟湖东南端有一个宽400米的通道，与外海相连，因为这里礁石比较多，实际上可以方便船舶进出的湖口宽度大约只有200米，而且水不是很深，只能容纳100吨以下的中小型船只进入。此外，礁盘还有很多小的豁口与外海相通，一些小型捕鱼船也可以由此进出。黄岩岛潟湖内海洋生态千姿百态，也是非常有吸引力的渔场，这里也是附近渔民在台风季节避风的好去处。

无论从历史角度还是法律角度看,黄岩岛都属于中国。

中国政府对黄岩岛进行持续有效管理的史实记录在中国历代官方文件、地方志和官方地图中都有反映。据《元史·郭守敬传》记载,1279 年,元代著名天文学家郭守敬奉皇帝的旨意进行"四海测验",南海的测量点就在黄岩岛。这说明至少在元朝,中国就已经发现并管辖黄岩岛了。[①] 黄岩岛及其周边海域自古以来就是中国的传统渔场,中国渔民,特别是海南省谭门镇的渔民,世世代代在这片海域从事渔业生产活动。流传至今的《更路簿》(以文字形式呈现中国渔民在南海进行渔业生产和贸易活动的航行指南)等古籍,完整记载了祖祖辈辈的中国渔民在黄岩岛及其附近海域从事渔业活动的航线。[②]

近现代有关黄岩岛最重要的记载是在 1935 年 1 月,中华民国政府的内政部、外交部、海军部和教育部等官方机构派成员组成水陆地图审查委员会,公布了中国辖属的南海诸岛中 132 个岛礁沙滩的名称,其中黄岩岛以"斯卡巴罗礁"(Scarborough Reef)之名,作为中沙群岛的一部分列入中华民国版图。1947 年 10 月,中华民国政府核定和公布的南海诸岛新旧名称对照表中,将斯卡巴罗礁改称"民主礁"(Minzhu Jiao),列在中沙群岛范围内。

中国对南海诸岛的管辖得到国际承认。日本战败后,中国政

[①] 刘惠恕:《黄岩岛属于中国的历史依据》,载中国社会科学网,2012 年 9 月 8 日。
[②] 秦京午:《"更路簿"展示中国经略南海信史》,载人民网,2018 年 8 月 21 日。

府根据《开罗宣言》和《波茨坦公告》对南海诸岛实施接收和管辖；1947年编写了《南海诸岛地理志略》，绘制标有南海"断续线"的《南海诸岛位置图》；1948年中华民国政府正式公布了《中华民国行政区域图》，其中包括《南海诸岛位置图》。1949年中华人民共和国成立后，新中国政府完整继承和延续了对南海诸岛的管辖。中华人民共和国在1958年发布的《关于领海的声明》中重申了对南海诸岛的领土主权。

1983年中华人民共和国地名委员会授权对外公布《我国南海诸岛部分地名》时，将"黄岩岛"（Huangyan Island）作为标准名称，同时以"民主礁"作为副名。

在中国对黄岩岛拥有主权以及行使管辖权的过程中，广东、广西、海南的沿海渔民经常性地在此进行作业。新中国成立后，相关机构也对黄岩岛进行了一系列的科学考察和研究。

作为中华民国政府的盟友，美国对于南海诸岛在日本投降后被交还中国的事实是了解的。由美国主导的旧金山和会明确要求日本放弃对南沙群岛和西沙群岛的一切权利、权利名义与要求。1952年，日本与中国台湾当局签订"中日合约"，将西南沙群岛归还中国。1956年8月，美国驻台机构一等秘书韦士德向中国台湾当局口头申请，美军人员拟前往黄岩岛、双子群礁、景宏岛、鸿庥岛、南威岛等中沙和南沙群岛岛礁进行地形测量。中国台湾当局随后同意了美方的申请。1960年12月，美国政府致函中国台湾当局，"请求准许"美军事人员赴南沙群岛双子群礁、景宏岛、南威岛进行实地测量。中国台湾当局批准了上述申请。①

进入20世纪70年代，中国政府加强了对南海诸岛的管辖，多次派科学考察队到黄岩岛进行科学考察。1977年10月，中国科学院南海海洋研究所的科研人员登上黄岩岛进行考察。1978年6月，该所科研人员再次登岛进行考察活动。1985年4月，由国家海洋局南海分局组织的综合考察队登上黄岩岛实施综合考察。1994年我南海科学考察队抵达黄岩岛进行考察，并在岛上建了一块一米高的水泥纪念碑。中国政府主管部门在1994年、1995年、1997年和2007年先后四次批准无线电爱好者登岛进行无线电测量。②

《联合国海洋法公约》无法取代其他既成国际法准则。《联合国海洋法公约》只是允许沿海国家有权主张200海里专属经济区，并无任何条款规定沿海国家可以据此声索或侵占他国固有领土。

由此可见，黄岩岛属于中国的事实是清楚的，不存在争议。

---

① 国务院新闻办公室：《中国坚持通过谈判解决中国与菲律宾在南海的有关争议》，载外交部网站，2016年7月13日。
② 钟声：《中国对黄岩岛的领土主权拥有充分法理依据》，2012年5月9日《人民日报》第03版。原文没有2007年批准登岛字样，经查阅新闻，2007年，陈方等来自6个国家和地区的无线电爱好者又一次登上黄岩岛，用"BS7H"的呼号呼叫全球业余电台，在10天时间里，与世界45 000多个业余电台进行了联络。"我们手持中国外交部的批准文件，使用的是中国的电台呼号，得到了国际承认，相当于在黄岩岛上竖立起了我们的国旗，向全世界宣告了我们的主权。"

第五章 亚洲和平问题

菲律宾曾在 20 世纪独立后开始对中国的南沙群岛部分岛礁表现出侵占的企图。在 20 世纪 50 年代策动了"克洛马事件"[①]。进入 20 世纪 70 年代，菲律宾逐步占领了南沙群岛的中业岛、马欢岛等 8 个岛礁，并对所谓的"卡拉延岛群"[②] 提出主权声索。然而这些举动都不涉及黄岩岛。当时美国政府的立场是站在中国台湾当局这一边的，尊重中国台湾当局对南沙群岛的主权，但出于冷战的权宜之计，美国对菲律宾等国的侵占行动也没有做出太强烈的反应。

20 世纪 80 年代后期，随着中国进入改革开放时期，与菲律宾也开启了改善彼此关系的努力，双方围绕南沙领土争议进行过多次沟通和磋商。1986 年 6 月，菲律宾副总统萨尔瓦多·劳雷尔访华时，邓小平向他提出，"南沙问题可以先搁置一下，先放一放，我们不会让这个问题妨碍与菲律宾和其他国家的友好关

---

① 1956 年，菲律宾一个私营航海学校的校长克洛马在南沙群岛海域航行过程中宣布"发现""许多岛屿"，并将它们定性为"自由地"。之后，菲律宾国内出现许多主张南沙群岛属菲律宾的声音，菲律宾外交部部长加西亚在记者会上以"距菲最近"为由声称中国南海上的一群岛屿"理应"属菲。但是菲律宾政府显然知晓中国台湾当局对南沙群岛主权的立场，曾欲派官员赴台湾协商南沙岛礁归属问题。在海峡两岸的强烈抗议和压力之下，菲律宾政府很快承认这是个错误。
② "卡拉延岛群"是菲律宾对于其在南沙群岛提出主权主张的部分岛礁的称呼。"卡拉延岛群"由 54 个岛、礁以及沙洲构成，所占海域面积达 64 000 平方英里，除菲律宾占 8 个岛礁，中国驻守的 7 个岛礁中也有 6 个处于该"岛群"范围内，它们是永暑礁、华阳礁、南薰礁、渚碧礁、东门礁以及美济礁。

系"。①1988年4月，科拉松·阿基诺总统访华，邓小平会见她时再次阐明了这一主张。他说："从两国友好关系出发，这个问题可先搁置一下，采取共同开发的办法。"②阿基诺总统和劳雷尔副总统对邓小平的主张做出了积极的回应。

进入20世纪90年代，南海周边国家加快了在南沙"搞动作"的步伐，中国渔民作业面临越来越多的困难，也缺乏良好的避风地点和设施。为了解决这方面的问题，1994年中方决定在美济礁建设避风设施。而这个行动引起菲方强烈反应，被称为"美济礁事件"③。1995年8月，双方在马尼拉举行关于南海问题和其他领域合作的具体磋商，阐述彼此立场，经过坦诚对话，双方签署了《中华人民共和国和菲律宾共和国关于南海问题和其他领域合作的磋商联合声明》，同意"有关争议应通过平等和相互尊重基础上的磋商，和平友好地加以解决"，承诺"循序渐进地进行合作，

---

① Ministry of Foreign Affairs, the People's Republic of China, "Set aside dispute and pursue joint development".
② 同上。
③ 针对周边国家在南沙加快搞动作的形势，也考虑到中国渔民在南海作业面临的困难，中方决定在美济礁建设避风设施。1994年12月18日，十几艘中国公务船组成的编队从广州启航，渔政31号为指挥船，12月29日凌晨抵达美济礁开始施工。1995年1月，菲律宾一艘渔船的船长向菲律宾政府报告在美济礁附近捕鱼时被中国军队拘留一周。菲军即派巡逻舰和侦察机前往调查，在美济礁潟湖内发现中国的施工船队，在礁盘上发现中国军方修建的建筑物。随后，尽管中方说明礁上建筑是"为了保护在南沙海域作业的渔民的生命安全，是一种生产设施"，菲方仍在政治、执法及军事方面做出强烈反应，将争议升级并引发国际关注，甚至还在同年3月炸毁了中国在五方礁、仙娥礁、信义礁、半月礁、仁爱礁上设立的测量标志。

第五章　亚洲和平问题

最终谈判解决双方争议","争议应由直接有关国家解决,不影响南海的航行自由"等。①

中方的一贯立场是,中国对南沙群岛拥有无可争辩的主权。但是,考虑到这些分歧拖延已久,并考虑到中方与周边国家围绕南沙群岛一些岛礁所进行的反复磋商,中方在与周边国家改善关系的过程中,为了维护地区总体和平稳定,在不放弃主权的基础上,提出搁置争议、共同开发的主张。需要说明的是,这并不包括没有争议的黄岩岛。事实上,菲律宾在1997年以前也从未对黄岩岛提出过领土要求。黄岩岛属于中国这一点早有定论,不存在争议。

众所周知,菲律宾的疆域主要由1898年《美西巴黎条约》、1900年《美西华盛顿条约》和1930年《英美条约》所界定,这三个条约都明确规定了菲律宾领土位于东经118°以东。而黄岩岛明显位于该线以西,从未属于过菲律宾。1935年《菲律宾共和国宪法》、1947年《美菲一般关系条约》、1952年《菲美军事同盟条约》、1961年6月17日菲关于领海基线第3046号法令和1968年菲律宾关于领海基线的修正令等,都先后重申了三个条约的法律效力,再次明文确定了菲律宾的领土范围,其领海基点和基线均未包括黄岩岛。菲律宾官方也承认黄岩岛不在菲律宾领土主权范围内,在1967年、1981年和1984年菲律宾官方出版的

---

① 外交部:《中国政府关于菲律宾所提南海仲裁案管辖权问题的立场文件》,载环球网,2014年12月7日。

地图中，都清晰地显示出黄岩岛在用虚线标出的菲律宾领土界限之外。

1992年2月，时任菲律宾驻德国大使在致德国无线电爱好者的信中表示"黄岩岛不在菲律宾领土主权范围以内"。[①] 甚至到1994年10月18日，菲律宾国家地图和资源信息局还确认，"菲律宾领土边界和主权是由1898年12月10日《美西巴黎条约》第三款规定，斯卡巴罗礁（黄岩岛）位于菲领土主权范围之外"。[②]

菲律宾觊觎黄岩岛

20世纪50年代初，驻苏比克湾的美国军队无视中国主权，擅自将黄岩岛开辟成飞机抛弃废弹的靶场。在越南战争时期，美军轰炸机从越南行动之后返回设在菲律宾的克拉克空军基地时，会经过黄岩岛上空，将未投出去的炸弹抛在黄岩岛潟湖内。

1980年后，菲律宾政府将黄岩岛划入其200海里专属经济区内，但是并未涉及主权要求。

菲律宾是在20世纪90年代后期开始提出黄岩岛问题的，并试图采取法律、外交和军事等手段夺占中国的黄岩岛。其大背景是1994年11月《联合国海洋法公约》（以下简称《公约》）的

[①] 国家海洋信息中心：《大事记·1990—1999》，载中国南海网。
[②] 罗铮、吕德胜：《军报列举黄岩岛属于中国六大历史和法理铁证（图）》，载中国新闻网，2012年5月10日。

第五章 亚洲和平问题

生效。

菲律宾公开试探对黄岩岛提出领土主权要求是在1997年,其领导人宣称:"菲律宾有勘探和开发黄岩岛资源的主权,因为它在菲律宾的专属经济区之内。"[①]但是,《公约》主要涉及海洋,不能用于处理解决国家陆地领土主权归属问题,更未赋予任何国家依据本国的专属经济区索求其他国家领土的权利。菲律宾以所谓"专属经济区"索求对黄岩岛主权是对《公约》的曲解。

菲方对黄岩岛的企图引起中方的高度警惕和反对,中国坚定不移地捍卫国家主权和权益。1997年4月30日,菲律宾海军登上黄岩岛,炸毁中国在1990年设立的主权碑,插上菲律宾国旗,菲律宾两名国会议员乘军舰登上黄岩岛。中国海监船抵达现场,与菲律宾军舰一度形成对峙,直到5月3日才缓和下来。而菲方并没有因此而收敛,不断采取各种挑衅行动。1997年5月20日,一艘菲律宾海军巡逻艇在黄岩岛外11千米处拘捕了一艘准备航行到马绍尔群岛的中国渔船,扣押了21位中国渔民。1997年8月5日,菲律宾和美国在黄岩岛附近举行海空联合军演。1998年1月至3月,来自海南省琼海市潭门镇的琼海00473和00372号以及中远渔313号和311号四艘渔船在两个月时间内,相继在黄岩岛海域被菲律宾海军拦截,51位渔民同样遭到"非法入境"的指控,被菲律宾拘押近半年时间。

针对菲律宾方面言行的步步升级,中方一方面采取行动阻遏

[①] 李金明:《近年来菲律宾在黄岩岛的活动评析》,《南洋问题研究》2003年第3期。

菲律宾的占岛企图，另一方面加强外交交涉，与菲方进行了多轮谈判和磋商。1999年3月，我曾以中国驻菲律宾大使的身份，参加了在马尼拉举行的中菲关于在南海建立信任措施工作小组会议，双方交锋激烈，但是都同意应该保持克制，达成了"不采取可能导致事态扩大化的行动的共识"。[1] 与此同时，中国与包括菲律宾在内的东盟国家启动了针对南沙海域的《南海各方行为宣言》（DOC）的谈判，《南海各方行为宣言》达成的一个最重要的共识是，不采取使争议复杂化的行动，这事实上也是基于中菲共识。

但是，菲方显然不想放弃无理的领土主张，围绕黄岩岛的行动并没有停止。1999年5月23日，我担任中国驻菲律宾大使期间，有中国渔船在黄岩岛附近作业时遭遇菲方舰只的骚扰。渔船被迫向北返回时，菲律宾军舰紧追不放，直接撞沉了这艘排水量只有60吨的小渔船，导致11名渔民落水，有3位渔民被菲海军扣留，带回马尼拉。中国外交部就此向菲律宾提出严正抗议，大使馆则连夜交涉，渔民得以在第二天乘民航飞机回国。[2] 之后，我应邀去马尼拉新闻俱乐部接受记者采访，途中停下来，从街头报摊上买了一张由菲律宾国家地图和资源信息局出版的菲律宾地图。我在记者俱乐部的答记者会上，将那张图展示给大家看，在场的菲律宾记者和外国记者都看得很清楚，根据地图上的标示，黄岩岛

---

[1] 新华社：《中菲举行在南海建立信任措施会议》，1999年3月24日《人民日报》第06版。
[2] 刘临川、肖云：《历数南海渔民悲惨遭遇：能捡回条命就是大幸》，载环球网，2012年6月25日。

第五章 亚洲和平问题

不在菲律宾的疆域之内。

1999年6月，菲律宾教育部在新版地图中将黄岩岛，连同整个南沙群岛列入版图。1999年8月菲政府将"南沙群岛是菲律宾领土"列为修宪内容，试图为其领土扩张提供法律依据。

最严重的是，1999年11月3日菲律宾海军派出一艘旧军舰，以机舱进水为由，在黄岩岛潟湖东南入口处北侧实施"坐滩"，向中方声称军舰坏了，无法离开。因为此前在1999年5月已经有菲律宾"马德雷山号"坦克登陆舰在仁爱礁撞滩后，以修船为由从此不走的前车之鉴，这次中方没有再相信菲律宾海军在黄岩岛的托词，施加了强大的外交压力，要求菲方把船拖走。

1999年恰值菲律宾是东盟轮值主席国。东盟国家是中国的友好近邻，中国已经同东盟所有成员国建立了外交关系，并于1996年成为东盟全面对话伙伴国。此后中国同东盟关系顺利发展，高层往来频繁，经贸合作逐步深化。1997年12月，时任中国国家主席江泽民出席了第一次东盟—中、日、韩首脑非正式会议，并与东盟国家领导人发表了《中国—东盟国家首脑会晤联合声明》，确定了中国—东盟面向21世纪睦邻互信伙伴关系的方向和指导原则。1999年11月，第三次东盟非正式领导人会议轮到菲律宾做东，将在马尼拉举行，中国国家总理朱镕基准备应邀出席。当时中国与东盟各国的经贸合作关系发展很快，这次会议对本地区和中菲两国来说都相当重要。但是，中方不能无视黄岩岛上"坐滩"的菲律宾军舰，菲方的行为侵犯了中国的领土主权，也严重违反了双方的共识。当时朱镕基总理率领的代表团计划访菲并出

253

看世界 2

席在马尼拉举办的领导人会议，正在马尼拉访问，代表团停留在了浮罗交怡岛，等待菲方处置搁浅船只的问题。我为此面见时任菲律宾总统埃斯特拉达，他认真听取了我对情况的介绍和北京传来的信息和意见，之后进行了内部协调。最终菲方承诺将军舰拖回码头。中方代表团顺利抵达马尼拉，第三届东盟非正式首脑会议于 1999 年 12 月成功举行。在会议完全结束之前，菲方的"坐滩"军舰返回到码头，时任菲律宾总参谋长安吉洛·雷耶斯给我打电话通告了这个信息。

此后，菲方并没有放弃，又以"地理邻近"为理由，提出对黄岩岛的"领土主权"。2000 年菲律宾总统发言人说：黄岩岛是菲律宾领土的一部分，因其位于距离吕宋岛 125 海里处，而距离中国大陆将近 1 000 海里，距离海南岛 600 海里，因此，"中国对于这座岛礁的主权立场缺乏历史与法律基础"。[①] 然而，从国际司法实践和国际判例看，所谓的"地理邻近"并不能构成一国侵占另一国领土的依据。很多国家的海外领地都远离本土，比如关岛距离美国本土将近上万公里（从关岛到美国加州西海岸是 9 780 公里）。

2001 年 3 月 15 日，菲律宾副总统兼外长金戈纳发表声明说："黄岩岛是菲律宾领土的一部分，菲方已经对该海域行使主权和

---

① ［菲］2000 年 2 月 3 日《世界日报》第 2 版，转引自李金明：《从历史与国际海洋法看黄岩岛的主权归属》，《中国边疆史地研究》2001 年第 4 期。

管辖权。"①在这些激进主张的鼓励下,菲律宾开始在黄岩岛附近海域拦截中方渔船。对此,中方强烈反对,指出:"黄岩岛是中国的固有领土,其海域是中国渔民的传统渔场。菲方无权对在黄岩岛附近海域作业的中国渔船登临检查和采取措施。"②

中国与东盟国家经过反复磋商和艰苦谈判,于2002年签署了《南海各方行为宣言》,此后一直到2012年的十年里,中国一直遵守了在《南海各方行为宣言》中的承诺,在涉及南海的诸多事务上保持着克制,并且通过外交渠道不断要求东盟国家遵守共识,不要破坏地区和平稳定。然而,菲律宾无论是在言论上还是在行动上,都一直在不断强化对南沙一些岛礁的控制和对黄岩岛的侵犯。

根据大陆架界限委员会(CLCS)的规定,2009年5月13日是各成员国向该委员会提交外大陆架划界信息的截止时间。随着这个日子的临近,南海一些沿岸国家的"蓝色圈地"活动愈演愈烈,菲律宾政府再次在南沙群岛问题上以及针对黄岩岛发起挑衅。2009年1月28日,菲律宾参议院通过2699号法案(Senate Bill 2699),即《制定菲律宾领海基线的法案》,将黄岩岛和南沙群岛部分岛礁(包括目前在中国台湾当局控制下的太平岛)纳入菲律宾领土。同年2月2日,菲律宾众议院通过第3216号法案(House Bill 3216),将黄岩岛以及南沙群岛的部分岛礁(包括太

---

① 中新社:《朱邦造驳斥菲律宾官员对中国黄岩岛的领土要求》,载中新社网站,2001年3月17日。
② 同上。

平岛）划入菲领土；2月17日，菲国会批准《制定菲律宾领海基线的法案》；3月10日，菲律宾总统阿罗约不顾中国抗议[1]，正式签署该法案。在阿罗约政府时期，中菲双方围绕黄岩岛和南沙群岛在外交上经常发生交锋，不过，菲方在海上基本能保持一定的克制，中菲还在礼乐滩共同开发上达成了共识，并且在联合勘探上取得了一些好的进展。

2012年在黄岩岛究竟发生了什么

菲律宾新总统阿基诺三世2010年上任伊始，开始在南海采取一系列更加激进的行动，不断刺激中方，完全背离了双方在20世纪末至21世纪初经过外交协商达成的一系列共识。2011年3月菲律宾军方披露，计划投入2.3亿美元修整在南海岛礁上的军营和跑道；6月，阿基诺三世指令菲律宾相关部门以"西菲律宾海"一词替换"南海"这一国际通用地名。[2] 菲律宾还开始频繁地在黄岩岛及附近海域抓扣中国渔民，试图通过这种方式施加管辖和控制，为主权声索提供依据。中方对菲律宾的挑衅已忍无可忍，2012年4月10日发生的"黄岩岛事件"终于成为"压垮骆

---

[1] 新华社：《外交部紧急召见菲驻华使馆临时代办就菲通过"领海基线法案"提出严正抗议》，载中国驻菲律宾大使馆官网，2009年2月19日。

[2] Office of the Presidential Spokesperson of the Philippines, "Statement of the Presidential Spokesperson on the recent statements made by the Chinese government", GOVPH, June 10, 2011.

第五章 亚洲和平问题

驼的最后一根稻草"。

如前所述，2012年4月11日，中国媒体头版报道了中国渔民在黄岩岛受到菲律宾海军袭扰和侮辱，也有报纸刊登了中国渔民被菲律宾的军人押上军舰曝晒的照片，引发中国公众的强烈反应。

中国"海监75号"和"海监84号"在11日上午赶到现场，阻止了菲军人扣押中国渔民的企图。

美联社评论说，此次事件是中菲两国在南海领土争端方面"最严重的一次对抗"。菲律宾外交部则于4月11日通过媒体透露，一艘菲律宾军舰在南海中沙群岛黄岩岛试图抓捕中国渔民时，被两艘中国海监船阻止，中国海监船挡在菲律宾军舰与中国渔船之间，双方发生对峙。[1]

我当时在中国外交部担任副部长，主管亚洲事务，参与了处置这次事件。

事件发生后，中国外交部立即启动了应急模式，一方面尽可能向多方了解情况，另一方面紧急与相关部门协调，部署处置。考虑到渔民的安全，并且为了避免现场失控，4月14日中方要求渔船全部撤出黄岩岛潟湖。这对渔民来说是比较为难的事，因为他们大部分人都是通过贷款购买了捕鱼的器械和设备，在没有完成捕鱼作业之前离开渔场，难免造成比较大的经济损失。所以，

---

[1] Department of Foreign Affairs of the Philippines, "Philippines asserts sovereignty over Panatag（Scarborough）Shoal", GOVPH, April 11, 2012.

他们被允诺，一旦形势缓和就能重新返回潟湖渔场，实现当年的捕鱼计划。同时，我们试图通过外交渠道与菲方沟通，希望平息事端。但是对方毫无商量的意愿，更喜欢"通过麦克风"，也就是媒体渠道，向中方喊话。尤其是时任菲律宾外长艾伯特·德尔·罗萨里奥，完全不理睬中方关于沟通商谈的要求，他每天通过媒体发表言论。更有甚者，菲外交部怂恿一艘载有第三国专业人员的考古船于4月16日进入黄岩岛潟湖，开展所谓的"考古打捞作业"，全然一副有权掌控黄岩岛的架势，更加引发中国民众的反感和中方对失去黄岩岛的担心。

2012年4月16日，菲律宾与美国举行例行的"肩并肩"联合军事演习，据报道，有4 500名美军士兵和2 300名菲律宾士兵参加。日本、韩国、越南等七个国家首次派出观察员参加其中的人道主义救援与灾害响应演习环节。

2012年4月15日起至5月中旬，我就黄岩岛紧张事态向菲律宾驻华使馆临时代办提出多轮交涉，对方每次来了只是听听，不予回应。4月25日，菲律宾外交部发表声明称："中国认为菲律宾不遵守共识，但是，菲律宾认为双方从来就没有达成共识。"[1] 这让我们很怀疑菲律宾外交部是否有正常的档案收存。2012年5月3日，菲律宾总统府发言人宣布正式将黄岩岛改称为"帕纳塔格礁"（Panatag Shoal）。

---

[1] Department of Foreign Affairs of the Philippines, "Statement of the Department of Foreign Affairs on the Scarborough Shoal issue", GOVPH, April 25, 2012.

第五章　亚洲和平问题

黄岩岛的生态独特，中国渔政机构每年发放有限执照，允许少量中国渔民在鱼汛期间在潟湖内捕鱼。考虑到拥有黄岩岛捕捞执照的渔民多有偿贷压力，随着紧张形势的缓解，中方于2012年5月9日允许渔船重返黄岩岛潟湖作业。在他们动身之前，为了避免新的紧张局势，且考虑到应让外界更好地了解事情经纬，5月7日我再次约见了菲律宾驻华使馆临时代办蔡福炯，要求菲方克制，随后将交涉内容对外公布。① 中方的期待是，经历过此次事件之后，菲方能够吸取教训，让黄岩岛事态重归安宁和平静。

正所谓树欲静而风不止，菲方完全没有停止挑衅的意思，竟然派出小型公务船只进入潟湖内，而且轮班驻守，不肯离去，还在湖中放下浮标。中国渔民抵达黄岩岛之后，惊讶地发现潟湖内菲律宾公务船上的人员配备有枪支。现场的情况令我们高度担忧，虽然中方大型公务船已经实现对黄岩岛外围海域的控制，但是，潟湖内的渔船没有任何保护，如果渔民再次受到袭扰，双方在潟湖发生冲突，难免出现新的严重事态，甚至伤及平民。针对这种危险情况，中方通过外交渠道多次敦促菲律宾撤出潟湖内的武装船只，而菲方不予理睬。菲律宾外交部也一直拒绝中国驻马尼拉大使馆的任何沟通要求，这种切断外交交往的做法在和平环境下是非常罕见的。

---

① 外交部:《外交部副部长傅莹就黄岩岛事件再次约见菲律宾驻华使馆临时代办》，载中国驻菲律宾大使馆官网，2012年5月8日。

这种情况持续了两个多星期，至2012年5月底。此时，中方决定也派出执法小艇进入潟湖，更好地保护中国渔民的正常捕鱼作业。同时，中方也增加了潟湖外的警戒力量。这样，就形成中方小型公务船和渔船与菲律宾的武装公务船同时存在在潟湖内的一种态势，虽然暂时安抚住了渔民，但是仍然存在发生冲突的危险。

菲律宾的海军为什么最初敢在黄岩岛公然向中方发难？为什么敢于对中国渔民采取如此极端的行动？这种反常行为让人觉得诧异，不能不考虑背后站的是什么力量。冷战后东亚一体化加快发展，菲律宾也积极参与其中并且获益。菲律宾与美国有军事同盟关系，在美国亚洲军事行动中一直充当重要支点，在美国"重返亚太"和实施"亚太再平衡"战略的背景下，美国对南海的关注无疑给了菲律宾一定的刺激和鼓励。

2011年11月时任美国国务卿希拉里·克林顿访问菲律宾，其间她登上停泊在马尼拉港的"菲茨杰拉德号"导弹驱逐舰并发表演讲，姿态刻意。她专门谈到南海问题，表示美国不站在任何一方领土主张的一边，但是会帮助菲律宾保卫海洋区域；任何国家没有权利使用恫吓或胁迫的方式索取海洋权益，应该遵守包括《联合国海洋法公约》在内的国际法和有关法律规定。最引人注意的是，希拉里在讲话中使用了"西菲律宾海"一词代指"南

第五章　亚洲和平问题

海"这个国际通用名称。① 这是第一次由美国高官使用这个未被国际社会接受的单方面主张的名称，虽然之后美方明智地没有再用这个名称，但是希拉里当时偏袒菲律宾的态度显然给阿基诺政府壮了胆。"黄岩岛事件"发生后不久，菲律宾总统阿基诺、外长罗萨里奥等政要频频对外宣称，根据《美菲共同防御条约》，美国将在南海支持菲律宾抵御"外来武装进攻"。②

确实，根据1951年的《美菲共同防御条约》，美国有条约义务向陷入冲突的盟友提供支持，同时，美国需要在危机状态下向外界展示履行承诺的信誉，这也是"亚太再平衡"战略的重要组成部分。然而，黄岩岛并不在该协定防御的地理范围之内，从法律上讲，美国没有在黄岩岛协防菲律宾的义务。另外，基于政治考虑，美国作为一个老道的全球性力量，也不会被轻易卷入不符合自身利益的局部冲突。因此，美国对黄岩岛的心态是矛盾的，一方面担心给予菲律宾过多支持反而会助长其危险动作，另一方面又担心菲方在中方压力之下完全退缩，损伤美国作为盟主的形象和地位，而中国力量的上升本身就被美国视为对自身力量的削弱。

因此，美国试图保持一种微妙的平衡，在外交场合多次重

---

① Hillary Rodham Clinton, "Remarks Aboard USS Fitzgerald Commemorating the 60th Anniversary of the U.S.-Philippines Mutual Defense Treaty", U.S.Department of State, November 16, 2011.

② U.S. Governemnt Printing Office, "Mutual Defense Treaty Between the United States and the Republic of the Philippines", 2008 Lillian Goldman Law Library, August 30, 1951.

申《美菲共同防御条约》的有效性，也强化了在外交和军事上与菲律宾的互动。但是，美方同时也注意把握分寸，拒绝就发生冲突的假设情形做任何回应，强调"肩并肩"演习等军事动作并不针对中国。时任美国助理国务卿坎贝尔、国防部长帕内塔等高官不断表示，美国在争端问题上不持立场，无意介入黄岩岛事件。①美方的态度与菲律宾的期待有一定差距。②在2012年4月30日美菲"2+2"会谈后的记者会上，菲律宾外长罗萨里奥承认，"美方已经明确表示不会介入黄岩岛这样的领土争端"。③

美国的"相对中立"和保持距离的态度，动摇了菲律宾继续挑衅中国和长期对抗的决心。④而且菲方进入潟湖的船体积比较小，一个多月在海上的持续折腾导致他们人困船乏，难以为继，2012年5月下旬，菲律宾的态度开始松动。

与此同时，美方试图调动地区其他力量牵制中国。2012年5月24日我在柬埔寨金边出席东亚峰会高官会，时任美国助理国务卿坎贝尔约我见面，主动谈到对黄岩岛问题的关注，看起来菲律宾外长罗萨里奥与他保持着相当密切的沟通，他很了解菲方

---

① Joshua Lipes, "Conduct Guidelines 'Just for Show'", Radio Free Asia, 2012-06-27.
② Bonnie S. Glaser, "Armed Clash in the South China Sea", Council on Foreign Relations, 2012-04-11.
③ Hillary Rodham Clinton, "Remarks With Secretary of Defense Leon Panetta, Philippines Foreign Secretary Albert del Rosario, and Philippines Defense Secretary Voltaire Gazmin After Their Meeting", U.S.Department of State, April 30, 2012.
④ Department of Foreign Affairs of the Philippines, "DFA statement on the situation at Bajo de Masinloc (Scarborough Shoal)", GOVPH, May 23, 2012.

第五章 亚洲和平问题

观点。当时坎贝尔表示希望菲律宾与中方和谈,并且声称美方的根本目标是防止地区出现动荡和发生新的危机。但是,让我惊讶的是,在 2012 年 5 月 25 日正式的东亚峰会高官会上,坎贝尔当着中国代表团的面敦促东盟"团结起来抵抗中国,处理好自己后院的事情","向外部世界证明东盟存在的价值"。他如此陈旧和傲慢的语言,不仅让我费解,也引发东盟外交官一片哗然,茶歇时几位东盟高官都对我感慨:"怎么能这么讲话!""他是天外来客吗?"

坎贝尔发完言就去赶飞机了,次日我约见了美国代表团的副手助理国务卿帮办帕特尔,要求他澄清美方发言,我问,哪里是"后院"?是谁的"后院"?美国让东盟对抗中国意欲何为?帕特尔倒是态度平和,淡化"后院"之说,重申美国在黄岩岛问题上不持立场,也不鼓动东盟与中国对抗,他说"美方只是希望东盟给菲律宾一定的信心,让其保全颜面"。

这期间我在许多国际场合都感觉到,外界对黄岩岛事态严重关切,但是普遍不了解到底发生了什么,也不了解中国人的想法。国际媒体充斥着菲律宾的一家之言,中国被描绘成一个欺负小国的霸道邻居。我尽自己的可能说明事实原委和中方立场及主张,强调目前的关键是让菲律宾公务船撤出黄岩岛潟湖,让中国渔民平安作业。

2012 年 5 月 30 日至 6 月 2 日,我在美国的弗吉尼亚州出席彼尔德伯格会议,在间歇期间与也来出席会议的基辛格博士交谈。他以一位资深外交官的敏锐意识到,此事拖延下去会对中美关系带来不必要的牵扯。他主动向我了解整个事件的来龙去脉，认真听取了我对解决问题出路的意见，我甚至为他画了黄岩岛和潟湖的地图来做详细说明。他认为美国媒体的报道和官方的认识与我介绍的情况有比较大的差距，双方应更好地沟通，避免误解和误判。

2012年6月1日坎贝尔专程从华盛顿过来，约我在会场附近的一家酒店会面，随他而来的还有白宫国家安全委员会（NSC）亚洲事务主任麦艾文。坎贝尔还记得我对东亚峰会高官会上他的"后院"之说有意见，主动表示这个表述"不合适"，认识到有关问题的复杂性和敏感性，接受我当时的交涉。他转而谈到黄岩岛问题，情绪有点激动，表示不要低估美国对此事的敏感，以为其会置身事外。他希望尽快降温而不是升温，担心事态继续下去会加剧菲律宾和东盟的挫败感，认为中国这样的大国、强国在欺负自尊心强的小国、弱国。坎贝尔掌握的信息显然基于菲方的通报，他认为是中方在增派更多装备精良的执法公务船施加压力，并在潟湖口构建缆绳屏障使得菲政府船无法离开。他们拿出的卫星照片显示潟湖口有拦截屏障。

我耐心听他讲完，在回应之前，提出一个一直萦绕心头的问题：菲律宾海军为什么会这样大胆地挑衅中方？菲方曾经解释说，那艘海军舰只原本是去观察朝鲜发射的导弹的，这显然不能自圆其说。我的问题是："美方在黄岩岛事件中扮演了什么角色？""当然，"我说，"若你不便回答，我也理解，若能回答，希望讲真话。"

第五章 亚洲和平问题

我与坎贝尔也算是相熟了,而且我们都性情率直,是可以对话的,所以我这样直截了当地问他并不显得冒犯。他也很坦率地回应说:"我可以很负责地说,美国没有任何参与。"他的这个回答很重要,因为这关系到中方对黄岩岛事件的判断。

我向坎贝尔等人仔细介绍了整个事件过程,尤其菲方的无理行为和拒绝外交对话的做法,谈到对现场局势的分析。我尤其强调,中方渔民在潟湖内属于正常作业,没有任何武装,菲律宾武装公务船须撤出潟湖,从而冷却事态,防止发生冲突。至于潟湖外的中国公务船,我说:"菲方违约在先,挑衅在先,中方无法再相信菲律宾,决心保持公务船对黄岩岛的警戒,防止将来发生新的挑衅。"在事实面前,坎贝尔也承认中方是在做出反应,但是希望中国作为大国,不宜反应过度。

美方一再强调无意在中菲之间斡旋,表示中方显示的态度东盟国家已经明白,应尽快冷却事态,因为几天后,2012年6月8日,菲律宾总统阿基诺将要到访华盛顿,让中菲冲突成为访问焦点不符合美方的接待意图。对美方来说,能在此前解决这个难题至关重要。坎贝尔接受了我的观点,即菲律宾公务船撤出潟湖是解决问题的出路,但是他希望中方公务船也能撤出。我未获授权,不可能做任何承诺,但是中国公务小艇进入潟湖是为了保护渔民不受菲方武装公务船的威胁,如果菲方撤出,中方公务船也没有必要继续停留在潟湖内。确实,中方公务船通常都是在潟湖外面执法,鲜有进入潟湖的。坎贝尔告诉我,美方将明确要求菲方"小心处理此事",同时希望菲方采取行动后,中方也能下令撤出相关船只。坎贝尔与菲律宾外长罗萨里奥是好朋友,他很快成功说服了菲方撤出潟湖内的船只。2012年6月3日,我离开美国回国,在去机场的路上接到坎贝尔的电话,他说菲律宾公务船已经撤出潟湖,恳切要求中方也尽快撤出。我回到北京的时候,相关部门已经在评估潟湖内的局势,确认菲律宾武装船只已经撤出潟湖之后,开始调度中方公务小船也离开潟湖。菲律宾外交部公开确认,双方公务船只于2012年6月5日全部撤出黄岩岛潟湖。①

入夏,南海全面进入休渔期。中国在南海的伏季休渔政策是从1999年开始实施的,因为南海海域的捕捞强度超过了资源再生能力,渔业资源持续衰减,主要经济鱼类大量减少。伏季休渔制度是中国维护海洋渔业可持续发展的一项重要举措,有利于改善海洋渔业生态环境,保障渔民群众长远经济利益。2012年5月1日起,北纬12°以北的南海海域全面进入海洋伏季休渔期,持续到2012年8月16日。休渔期间渔船一律停港、封网。黄岩岛事件干扰了中国渔民在这里的作业,经过一段延期,黄岩岛潟湖渔场也进入休渔期,中国渔船相继离开黄岩岛潟湖。

在"黄岩岛事件"的高热阶段,出于安全考虑,已经有中国游客取消旅行预订,菲律宾媒体还传出将发生反华示威的消息。2012年5月10日,中国国家旅游局发出旅游安全提示,特别提

---

① Department of Foreign Affairs of the Philippines, "DFA statement on the situation in Bajo de Masinloc (Scarborough Shoal)," GOVPH, June 5, 2012.

醒游客，除非必要，近期应暂缓前往菲律宾旅游。[①] 多家旅行社通过为游客转换访问目的地、劝退、全额退款等措施，暂停组织赴菲旅游。同时，菲律宾总统阿基诺主动缓解两国之间的气氛，于2012年5月10日任命了两位中国事务特使，派他们访问北京，其中一位是华裔人士李永年，另外一位是塞萨尔·萨拉梅亚。他们表示菲方希望翻过这一页，恢复两国关系的正常发展。这让我们有机会向他们全面介绍黄岩岛属于中国的历史经纬和中方对黄岩岛争端的看法。双方秉持实事求是的精神，谈话基本保持冷静和理性，都希望中菲的人文经贸往来不再中断。我在会见两位特使时，说明了这次事件在中国公众中引起的愤怒情绪和对双方交往带来的影响，表示中国希望和菲律宾维持友好的双边关系。他们的访问在一定程度上缓解了双方的紧张气氛。

然而，菲律宾政府的声音并不一致，外长罗萨里奥继续到处渲染，说是中方要求美方对菲律宾施加压力撤离船只，而自己伺机占据了黄岩岛。罗萨里奥显然是为他继续兴风作浪、筹备提请南海仲裁做铺垫，而他最重要的假设是菲律宾拥有黄岩岛，现在被中国占据了。菲方在黄岩岛事件前后炮制出对黄岩岛的新"主权依据"，称"菲律宾自独立以来就对黄岩岛实施了有效占领和有效管辖"。[②]

[①] 李宝华：《国家旅游局警示 近期应暂缓赴菲》，2012年5月11日《新闻晨报》第A09版。

[②] Department of Foreign Affairs of the Philippines, "Philippine position on Bajo de Masinloc（Scarborough Shoal）and the waters within its vicinity", GOVPH, April 18, 2012.

当时我在与坎贝尔的谈话中把这些情况说得很清楚。不过他对黄岩岛的地理条件和细节了解多少是个疑问，从事后的表态看，美方对罗萨里奥关于中方不履行承诺撤船的说法是同情和接受的。坎贝尔曾经当面对我说："是你成功地操纵了我们。"在这样的认识的影响之下，中方被描绘成缺乏诚信的一方，在美国和菲律宾，人们普遍认为是中方不履行共同撤走船只的承诺，伺机占据了黄岩岛。

菲方和美方散布的这种错误的信息和认知是不符合事实的，如果依据这样的认知进行决策，更是危险。事实是，2012年，面对菲律宾军舰在黄岩岛海域对中国渔船和渔民的威胁、挑衅，中方派出海监和渔政船只巡航黄岩岛海域，保护中方人员和财产安全。"黄岩岛事件"之后，菲律宾对黄岩岛的野心并未打消，仍然坚持派小型武装公务船在黄岩岛潟湖内威胁中国渔民作业，迫使中方也派出小型公务船进入潟湖，双方形成对峙，造成冲突风险。我与坎贝尔讨论的正是潟湖内的问题，而没有涉及潟湖外的事情。2012年6月初，菲律宾的小型公务船从潟湖撤出之后，中方的小型公务船也离开了潟湖。

因此，从事件的经纬看，不存在中方"欺骗"的问题。现在，中菲再度回到对话与合作的轨道，重新回顾一下这段经历是必要的。

中国与菲律宾两国友好源远流长，中国对两国分歧的处理也一直照顾到菲律宾作为长期友好邻国、两国人民感情深厚的现实。2012年菲律宾海军在黄岩岛的挑衅事发突然，但是在整个处

第五章　亚洲和平问题

置过程中，中方表现出了极大的克制和善意。

在南海的领土和海洋权益问题上，中国坚持用和平谈判的方式解决分歧，而不选择用军事手段解决，非不能为，而是出于对周边环境的爱护和对邻里关系的照顾。20世纪90年代以来，中国通过与当事方的直接谈判和与东盟国家协商，比较有效地控制住了争议的扩大与发酵，维持住东亚地区总体和平稳定局面。相较于世界上许多地区发生的冲突和动荡，东亚国家对分歧和矛盾采取冷处理的方式是成功的。但是，中国立场的重要基础是保持对固有领土的主权，这是决不能动摇的。任何国家试图采取新的侵害中国主权和权益的做法，必然会遭到中国的强烈反应和反制，2012年的"黄岩岛事件"即是一个值得相关各方警醒的教训和例证。菲律宾对黄岩岛不曾拥有，中国尊重他国主权和领土完整，同时也不会允许丢失一寸国土。菲律宾是中国的近邻，许多问题不是不可以商量解决，但是一切努力都应该建立在诚实信任的基础之上。

2016年8月10日至11日，我与菲律宾前总统拉莫斯的香港会面进行得积极和热烈，与我一同参加这次会面的吴士存先生是中国南海研究院的院长，对南海问题的历史经纬非常熟悉，他的加入让我们的讨论更加专业。我们坦率地围绕南海紧张局势交换了意见，彼此都认真听取了对方的意见，增进了相互理解。在会议结束时，我们达成了七点共识。在拉莫斯的提议下，双方向外公布了共识的内容，这在两国都受到了欢迎。我们在共识中强调，双方都深刻地认识到"建立信任对于中国与菲律宾之间长期有益的关系非常重要"。

以下是我与拉莫斯达成的七点共识的内容:(一)鼓励进行海洋生态保护;(二)避免紧张局势和促进渔业合作;(三)开展禁毒和反走私合作;(四)打击犯罪和反腐败合作;(五)开拓增进旅游合作的机会;(六)鼓励便利贸易和投资的措施;(七)鼓励就共同关心和感兴趣的问题进行二轨(智库)交流。我们主张两国"要本着四海同心的精神,推动中菲之间的和平与合作"。[①]

我尤其喜欢"四海同心"这个概念,希望两国关系未来的路能走得更加顺利和平坦。

离别之前,拉莫斯鼓励我写下"黄岩岛事件"的经纬,让更多人了解。他说,菲律宾很少有人知道到底发生了什么,为了避免我们两国关系因为误解而倒退,倾听中国人的声音是很重要的。他表示,如果我能写出来,他会推荐给菲律宾的刊物登载,应该让更多的菲律宾人了解中方的看法和叙事。这篇长文章就是在香港会面之后写的,真诚希望这将有助于增进了解和理解,维护南海的和平与安宁。

[①] 中新社:《拉莫斯在香港与傅莹、吴士存会谈后发表声明》,载搜狐网,2016年8月12日。

朝韩在 2018 年的冬奥会上伸出和解之手*

2018 年出现了改变半岛紧张局势的新机缘,韩国和朝鲜利用平昌冬奥会相互伸出和解之手。两国运动员在"朝鲜半岛旗"下手挽手进入冬奥会场的情景令人动容,展现了他们对和平的渴望。朝鲜最高领导人金正恩也向韩国总统文在寅发出了访问平壤的邀请。平昌冬奥会给半岛漫长的政治寒冬带来些许暖意,但真正的春天还有多远仍是疑问。若朝韩和解势头迅速瓦解,将不符合各方利益,美方利益亦会受损。

美朝直接或通过韩国,都已经表达了对话的意愿。然而,对话的开启并不容易,双方都试图将对话描绘成己方毫不退让战略的成功。美方坚持朝方应主动提出愿意谈判,放弃核计划,以此

---

* 本文以《和平解决半岛问题的机会是否会再次被错过?》为题,发表于 2018 年 2 月 27 日的观察者网,系根据傅莹在外媒发表的两篇英文署名文章中译文合编而成,分别是英国《每日电讯报》(*The Telegraph*) 2018 年 3 月 1 日发表的 "The US Should Agree to Peace Talks to Resolve the North Korea Nuclear Crisis" 和同日彭博新闻社网站发表的 "Don't Let the Olympic Truce End"。

表明对和平的诚意。而朝方则无意放弃其自以为的核项目带来的相对安全。同时，美国主张加大对朝鲜制裁，引起朝鲜反对。看起来要想取得进展，双方都需要付出更多努力。在朝核问题上，美国无疑是强势和更有能力的一方，强者应有强者的担当和视野，还要有对弱小一方的同理心。弱者也自有弱者的尊严，不会长久屈从。无视这一现实只会使局势重陷冬奥会之前制裁与核试验轮番升级的长期恶性循环。

朝鲜战争结束至今60多年，交战双方之间仍只有一纸停战协定，而非和平条约。面对美国在朝鲜半岛的强大军事存在和战略威慑（更别提美韩核保护伞），朝鲜多年来一直在通过谈判获得安全保障还是拥核自保之间摇摆。1994年达成的框架协议失败了，因为无论是承诺提供重油和轻水反应堆的美国以及盟友一方，还是承诺放弃核计划的朝鲜一方，都没有切实履行协议。2003年开启的朝核问题六方会谈多次促成协议，但是终因美朝缺乏信任和诚意，机会一再错过。例如，一度被公认为最成功的2005年"9·19共同声明"未能落实，如果说是朝鲜违背了协议，那么美国在各方开始履行协议之际，以汇业银行案为由对朝实行金融制裁，也破坏了互信。

通过多年与美国打交道，朝鲜看透了美国以朝鲜政权垮台为目的的对朝政策，越来越失去通过对话实现安全的信心，越发看重全面发展核能力，这招致美国进一步升级威吓和施压。自从2006年朝鲜第一次进行核试验以来，美韩军演达到了越战结束以后的最大规模，联合国安理会通过了十次制裁决议，使朝鲜的对

第五章 亚洲和平问题

外经贸合作接近停顿。然而,巨大的压力让其更加坚定地走上拥核的道路。

解铃还须系铃人。朝鲜眼中的威胁以及朝鲜发展核武器的原因都在于美国,只有美国能够解决朝鲜的安全关切。中国能做的是鼓励美朝双方都为对话做出努力,而联合国安理会的涉朝决议也都呼吁对话。文在寅总统接到金正恩对他访问平壤的邀请时回应说,需要朝鲜和美国开展积极对话,为他访朝创造条件。做出复谈的决定无疑是困难的,但是各方应抱有信心,恢复和谈就像重启一辆停放很久的车,起动往往最难,一旦谈起来,局面马上就会不同。要看到,朝鲜已经进行的六次核试验中,有五次都发生在和谈遭遇挫折或者停摆之后。朝核问题的轨迹告诉我们,只要和谈的大门开着,紧张局势就能得到控制。因此,开启和谈本身亦是成果。所谓千里之行始于足下,就是这个道理。

制裁作为必要手段,其目的是推动谈判,只压不谈,效果有限。2018年冬奥会期间,美韩决定暂不举行联合军演,出现了事实上的"双暂停"局面,也明显缓解了紧张局势。朝鲜半岛北南双方开启了一个新的"和平窗口",希望美朝都能抓住这个宝贵的机会,迈出接触的步伐。美国有权担忧自身的国家安全,但是和平不可能是单方面的,在目前情况下,除非朝鲜也能获得安全,否则美国很难真正解决自己的安全担忧。美国及其盟友在半岛安全上如果继续秉持零和思维,只考虑自己的安全和利益,不给对方生存和发展的机会,则永远无法理解妥协的必要性。而朝鲜也需要冷静考虑,争取通过谈判赢得更加可靠的安全。

朝核问题和平解决的机遇之窗*

外交成功的基础是了解和理解对方，唯此方能在谈判中做出正确判断，采取正确步骤。

两千多年前，中国古代哲学家庄子在辩论中遇到过这样的问题："子非鱼，焉知鱼之乐？"与美国人讨论朝核问题时，我常引用这个典故，因为美国人常倾向于用自己的假设去推断朝鲜。

比如，美国认为朝鲜追求的终极目的是拥核，安全关切只是借口。何以见得呢？核武器不能当饭吃，如果朝鲜能够获得安全的生存和发展环境，为什么不能放弃导致外部环境严重恶化和国家陷入被制裁深渊的核武器呢？然而，如果国家安全不保，朝鲜必铤而走险地坚持拥核道路。这正是过去十多年我们所看到的半岛安全困境。

---

* 本文系美国《华盛顿邮报》约稿，2018 年 6 月 11 日以 "At the North Korea Summit, Empathy is the Key" 为题发表英文版。观察者网同日以《朝核问题和平解决的机遇之窗》为题发表中文版。

第五章 亚洲和平问题

现在,朝核问题出现了难得的和平解决机会。历史上,能够引发好结果的多个条件同时出现是比较罕见的,而现在我们正目睹这样的情景。

首先,韩国总统文在寅是理念和平主义者,上任之初就积极倡议和平对话,主动向北方送出和谈的橄榄枝,就像没有系安全带就从高空跳伞一样,所幸有人接住了他,朝鲜抓住了文在寅伸出的和平之手。2017年9月,朝鲜在第六次核试验之后,声称达到威慑目标,显然,进一步发展核技术很难,需要顺势进入集中精力发展经济的轨道,这个和平转机恰逢其时。

更重要的是,美方对朝核问题的认识有了新的转变,特朗普政府看到前两任美国政府只施压不认真和谈导致的严重后果,且经过2017年秋天以来对军事等强硬手段的测试,也认识到战争代价之巨大。特朗普政府上任以来,一方面加大制裁力度,让朝鲜感觉到"疼";另一方面,对朝鲜表达的接触意愿比过去任何时期都认真和连贯。2018年3月离任的美国国务卿雷克斯·蒂勒森[①]曾提出的"四不"承诺——美国不要求改变朝鲜国家体制、不要求搞垮朝鲜政权、不急于南北统一、美军不对朝鲜进行军事进攻——给予了朝鲜一直期待的尊重感。朝鲜应该是在认真研究特朗普政府的声明及其背后的意图。而中方的立场是连贯的,一直坚持以和平方式实现半岛无核化的立场,反对半岛生战、生

---

① 雷克斯·蒂勒森,美国企业家,埃克森美孚现任董事长兼CEO,自2017年2月起任美国第69任国务卿,2018年3月31日解职。

乱，积极推动美国和朝鲜走上和平谈判的道路。目前的事态完全符合中方一直以来所主张和支持的方向，中方在其中发挥的促进作用相当关键。

现在看来，经过几个月的磨合和反复，朝美首脑会晤将于6月12日在新加坡举行，机遇之窗即将打开。双方为此已做出过去难以想象的让步。国际社会期待这次会晤取得蓬佩奥国务卿所说的"重大而大胆"的好结果。

诚然，天下没有免费的午餐。在这样大的难题面前，任何一方要想实现自己的意图，都要做出调整和让步，大家都要相互妥协。对朝鲜而言，此事关乎生死，它会很认真，但也会很脆弱、敏感和紧张。金正恩所追求的，与他的祖父和父亲时代孜孜以求的一样，就是国家安全和政权安全。朝鲜发展核武器是为此，放弃核武器也是为了实现这个目标，因此，朝鲜的路数是清晰的。

美方的路数是否清晰呢？美国人对核问题有相当透彻的分析，对弃核步骤和方式也有具体要求，但是很少听到美国人讲述为换取朝鲜弃核自己准备付出什么样的代价。当美国人提出要一步到位地实现弃核（front-loading）时，是否考虑过如何一步到位地解决朝鲜的安全关切呢？当美方希望朝鲜在短时间内"永久性"地实现弃核时，是否想到朝鲜的安全能否永久性地得到保障？这些问题呼唤同理心，需要各方都能进行双向考虑。无论会晤的锣鼓敲得多么响亮，任何一方若只想索取而不想付出，就有可能再现过去困境的反复。

特朗普与金正恩的会面不难取得成功。他们见面本身就能向世界展现和平的进展,甚至可能达成新的协议,开启一个重要的进程。

此刻各方都需要避免提出现阶段不可能实现的要求,把自己困住。应该留出一些空间,让彼此都舒适,使得这个进程可以继续,这样就很了不起了。半岛问题经历60多年的复杂演进,冰冻三尺非一日之寒,需要善心、耐心和恒心。

中国的作用可以用"锚定"来形容。中国始终是推进和平、反对战争的坚定力量,朝核问题的和平解决符合中国以及本地区各方的根本利益。中方将继续为未来半岛的和解与和平发展发挥积极推动和保障作用。同时,中方也需要为和谈脱轨的可能性做好充分准备,继续发挥"锚定"作用,避免形势再次滑向冲突的危险方向。

对中国人来说,半岛和平是我们的根本愿望,期待看到朝鲜人民走上经济发展的道路。这次机遇是历史性的,希望各方都能抓牢。

中国与亚洲安全——接受新加坡《联合早报》书面采访*

提问：您在会前的一场电视辩论会上，主张亚洲国家间增进互信，消除"信任赤字"，能否对此提一些建议？

傅莹：亚洲是充满活力、快速发展的地区，冷战后一直保持和平稳定的局面。这里也是多样性突出、各种矛盾相互交织的地区。我们只有保持沟通，不断增信释疑，才能维护好安全环境，延续合作和增长的势头。本着这一精神，我们来到新加坡参加本届香格里拉对话会，希望传递中国信息，多听取各方观点。

2014年5月，习近平主席在亚信峰会上倡导以共同、综合、合作、可持续安全为核心的亚洲安全观。为落实这一理念，应继续推动地区经济一体化，以可持续发展促进可持续安全。应加强

---

* 傅莹2014年5月31日至6月1日应邀在新加坡出席第十三届香格里拉对话会，期间接受了《联合早报》采访。该报基于访谈内容，于6月2日以《中国愿维护亚洲和平安宁》为题发表。

第五章 亚洲和平问题

大国良性互动，抛弃冷战思维，相互尊重对方利益和关切，合作应对共同挑战。21世纪的安全必须是共同的，照顾到和包容各方安全关切，不可能只考虑少数国家安全需求，只关心盟友之间的绝对安全，搞针对第三方的小圈子，而无视甚至损害地区国家长期努力建立起来的信任基础，影响地区稳定。应坚持多边主义，完善地区安全合作包容性的架构，发挥好东盟在区域合作中的中心作用，以"东盟方式"，也就是努力寻求共识的方式，妥善处理分歧，推动东盟地区论坛、东盟防长扩大会等机制提升加强能力建设，在增进互信、促进安全合作方面发挥更大作用。

提问：外界有批评称中国在东海、南海问题上采取单边行动，中国似乎成了本地区安全的问题。请问中国如何看待这一批评？

傅莹：在东海、南海问题上，中国一贯反对单方面改变现状或者挑衅，主张并始终致力于同有关国家通过协商和谈判，以和平方式解决分歧和争议。但是，近年来中国面临的问题是，一些国家单方面挑衅在先，有的国家不仅制造新的事端，而且采取有可能危及安全的危险举动。面对挑衅，中方必须有效和有力回应，以保护自身利益，同时也要采取措施防止局势失控，维护有关各方达成的共识，维护地区稳定与秩序。

中方也要考虑，如何更好地沟通，如何更好和更及时地让外界了解中国的思想和观点。在香格里拉会议上最常听到的观点就是："中国如此强大，将如何改变地区和世界？"显然中国在外界眼中已经成为世界级的大国，外界会更加关注和挑剔，尤其考虑到对中国国情的缺乏了解和冷战思维的存在，误解和误读往往遮蔽了真相。中国可能要做出更大的努力，去传递中国的声音，缩小形象被他人塑造的空间。

提问：中国支持按国际法来解决南海问题吗？

傅莹：南海问题的核心是南沙群岛部分岛礁主权争议和海洋权益主张重叠问题。中方致力于同有关当事国在尊重历史事实和包括《联合国海洋法公约》在内的国际法基础上，通过直接谈判和友好协商来加以解决。这是中国的基本立场。

《联合国海洋法公约》是第一个非大国主导的，由160多个国家参与，经过十年艰苦和耐心谈判达成的重要国际法律文书，中国一直积极参与公约的谈判和制订，并于1996年由全国人大批准。虽然《联合国海洋法公约》并不完美，很多条款也失之笼统，但是其贯穿始终的和平利用海洋的精神，体现了人类的共同追求。当然，《联合国海洋法公约》不涉及领土主权归属问题，其序言部分就开宗明义讲清楚了，更不可能允许在单方面划定专属经济区的基础上，以此为依据声索海域中的岛屿。

《联合国海洋法公约》不是国际法的全部。《联合国宪章》、国际关系基本准则、国际习惯法等都是国际法的重要构成，地区国家达成的包括《南海各方行为宣言》在内的双多边协议和共识，也是本地区海上规则体系的重要组成部分。法不溯及既往、禁止反言、领土主权不可侵犯等国际法重要原则以及谈判协商处理争议的政治共识都应予遵守。

中方将继续努力与相关国家保持沟通，增进政治互信，开展

第五章　亚洲和平问题

海上合作，为解决争议、管控分歧营造良好氛围，并同东盟国家一道，全面有效落实《南海各方行为宣言》，在《南海各方行为宣言》框架下商谈制定"南海行为准则"，共同维护南海的稳定与安宁。

提问：日本首相安倍晋三正在积极推动解禁集体自卫权，并表示要在区域安全方面扮演更加积极而有建设性的角色，您如何看待这个问题？

傅莹：经过包装的所谓"积极和平主义"，重点不是"和平"而是"积极"，是要修改战后日本的和平发展道路。日本近代对亚洲邻国造成了巨大伤害，而且战后日本没有真诚悔罪，现任日本领导人更是竭力否认和美化侵略历史。在这种情况下，日方推动解禁集体自卫权，并要求积极介入国际安全事务，难免使人们对其动机、目的和结果产生很大的疑问。日本领导人是否会像近代日本那样，以各种借口把日本再次带向一条错误的道路？

亚洲需要的是和平与安宁，是发展和人民生活水平的不断提高。我们不赞成渲染和扩大分歧、制造对立，不应该让亚洲再度陷入争斗甚至割裂。我们必须高度警觉，不让历史悲剧重演。

第六章 人工智能

人工智能对国际关系的影响[*]

1950年，英国科学家图灵提出了人工智能的概念。1956年，首届人工智能研讨会在美国新罕布什尔州达特茅斯举行，人工智能作为一门科学正式为科学界所承认。1997年，IBM计算机程序"深蓝"赢得与世界国际象棋特级大师卡斯帕罗夫的六盘大战。进入21世纪的第二个十年，人工智能技术的研究和开发加快了步伐。2014年，谷歌AlphaGo（阿尔法围棋）战胜世界围棋冠军李世石。经过60年的探索和推动，今天人工智能已经在人类越来越多的生产和生活领域得到广泛应用，在部分专门领域接近甚至超过人脑的表现。作为一种有潜力改造人类社会面貌的泛在性技术，人工智能在科技、产业、军事、社会、伦理等领域被广泛讨论。

---

[*] 本文以《人工智能对国际关系的影响初析》为题首发于《国际政治科学》杂志2019年第1期，观察者网2019年4月12日以《人工智能变动国际格局，中国倡导什么规则》为题转发此文。

那么，人工智能是否会对国际关系产生影响？会产生什么样的影响？需要说明的是，人工智能技术本身存在复杂性、难以说明性和不确定性，我并非人工智能技术专家，只是根据已经发生的人工智能事件或学术界普遍认可的发展趋势，分析人工智能对国际关系产生的影响，并试图探讨构建共同准则的必要性和可能性。

诚然，对于科学技术会如何影响现代国际关系有不少过高的预期。例如，阿尔温·托夫勒在1980年出版的《第三次浪潮》一书中预测，未来世界将充斥核武器风险，经济和生态将濒临崩溃，现存政治制度将迅速过时，世界将面临严重危机。这类预测往往高估了科技给人类带来的困难，却低估了人类解决困难的意愿和能力。冷战后，在全球化的大背景之下，多边主义逐渐成为国际共识，应对气候变化的全球运动和各国由此而不断强化的应对环境变化的合作，以及世界范围内的和平运动的发展，都显示了人类在维护和平和应对挑战上的理念共识和负责任的态度。科技造成的问题，可以通过科技本身的不断再进化而得到解决，人类也需要通过伦理道德和法律来构建严密的防范体系。实际上，每一次科技革命都加快了全球化的进程，促使一系列全球性问题被纳入国际政治的议事日程中来，世界也因此变得更加透明和更加融为一体。

我们讨论的是什么

在进入正式讨论之前，需要明确几个问题。

第六章　人工智能

第一个问题，我们讨论的是什么人工智能？是狭义的、能够模拟人的个别智能行为的人工智能，比如识别、学习、推理、判断，还是通用人工智能，即拥有与人类大脑相似的自主意识和自主创新能力？是弱人工智能，为解决特定、具体任务而存在，只擅长语音识别、图像识别、翻译某些特定素材的人工智能，例如谷歌的AlphaGo、科大讯飞的智能翻译器，还是强人工智能，即能够思考、计划、解决问题，能够进行抽象思维、理解复杂理念、快速学习、从经验中学习等人类级别的人工智能，例如电影《人工智能》中的小男孩大卫、《机械姬》中的艾娃，抑或是未来的超级人工智能，即跨过了"奇点"，计算和思维能力远超人脑，"在几乎所有领域都比最聪明的人类大脑聪明很多，包括科学创新、通识和社交技能"（牛津哲学家尼克·波斯特罗姆对超级智能的定义）的所谓人工智能合成人（Synthetics）？

我们讨论人工智能对国际关系乃至国际格局的影响，只能限定在已知的、基于大数据和深度学习技术的，以算力、算法和数据为三大要素的人工智能技术及其应用上。我们还无法讨论那些尚未获得突破的、拥有全大脑仿真技术的未来人工智能技术。目前应是依据已经存在和能大致预见到的人工智能技术及其发展趋势，来探讨其已经和可能对国际关系产生的影响。

第二个问题，人工智能是否会影响国际关系进而影响到国际秩序？目前看，答案是肯定的。历史上，技术革新和传播曾经无数次革命性地改变了一国或多国的命运，进而改变了地区格局甚至世界形势。麦克尼尔父子在《麦克尼尔全球史：从史前到21

世纪的人类网络》一书中,生动地描写了技术革命对军事、政府组织方式、信仰,进而对国家间权力转移和地区格局演变的决定性影响。书中谈到,公元前1700年左右,战车革命改变了美索不达米亚、埃及、印度、中国黄河流域等区域的权力格局,例如,雅利安人入主印度北部和商朝的兴起。公元前1200年后,铁冶炼技术的出现和传播,使装备着价格相对低廉的铁甲胄和兵器的普通步兵,有条件将精英驾驭的战车掀翻在地,更加廉价的武器装备、更大规模的军队、官僚统治的巩固等条件的组合,使亚述、波斯等农业帝国的崛起成为可能。公元前7世纪,马弓手的数量和技术又一次打破欧亚大陆的军事政治平衡,大草原上的游牧民族再度取得对农耕民族的优势。

再举一例,核技术的出现改变了现代世界的政治面貌,进一步稳固了第二次世界大战结束时形成的大国权力格局,五核国的身份使得美国、苏联(解体后是俄罗斯)、英国、法国、中国保持着联合国安理会常任理事国的地位,而且产生了以和平目的利用核能、有核国家承担不扩散核武器义务、允许无核国家获取和平利用核能技术等一系列国际规范,催生了核战争等于人类毁灭、核扩散不义且非法等国际价值观,形成了《不扩散核武器条约》、《全面禁止核试验条约》、联合国核裁军谈判机制、全球核安全峰会、东南亚无核区等一系列国际制度安排。

人工智能被认为具有像核能一样的军民两用性和改变国家实力对比的颠覆性。2017年7月,哈佛大学肯尼迪学院贝尔福科学与国际事务中心发布了《人工智能与国家安全》报告,认为未来

第六章 人工智能

人工智能有可能成为与核武器、飞机、计算机、生物技术不相上下的变革性国家安全技术。因此，将人工智能纳入能够影响国际关系的讨论范畴是合理的。

人工智能甚至可能影响国际秩序的变迁。北京大学王缉思教授认为，国际秩序包含两项基本内容，一是主要国家和国家集团的权力结构和实力对比，二是处理国家间关系应遵循的规范。清华大学阎学通教授认为，国际秩序是"国际体系中国家依据国际规范采取非暴力方式解决冲突的状态"，其构成要素为国际主流价值观、国际规范和国际制度安排。他还认为，导致国际秩序变化的原因是国际格局的变化，但国际格局却不是国际秩序的构成要素；建立国际新秩序的性质是国际权力的再分配，即国际制度再安排的核心内容。两位学者在分析国际秩序时都强调了国际格局、国际规范两大因素。人工智能有可能通过改变国际行为体的力量对比和相互关系，冲击现有国际规范并催生新的国际规范，从而从国际格局和国际规范两个方面影响国际秩序的变迁。

人工智能将如何影响国际格局

首先，人工智能将从经济上影响国家间的力量对比，甚至引发新一轮大国兴衰。

保罗·肯尼迪在《大国的兴衰》一书中指出，从长远来看，每个大国经济的兴衰与其作为一个世界性大国的兴衰之间有一种显而易见的联系。2017年6月，普华永道发布的《抓住机遇——

看世界 2

2017夏季达沃斯论坛报告》预测，到2030年，人工智能对世界经济的贡献将达到15.7万亿美元，中国与北美有望成为最大受益者，总获益相当于10.7万亿美元。2018年9月，麦肯锡全球研究所发布的《前沿笔记：用模型分析人工智能对世界经济的影响》报告认为，人工智能将显著提高全球整体生产力。去除竞争影响和转型成本因素，到2030年，人工智能可能为全球额外贡献13万亿美元的GDP增长，平均每年推动GDP增长约1.2%。这堪比或大于历史上其他几种通用技术（比如19世纪的蒸汽机、20世纪的工业制造和21世纪的信息技术）所带来的变革性影响。报告还指出，占据人工智能领导地位的国家和地区（以发达经济体为主）可以在目前基础上获得20%~25%的经济增长，而新兴经济体可能只有这一比例的一半。"人工智能鸿沟"可能会导致"数字鸿沟"的进一步加深。人工智能可能改变全球产业链。以工业机器人、智能制造等为代表的"新工业化"将吸引制造业"回流"发达经济体，冲击发展中国家人力资源等比较优势，使许多发展中国家提前"去工业化"或永久性失去工业化的机会，被锁定在资源供应国的位置上。人工智能的开发和应用需要大量资金，科技含量高，且有可能导致就业结构变革，使得高重复性、低技术含量的工作逐渐消失。

此外，麦肯锡在2017年的另外一份报告中，根据对46个国家和800种职业进行的研究做出预测，到2030年，全球将有多达8亿人会失去工作，取而代之的是自动化机器人；届时，全球多达1/5的劳动力将受到影响。全球将发生类似20世纪初的大规

第六章　人工智能

模岗位转变，当时全球大部分岗位从农业转为工业。简言之，就是用资本和技术替代劳动力。同时，人工智能技术的广泛应用也将增加对这方面的专业人才的需求。

研究显示，有三种类型的国家最有可能从人工智能技术的发展中受益。

第一类是有人工智能先发优势的国家，比如美国和中国，都被看好。第二类是资本和技术密集同时人口较少或处于下行趋势的国家，比如日本、韩国、新加坡，既有发展人工智能的资本、技术条件，又能借助人工智能的发展弥补人口总量不足或呈下降趋势、人口结构老龄化等劣势。第三类是拥有更多科学家、数学家、工程师的国家，或重视科学、技术、工程、数学（STEM）相关专业教育的国家。

其次，人工智能将从军事上改变国家间的力量对比。

军事智能化的鼓吹者认为，人工智能将颠覆战争形态和战争样式。机械化战争是以物释能，靠的是石油和钢铁；信息化战争是以网络聚能，靠的是信息和链接。而根据目前的预期，一旦战争进入智能化时代，将是以智驭能，打的是机器人和自动化战争。

可以预见的是，在智能化条件下，战斗人员、作战概念、制胜机理等战争要素都将发生改变。在传统战争中，即便存在敌对双方在武器装备、训练水平上的差距，劣势一方凭借天时、地利、超人一等的计谋、先进的战术等，尚可一战。比如，在阿富汗和伊拉克战争期间，简易爆炸装置就让美军吃尽了苦头。而在智能化战争条件下，一方在人工智能上的技术优势会迅速形成战场上的压倒性优势，使劣势一方无法形成有效的观察—判断—决策—行动循环，始终处于被动挨打的状况。布鲁金斯学会在《人工智能改变世界》报告中提出了"极速战"（hyper war）的概念，即战争是一个与时间赛跑的过程，决策最快和执行最快的一方通常会占上风。在人工智能辅助下的指挥和控制系统，其决策速度会大大超越传统战争模式，加上能够自主决定发射致命武器的自动武器系统，将大大加速战争进程，以至于需要创造一个新术语"极速战"来描述这种战争模式。2018年4月26日"大西洋"网站刊发的《当排爆机器人变成武器》一文，就用大量分析说明，军事机器人可以显著降低路边炸弹的威胁。

人工智能还将引发军事装备的革命性变化，无人自动性致命武器的集群式作战，可能成为未来战争的主角和主要作战方式。设想中的空中无人机"蜂群"、水下无人潜艇"狼群"、地面机器人、无人坦克"蚁群"等一旦出现，将重构"消耗战""人海战术"的价值，使得舰母、F-35战斗机等复杂而昂贵的大型武器平台，从战争成本和作战效能的综合角度看变得不那么具有优势。可以想象一下，当单架成本上亿美元的F-35战斗机对战单价为几千美元的武装无人机集群时，无异于"大炮打蚊子"。

需要说明的是，人工智能对军事的影响尚存在很大不确定性，这种影响可以有多大，如何发挥影响，都不确定。2018年7月，在清华大学第七届世界和平论坛"人工智能与安全"分论坛的讨论中，有专家提出，虽然目前大致可以判断出机器学习、工

第六章 人工智能

业机器人、材料科学等技术的未来发展趋势，但是这些技术如何结合起来，给未来战争造成什么样的具体影响，尚无法准确预估。20世纪前30年，当时的德、英、法、意等欧陆军事强国都研发出了坦克、飞机、无线电通信技术等，但是，只有当德国在第二次世界大战中遂行了"闪电战"之后，世界才发现这些新技术作为一个整体竟会给战争带来如此颠覆性的改变。现在，无论"算法战"还是"蜂群战术"，战略界的热议都还是从单项技术出发分析其对作战的影响。如果不能从整体上认识人工智能技术的军事运用，设想出来的应对措施有可能成为昂贵而无用的新"马其诺防线"。

再次，按照目前的研究成果看，人工智能对国际格局的影响可以概括为四个方面。

一是可以显著增加全球财富。但是，财富在国家间的分配将更加不平衡，人工智能技术的引领国受益多，落后国受益少，人工智能将进一步拉大国家间经济总量和质量差距。新增财富在地区间的分配也将是不平衡的，东亚地区有可能成为人工智能技术的最大受益者，美国有条件巩固其世界经济中心的地位，而东亚的地位也会进一步上升。与此同时，财富在同一国家的不同地区、不同行业、不同群体中的分配可能进一步失衡，相关国家国内政治平衡也将受到不同程度的冲击。二是在资本、技术、劳动力三要素中，人工智能有利于具有前两项要素比较优势的国家，不利于具有劳动力要素优势的国家。三是当前人工智能技术的核心要素是算法、算力和数据，哪个国家拥有的计算资源越多、研发的算法越先进、掌握的数据越多，就越有可能获得经济优势。未来可能出现"算法博弈""算法霸权"，数据将成为国家战略资源。四是由于人工智能技术迭代速度快，在"马太效应"作用下，具有先发优势的国家将强者恒强，后发国家越来越难以追赶，形成国际社会的"阶层固化"。由于当前人工智能技术的发展建立在计算机技术进步的基础之上，并与数字经济发展存在紧密关联，数字经济和技术领先的国家将在人工智能国际竞赛中占得先机。

最后，人工智能带来的经济和军事变化，在影响国家间力量变化的同时，还可能意味着国际趋势的变化。

一是北升南降还是南升北降？近年来随着金融危机影响的消退，发达经济体逐步复苏，而金砖国家相继出现困难，发展中国家追赶步伐放慢，南升北降的趋势开始减缓。如果不论其他因素，单就人工智能技术的发展而言，很可能加剧这一势头。一方面，发达经济体有条件维持甚至扩大对发展中国家的整体优势。另一方面，发展中国家之间的实力、利益分化也可能进一步加剧。

二是多极化还是两极化？阎学通认为国际格局的趋势是中美两极化，而不是多极化。人工智能技术的发展为他的观点提供了一定的支持。国际上很多关于人工智能排名的分析都不约而同地将美国和中国列为第一梯队。美国作为人工智能的发源地，在创新精神、基础理论、核心算法、高端芯片、从业人员规模和素质等方面，明显领先全球。而中国在人脸识别、语音识别等技术应

第六章 人工智能

用领域走在前面，拥有海量数据和应用场景等其他国家难以比拟的天然优势。中国拥有全球最多的互联网用户、最活跃的数据产生主体。2018年8月20日，中国互联网络信息中心发布的第42次《中国互联网络发展状况统计报告》显示，截至2018年6月，中国网民规模达到8.02亿人，每年产生的数据约占全球的13%。中国拥有更多的人工智能相关专业大学生，人才供给上更具潜力。根据腾讯研究院发布的《中美两国人工智能产业发展全面解读》报告，截至2017年6月，全球人工智能企业总数为2 542家，其中美国有1 078家，占42%，从业人员约为7.8万人；中国有592家，占23%，从业人员为3.9万人；其余872家企业分布在瑞典、新加坡、日本、英国、澳大利亚、以色列、印度等国家。人工智能技术竞赛目前主要是巨头企业之间的角力，而主要的互联网巨头也都在将自己的资源转向人工智能。在世界互联网巨头企业中，美国有苹果、谷歌、微软、亚马逊、脸书5家，中国有百度、阿里巴巴、腾讯3家。美中作为人工智能领域的世界前两强，同时也是全球综合国力的前两强，与其他国家的差距可能会进一步拉大。

三是非国家行为体的权力扩大。人工智能将赋予巨头企业前所未有的权力。2016年发生的剑桥分析公司（Cambridge Analytica）通过脸书影响美国大选的事件，显示了这些企业可以有多大的政治和社会影响力。未来，一些传统的政府职能，如信息统计和收集、公众信息发布、社会福利发放，还有公共政策讨论、评估与反馈，以及涉及军事和外交方面的舆论活动等，都可能被人工智能企业取代。在"信息即权力"的时代，企业行为对国内政治进而对国际政治的影响力还将不断增大。美国斯坦福大学和美国Infinite初创公司联合研发了一种基于人工智能处理芯片的自主网络攻击系统。该系统能够自主学习网络环境并自行生成特定恶意代码，实现对指定网络的攻击、信息窃取等操作。通过人工智能自主寻找网络漏洞的方式，网络作战行动将更加高效，攻击手段将更加隐蔽和智能。传统的防护方式是基于病毒库和行为识别，已无法应对灵活多变的人工智能病毒生成系统，其恶意代码的生成、执行、感染具有更强的隐蔽性，这将使网络安全环境面临更大的挑战。

更令人担心的是，人工智能也有可能为恐怖分子、网络黑客、罪犯等提供新的犯罪手段。例如，恐怖分子可以远程操纵无人机或无人驾驶汽车，对目标实施暗杀和破坏活动，黑客可以利用大数据武器对关键基础设施进行更加复杂和自动化的大规模攻击。经常被提到的案例包括：俄罗斯在叙利亚的赫梅米姆和塔尔图斯军事基地遭受武装分子的无人机攻击，委内瑞拉总统马杜罗在演讲时遭受无人机袭击，"想哭"病毒的爆发，等等。加拿大学者阿查亚提出了"复合世界"概念。毫无疑问，人工智能将增加世界的复合化，包括政治权力的去中心化、更多元的行为主体的出现，乃至政治和意识形态的多样性，因此产生更加包容和更多层次的治理需求。

四是加剧科技竞争。人工智能技术的发展及其应用，进一步巩固了科技在国际竞争中的重要地位。2016年5月，美国国家科

第六章　人工智能

技委员会国土与国家安全分委会发布的《21世纪国家安全科学、技术与创新战略》提到，科技已经成为一个国家国际竞争力最关键的成分。没有科技创新就没有国家安全。美国能够在国际竞争中保持优势，很大程度上有赖于其科技创新力量。

国内许多学者认为，中美贸易摩擦的实质是科技竞争，中美博弈已经率先在科技领域展开。2018年，美国先后对两家中国公司禁售芯片，更有甚者，公开阻止盟友国家采用中国华为公司的5G技术。同年11月19日，美国商务部工业安全署列出了拟议管制的14个"具有代表性的新兴技术"清单，其中对人工智能和机器学习的技术分类和列管最为详尽。可以预见，在人工智能时代，围绕科技的国际竞争将更加激烈，竞争的结果也将在很大程度上影响国际格局的走向。

人工智能将如何影响国际规范

人工智能可能对现行国际规范带来一系列冲击。

第一，人工智能有可能改变战争的内涵和形式。美国学者斯蒂芬·平克指出了人类相互间使用暴力减少的历史大趋势，认为"今天我们也许处于人类有史以来最和平的时代"。王缉思对当今世界战争明显减少的现象给出了五个方面的解释，包括：大国发动战争可能付出的成本和代价大大高于可能的收益，通过非战争手段也可以获得过去需要通过战争才能获得的收益，国家间相互了解的增加以及危机预防和管控机制的普遍建立，国际军控机制的建立，和平作为一种国际价值观的深入人心。而人工智能的发展有可能使国家和非国家行为体在是否使用军事手段解决矛盾的选择中，顾虑减少。至少从理论推演的结果看，人工智能能够从决策者、军队、民意三个层面减少对战争的制约，降低战争门槛。自动化武器使得战争行为者的人员伤亡预期可以降到近乎为"零"。人工智能技术的快速迭代和新材料的广泛运用将极大地压缩战争的物理成本，让战争的经济适用性上升，甚至变得有利可图。这使得决策者发动战争的诱惑增大、顾虑减少。"超视距"作战的可能性和机器人战士的出现，将进一步从心理上解放士兵。在未来战争中，士兵或许不必上战场，作战任务可以通过事先设计好的算法，由"人工智能将军"指挥无人自动武器完成。"极速战"可以极大地压缩战争时间，在出现民意反弹之前，战争就可以结束了。这些可能改变人们对战争的立场，让暴力回潮。

2018年10月，美国陆军协会陆战研究所发布的报告《影响力机器——让自动化信息作战成为战略制胜机制》称，在人工智能的帮助下，利用算法生成内容，实施个性化的目标锁定和采用密集的信息传播组合，可以生成"影响力机器"，实施信息作战，由此能产生指数级的影响效应。该报告认为，"影响力机器"信息作战在战略层面的影响力远胜于人工智能技术在其他领域的应用。因为它可以在机器学习的辅助下，对情感、偏见和价值观等指标进行筛选，并锁定那些心理最易受到影响的目标受众，然后将定制的"精神弹药"快速密集地"射向"目标受众，达到影响

第六章 人工智能

其心理、操纵其认知的目的。

第二，人工智能可能冲击全球战略稳定。约瑟夫·奈曾经谈到，核武器的出现使军事力量作为维护安全的手段走到了极限，甚至走向其反面。人们认识到，在核战争中没有赢家，核武器可能使全人类面临灭亡的危险。而人工智能将挑战经典的"相互确保摧毁"理论。兰德公司在2018年发布的《人工智能对核战争风险的影响》报告中分析认为，到2040年，人工智能技术的进步使报复性核反击力量成为目标并被摧毁的可能性大大增加，从而削弱"相互确保摧毁"理论的基础，打破核战略平衡。即使各国无意发起先发制人的攻击，也会倾向于追求先发制人的能力，以此作为与对手讨价还价的手段，而这无疑将破坏战略稳定。

第三，人工智能的自身特点让建立相关国际军控和防扩散机制变得困难。2018年7月，在清华大学第七届世界和平论坛"人工智能与安全"分论坛的讨论中，《智能时代的战略竞争》报告的作者之一格里戈利·艾伦说，人工智能也有军民两用性，但是其军事应用不同于核，更像是电。如果可以认为核是一种黑白技术，只存在"有"或"没有"两种状态，一国要么是有核国，要么是无核国，而电则是一种光谱技术，所有国家都可以用电，只是应用方式和程度会有很大差异，就像红橙黄绿蓝靛紫七色光有不同的波长和媒介反射率一样。人工智能在军事上的应用更像电，无法禁止哪一个国家使用人工智能。如同美苏冷战期间的军备竞赛，未来很可能出现人工智能强国之间的算法竞赛。问题是，当年美苏通过军控谈判签署了一系列核导军控协议，确定了

299

基本规则，未来的人工智能强国间能否本着同样的精神达成算法控制协议呢？艾伦认为，从目前大国关系的态势看，达成这样的共识几无可能；然而，考虑到未来无序发展的风险，大国又必须认真考虑就此进行共同探讨的必要性。

第四，人工智能给国际法带来了一系列的问题。在应用人工智能武器的条件下，国际人道法和战争法的有关原则是否能够继续适用？比如，区别对待军民目标的"区分原则"、禁止过分攻击的"比例原则"、非军事手段无法达成目标的"军事必要原则"，对作战手段的限制等。有没有必要针对人工智能武器制定专门的规则？在智能化战争条件下，如何区分战斗人员和非战斗人员？战争机器人是否享有人道待遇？人工智能武器是否应该对其造成的损害承担责任并且拥有这样的能力？如果它不具备承担责任的能力，那责任主体应该是武器的制造者还是使用者？当人工智能武器侵犯国家的主权原则时，它的行为能否触发国家责任？

第五，人工智能可能冲击国际关系民主化。人工智能的发展有可能固化国际权力结构，深化小国、弱国对强国、大国的科技、经济和安全的依赖。当"赢者通吃"的人工智能技术竞争和商业竞争规律被复制到国际关系上时，必然会冲击大小、强弱国家间的主权平等关系。当主要大国之间的竞争加剧时，结盟关系是否会再度成为弱国的必然选择呢？而结盟本身就是一种盟主和盟友之间的不平等关系。

第六，人工智能对全球治理提出了新的课题。人工智能的发

第六章 人工智能

展对于解决当今世界面临的三大困境（老龄化、数字化和气候变化）都具有意义。而更大的挑战也许是人工智能带来的对"人"的价值的进一步思考，一些国家和城市开始探索试行"普遍个人收入"（UPI）制度。但是，这必定是一个需要汇聚全球智慧与力量，去共同思考和实践的问题。

在规则与制度的层面，在近代人类历史上，国际社会先后就自然人的跨境移动、船只和飞行器等交通工具的跨境移动、资本和商品的跨境移动等，形成了普遍认同的规则和制度安排。当前，数据作为一种资源的重要性与日俱增，随之而来的问题是：数据跨境转移应该遵循什么样的规则、在什么样的制度安排下进行？数据的产生方、使用方、输出方、接收方等利益相关方分别享有什么权利、承担什么义务？数据本土储存和跨境转移之间是什么关系？国家与数据企业之间是什么关系？这些都将是未来全球治理的难题。2019年G20峰会的东道主日本已经提议将全球数据治理列入G20的议程。

我们该如何选择

目前，即便是走在人工智能技术最前列的科研人员也承认，距离制造出达到人类智慧的机器人，还有比较长的时间。目前，人工智能可能带来的安全威胁更多是人类本身利用人工智能去威胁人类。因此，人类如何进行自我约束是人工智能技术进步过程中最紧迫的道德问题。

2015年10月14日，一个名为"智能平方"的组织在纽约邀请几位国际问题专家进行了一场辩论，题目是：中美是长期敌人吗？芝加哥大学政治学教授米尔斯海默不出所料地讲起了"大国政治的悲剧"。作为反方，澳大利亚前总理陆克文有一句话令人印象深刻，他说，外交的挑战就是如何确保阻止战争的发生，相信我们能够做到这一点。陆克文的逻辑也适用于人工智能。人工智能是一种技术，可以为善，也可以作恶。尽管对善恶的判断和选择是一个古老和难以有完全一致看法的哲学命题，但是，在关系到人类根本生存这样的大问题上，拥有理性和现代文明的人类应该可以决定向善还是向恶。

2018年6月，我应邀参观北京的一家科技公司，讨论到未来是否会出现人工翻译与机器翻译之间的竞争时，公司负责人表示，发展人工智能翻译技术的目的不是取代人，而是助力翻译工作更加准确和轻松，这给我很大启发。毕竟，就像毛泽东同志所说的"决定战争胜败的是人民，而不是一两件新式武器"。人类开发人工智能技术的目的是服务于人类，是善意应用还是恶意应用最终取决于掌握技术的人。

当前，国际上关于秩序的讨论十分热烈。其中，中美两国学界最关心的，也为世界其他各国所普遍关注的是：美国与中国是否会展开"新冷战"，从而导致冷战时的平行秩序再度出现？2018年3月，我与来北京参加中国发展高层论坛的美欧人士交谈时，观察到他们对中美关系的前景比较悲观，认为中国的快速增长对美国来说是结构性威胁。当我问道：中美两国除了走向对

第六章　人工智能

抗，有没有别的选择？英国《金融时报》副主编马丁·沃尔夫回答说，你们没有什么可选择的，中国不会停止增长，美国不会停止担忧。除非出现一种情况，例如发生来自火星的入侵，人类面临共同的敌人，届时美中才有可能真正团结起来。

如果用零和博弈和追求绝对安全的眼光看待世界，那么毫无疑问，人工智能会像20世纪四五十年代的原子弹、卫星一样，成为大国竞争的新焦点，并成为将世界划分为两种或多种平行秩序的推动力。但是，如果我们采用人类命运共同体的视角，本着共同安全的理念看问题，那么就不难认识到，人工智能技术带来的安全和治理挑战是需要全人类共同面对的问题。如此，我们就不难本着平等协商的精神，共同探讨各利益攸关方都能够接受的规范。那么，人工智能是否会成为那个将中国、美国、俄罗斯以及世界其他国家团结在一起的"火星入侵"式的挑战呢？

技术专家也在大声疾呼。2018年，在乌镇第五届世界互联网大会上举办的"网络空间的中美关系"分论坛上，美国联邦通信委员会原专家戴夫·法伯呼吁，应尽早就人工智能制定国际准则，避免重演核武器技术产生时，因国际共识和自律的迟到而导致的悲剧及其影响至今的严重后果。

现实情况是，中美两国在科学技术研究领域的交往与合作是相当深入的。根据科睿唯安提供的人工智能领域的科技文献数据，2013年至2017年，全球167个国家和地区参与了WOS（Web of Science，获取全球学术信息的重要数据库）学科在"计算机、人工智能"领域的发文量排名，其中中国大陆位居第一，论文发表量达到59 573篇，占25.02%，其次是美国，论文发表量达到32 527篇，占13.66%。其中，中美两国国际合作论文数量增长最快，例如，2011年至2015年，中国大陆开展国际合作最多的对象是美国，合作论文12万余篇，[①] 同样，美国开展国际合作最多的国家也是中国大陆，远远多于与其他国家的合作论文量。

国际上围绕相关问题的探讨和研究已经在步步深入。联合国裁军委致命性自主武器系统问题政府专家组的讨论，就涉及要注意致命性自主武器系统可能对国际安全产生的影响。例如，致命性自主武器系统技术方面的军备竞赛，扩大了发达国家与发展中国家之间的技术差距，以及可能降低使用武力的门槛等；就国家对其管辖下的致命性自主武器系统负有法律责任达成非正式普遍谅解；探讨参照《特定常规武器公约》议定书的形式，制定一项具有法律约束力的文件，预防性地禁止致命性自主武器系统。

习近平主席于2018年9月在致2018世界人工智能大会的贺信中阐明了中国的立场和态度。他指出，新一代人工智能正在全球范围内蓬勃兴起，为经济社会发展注入了新动能，正在深刻改变人们的生产生活方式。把握好这一发展机遇，处理好人工智能在法律、安全、就业、道德伦理和政府治理等方面提出的新课题，需要各国深化合作、共同探讨。中国愿在人工智能领域与各

[①] 国家科技评估中心、科睿唯安：《中国国际科研合作现状报告》，中国科学院半导体研究所图书馆，2018年1月19日。http://lab.semi.ac.cn/library/upload/files/2018/1/1916291650.pdf.

第六章 人工智能

国共推发展、共护安全、共享成果。

基于清华大学人工智能与安全项目小组的研究结果，我们提出了关于人工智能的六点原则。一是福祉原则。人工智能的发展应服务于人类共同福祉和利益，其设计与应用须遵循人类社会基本伦理道德，符合人类的尊严和权利。二是安全原则。人工智能不得伤害人类，要保证人工智能系统的安全性、可适用性与可控性，保护个人隐私，防止数据泄露与滥用。保证人工智能算法的可追溯性与透明性，防止算法歧视。三是共享原则。人工智能创造的经济繁荣应服务于全体人类。构建合理机制，使更多人受益于人工智能技术的发展、享受便利，避免数字鸿沟的出现。四是和平原则。人工智能技术须用于和平目的，致力于提升透明度和建立信任措施，倡导和平利用人工智能，防止开展致命性自主武器军备竞赛。五是法治原则。人工智能技术的运用，应符合《联合国宪章》的宗旨以及各国主权平等、和平解决争端、禁止使用武力、不干涉内政等现代国际法基本原则。六是合作原则。世界各国应促进人工智能的技术交流和人才交流，在开放的环境下推动和规范技术的提升。这些原则可以作为讨论和制定人工智能国际规则的基础。虽然这些原则尚显空泛和抽象，如何细化以及与各国专家深入探讨，寻找最大公约数，还是一个需要花时间去努力争取的目标。值得注意的是，许多从事高端科研的青年专家已经提出为人类的共同利益而主动自律的问题，不少企业界人士表示要在人工智能的技术研究和产品制造中自觉强调道德和道义的因素，不会从事有损人类福祉的研究和制造工作。

　　我希望国际上关于这些问题的探讨能不断深入，也期待中国的智库和科学技术界能在这个方向上为全球的共同努力贡献力量。

人工智能治理与国际合作*

关于人工智能治理面临的挑战

进入 21 世纪的第二个十年，人工智能技术的应用进入快速发展的阶段，随着以 AlphaGo 为代表的深度学习算法的成熟，人工智能技术出现大面积应用的趋势。我参观过深圳和上海的一些企业，可以明显感受到我国人工智能产业所呈现出来的蓬勃发展态势。可以期待，未来人类的生产和生活方式将发生更大的变化，生活将变得更加舒适和便利。

2019 年 7 月，清华大学战略与安全研究中心在世界和平论坛期间举办了三场涉及人工智能技术和治理的论坛，邀请 70 多位国内外专家学者和企业家围绕人工智能的风险和治理进行研讨。

---

* 2019 年 8 月 29 日，傅莹应邀在上海出席 2019 世界人工智能大会，发表题为"人工智能治理与国际合作"的演讲。本文系根据演讲内容整理而成。

看世界 2

大家比较一致的看法是,人工智能技术是一把"双刃剑",一方面带来科技革命和产业升级的重要机会,另一方面,也带来新的安全风险,在治理上,人类将面临与以往完全不同的难题。

例如,在立法上需要有新的思维。传统的法律是要以社会基本共识为基础的,因此往往要滞后于社会实践。但是在人工智能技术上,我们恐怕没有这样奢侈的时间条件,因为这项技术的应用影响之快、之大,远不同于传统技术,治理的需求与技术的应用几乎同步出现。

再比如,传统立法者关注的是人与人之间的关系。而人工智能作为"非人行为体",未来会越来越广泛地参与人类活动,那么,在人机共存,甚至人机冲突的情况下,如何面对和处置人类与机器的矛盾呢?"机器代替人"做决策的情况已经不是想象中的事,波音 737 MAX 的空难就是一个重要的警示。[1]

人工智能的到来对就业模式的冲击也是前所未有的。清华大学战略与安全研究中心人工智能项目组的于洋老师牵头做的《中国青年视角下的人工智能技术(AI)风险和治理》调查项目中,超过 50% 的青年人的头等关切是失业风险。如同以往的技术革命,人工智能将取代大量程式化的工作岗位,同时也会创造出新

---

[1] 谭晶晶:《美交通部报告:波音向美联邦航空局隐瞒 737 MAX 飞机设计变化重要信息》,载新华网,2020 年 7 月 2 日。波音 737 MAX 系列飞机 2018 年 10 月和 2019 年 3 月发生两起空难事故,使该飞机获美联邦航空局安全认证的程序备受质疑。波音公司首席执行官丹尼斯·米伦伯格 2019 年 10 月在美国国会参议院听证会上承认,两起空难均与"机动特性增强系统"(MCAS)自动防失速软件被错误激活有关。

型岗位和就业机会。挑战在于，如何才能让人才结构的调整跑赢技术的更新迭代和产业结构的跃升。

不能忽视的还有伦理规范方面的新问题。例如，国际上讨论比较多的人群歧视和对个人隐私的尊重与保护等问题。有外国人对我说，中国人不需要隐私保护，我认为这是偏见。我国立法高度重视对个人权利的维护，2018年8月，十三届全国人大常委会第五次会议审议的民法典人格权编草案稿，对收集、处理自然人个人信息有明确规定，要求必须"征得该自然人或者其监护人同意"等，而且把个人生物识别信息也纳入了保护的范围。① 另一项重要进展是国家互联网信息办公室发布的《儿童个人信息网络保护规定》，自2019年10月1日起生效。②

中国在创新制度和手段、推进人工智能治理方面加快部署

党中央和国务院对人工智能的部署采取的是发展和治理同步推进的方针。2019年2月，科技部牵头组建了中国国家新一代人工智能治理专业委员会，6月，该委员会发布了新一代人工智能治理八条原则，强调发展负责任的人工智能。工信部在2017年颁布了《促进新一代人工智能产业发展三年行动计划（2018—

---

① 姜佩杉：《注意！人格权、隐私权、个人信息有了新内涵》，2019年8月24日《人民法院报》第04版。
② 国家网信办：《儿童个人信息网络保护规定》，载中国网信网，3019年8月23日。

2020年)》，其中也对人工智能治理提出了要求。现在的重要任务是如何让这些规则和要求落地，形成有利于我国人工智能健康成长的良性环境。上海在人工智能的研发和应用方面走在全国前列，积极探索治理路径，重视推进国际合作。在科技部和工信部的支持下，上海推动建立了国家人工智能创新应用先导区和国家新一代人工智能创新发展试验区。可以期待，上海在人工智能治理的规则与制度的创新、开展国际合作方面也将走在全国的前列。

考虑到这个新兴领域自身独特的性质，我们一方面要加快对立规和立法的研究，另一方面也要依靠科学界和企业界采取负责任的态度和行为。如果科学家在每一项新技术的研发中都能思考其负面风险，如果制造商在每一个新技术的应用中同步构建风险管理的解决办法，那么，对这方面的挑战就不难找到应对办法，其立法和规范也就不难走出新的路径。

目前很多人工智能企业希望国家在立法和立规上，对人工智能的具体技术应用有法律责任和范围的清晰界定，认为这样更有利于企业的发展，他们在采取一些自律措施的同时，也期待国内整体规则环境和基础条件更快得到完善。

人工智能治理的全球视野和国际合作

人工智能技术的研发和应用是在全球平台上实现的，因此，其治理也不是某个国家或区域的问题，而是涉及全人类的福祉。

第六章 人工智能

因此，我们需要有全球视野，拓展全球合作。在这方面，国际社会有过一些经验。例如，核军控和气候变化等难题，都是先在学界、企业界和社会组织中被广泛讨论和推动，最终达成国际共识，形成有效的治理原则和制度。

目前，国际学界围绕人工智能带来的挑战正在进行广泛和热烈的讨论，不少国家和机构出台了相应的法律法规和原则主张。但是，各国间仍缺乏大家共同接受的人工智能治理原则和在价值观和理念上的共识。

中国在人工智能的国际合作和治理上采取的是积极参与的开放态度，也主动搭建了不少平台，乌镇世界互联网大会已经成功举办五届，上海世界人工智能大会也吸引了国际和国内的不少关注，天津的世界智能大会、重庆的国际智能产业博览会等，也都是向世界开放的交流平台。

中美关系的前景也关系到人工智能治理的国际合作。有人认为，美国挑起贸易摩擦，破坏全球贸易体系，是对国际秩序更大的挑战。我觉得确实如此，这是一个主观的破坏性行为，中美关系的动荡对人工智能国际治理的探索也带来一定阻碍。

而现实中，中美学者在人工智能领域的对话与合作关系是相当紧密的。人工智能领域的科技文献数据显示，近几年中国大陆占据发文量榜首，美国紧随其后，两国合作论文数量增长最快，且互为彼此最大的合作对象。

在人工智能技术的快速发展中，中美各有优势。数据显示，在涉及人工智能基础层的算力、数据和算法三大关键要素中，美

311

国在算力和算法上有优势,互联网巨头公司基本掌握着开源算法平台和场景丰富的算法能力,而中国正在积累越来越多的应用和数据资源。从两国的实践看,如果中美无法有效合作形成数据和算法的共同标准,双方的产业和未来发展都将受到很大影响。

2018年习近平主席在致上海世界人工智能大会的贺信中指出,新一代人工智能正在全球范围内蓬勃兴起,要把握好这一发展机遇,处理好人工智能在法律、安全、就业、道德伦理和政府治理等方面提出的新课题,需要各国深化合作、共同探讨。中国愿在人工智能领域与各国共推发展、共护安全、共享成果。[①]

因此,我们需要从相互依存、命运与共的"共同体"意识出发,主动参与和推动国际交流与合作,同时也要认真履行自己的责任,尤其要重视对知识产权的尊重和维护。历史上每一次科技革命都推动了新的国际议程的设置,相信人工智能技术也能成为各国合作的新平台,为全球化增添新的动力。中国人应该也能够为此做出贡献。

对人工智能的国际治理的三点建议

一是开放性。人工智能的技术发展与产业应用是全球高度协作的成果,其未来的发展也依赖世界各国的优势互补、合作共

---

① 习近平:《习近平致信祝贺2018世界人工智能大会开幕》,载中国政府网,2018年9月17日。

享。因此，在人工智能的治理上也需要保持开放性，集合各国智慧与经验，实现有效的全球治理。

二是合作性。人工智能被认为是一项综合性的"原力技术"，其治理也需要多学科、多领域、多部门乃至多国的共同参与。各国在探讨和构建治理机制的过程中，只有积极开展国际合作，取长补短，才有可能实现有效的治理。

三是客观性。人工智能作为革命性的新技术，难免引发很多误解和怀疑，没有人能准确预测技术的未来结果。国际治理应该秉承中立客观的立场，保护科学家和企业家的创新积极性，尊重人的权利与尊严。

中美有责任共创智能新时代*

众所周知，人类距离实现超级人工智能还很遥远。然而，人工智能已经在一些具体的领域超越人类，而且其范围在迅速扩大。人们对由此可能获得的好处寄予厚望，但恐惧和担忧也随之而来。美国在人工智能技术创新上处于领先地位，中国则在人工智能技术的大规模和活跃的应用方面成绩斐然。中美两国有更大的责任，去思考未来，思考应当怎么做。

中美选择将影响未来

但是，我们在谈论未来和如何面对技术进步之前，首先需要想明白，中美是要协调合作还是彼此对抗？当前两国之间日益恶

---

* 2019 年 11 月 21 日，傅莹应邀在北京出席创新经济论坛，在"理解人工智能对人类的挑战"分组会议上发表题为"中美有责任共创智能新时代"的讲话，本文系根据讲话内容整理而成，以原标题发表于 2019 年 12 月 10 日《参考消息》第 11 版。

化的紧张关系，必然会影响我们应对未来挑战的方式。

也就是说，未来我们是要共同努力，让技术与人类共生，让世界避免技术风险，并确保技术的进步能够促进文明的繁荣，还是要分道扬镳，各自挟持技术削弱甚至伤害对方？

我们的选择将会影响未来如何应对科技进步带来的挑战。冷战期间，美国和苏联经历了大小多次危机，有的甚至威胁毁灭人类，才最终达成某些自我约束和共存的安排。

当今世界更加复杂，得失的影响更大，难道我们还需要更大的危机才能找到正确的道路吗？中国和美国能否在现有世界体系内解决分歧、和平共处？抑或要如同美国所推动的那样，彼此"脱钩"，进而分裂世界？后者也是许多亚洲领导人乃至联合国秘书长等多方警告的情形。

美国不应误读中国的规划

不论中国还是美国，都不可能垄断世界的技术进步。如果两国采取互补的态度，人工智能技术的前景会更加光明；但是，如果不再合作，双方都将遭受损失，人类在人工智能的总体发展上也会付出代价。尤其是，如果任由传统的地缘政治、零和竞争思维主导两国关系，在技术进步上带来的结果将是自毁性质的。

在增进了解和减少误解方面，中方可以做的努力包括，更加主动地与国际社会沟通。考虑到今日之中国在很大程度上处在世界舞台的聚光灯下，当我们发布一些重要文件时，其贴切的译文的发布同等重要，对误解的及时澄清也是必要的。

例如，美国认为中国的野心是主导人工智能的未来，这方面的恐惧心理是美国将科技视为与中国进行战略争夺的主要平台。而引发这种担忧的原因之一是，误读了2017年7月在北京发布的《新一代人工智能发展规划》。

《新一代人工智能发展规划》提出了中国政府希望争取实现的目标，第一步是到2020年，中国的人工智能总体技术和应用与世界先进水平同步；第二步是到2025年，基础理论实现重大突破，部分技术与应用达到世界领先水平；第三步是到2030年，人工智能理论、技术与应用总体达到世界领先水平，成为世界上的一个主要的人工智能创新中心。[1]需要提示的是，中国想要实现的，是成为世界的创新中心之一，而不是唯一和排他性的"中心"。对这个目标的正确理解非常重要，中国政府的这些期望是合理和正常的。但是，有的英文译文在翻译这个中心的名称时，用了定冠词"the"而不是不定冠词"a"，这样就被理解成"唯一的中心"，造成了不必要的误解。

谷歌前CEO埃里克·施密特曾经据此发表过演讲[2]，提示美国警惕中国在人工智能技术发展上的"野心"和"威胁"，当我

---

[1] 国务院：《国务院关于印发新一代人工智能发展规划的通知》，载中国政府网，2017年7月29日。

[2] Paul Scharre, Anthony Cho, Gregory C. Allen and Eric Schmidt, "Eric Schmidt Keynote Address at the Center for a New American Security Artificial Intelligence and Global Security Summit", CNAS, November 13, 2017.

就这些文件与他进行具体探讨时,他也认识到中国政府的政策指针没有什么特别的威胁意图,但是他建议中方的政策阐述可以更加清晰,双方也应该及时沟通。

美国试图把高科技作为战略争夺的平台,而中国对此并不以为然。实际情况是,在这一领域存在着建设性和战略性的相互依存,当然无可否认,在科学和产业界,竞争在所难免。

当前,美国企业在技术上(尤其半导体)领先,美国的大学也在世界上居于前列。而中国拥有最大的用户市场,为算法更快的迭代升级提供了条件。中美如能相得益彰,彼此都能从中受益,但如果美方执意推动"脱钩",则会迫使中国寻求其他合作伙伴,或者自己设法解决,这也会削弱美国企业的地位和影响。

中国希冀的未来世界是一个相互依存的命运共同体,采取的政策是促进广泛国际对话,积极参与合作,鼓励制定共同规则,以实现人工智能技术安全、可靠、负责任的发展。

正如习近平主席所指出的:"中国愿同国际社会一道,共创智能时代,共享智能成果。"

人工智能国际治理*

由人工智能引领的新一轮科技革命和产业变革方兴未艾，正在对经济发展、社会进步、全球治理产生重大影响，未来更是有带来颠覆性影响的潜力。与此同时，其风险和挑战也引起全球范围的担忧。2015年1月，包括著名物理学家霍金在内的全球数百名人工智能专家和企业家签发了一封公开信警告说，如果不对人工智能技术进行有效限制，"人类将迎来一个黑暗的未来"。由此引发的担忧和恐惧，成为媒体和社会舆论的热门话题，很多国家和组织开始研究如何构建人工智能技术应用的安全治理和相关机制。

---

* 本文以《人工智能的治理和国际机制的关键要素》为题发表于《人民论坛》杂志2020年第4期。

第六章 人工智能

人工智能的治理问题引发广泛关注

目前,已经有 20 多个国家和地区推出了国家级人工智能发展规划。2017 年 1 月,全球行业领袖制定的《阿西洛马人工智能原则》,提出了技术发展"有益于人类"的守则;2019 年 4 月,欧盟委员会发布了人工智能道德准则,提出包括透明性、公平性、安全性和人类监督在内的七大条件;2019 年 5 月,OECD 正式通过了首部人工智能政府间政策指导方针,确保人工智能的系统设计符合公正、安全、公平和值得信赖的国际标准;2019 年 6 月,G20 出台了倡导人工智能使用和研发"尊重法律原则、人权和民主价值观"的《G20 人工智能原则》;中国于同月由国家新一代人工智能治理专业委员会发布《新一代人工智能治理原则》,提出和谐友好、公平公正、包容共享、尊重隐私、安全可控、共担责任、开放协作、敏捷治理八项原则,要求发展负责任的人工智能。

在我国,党中央、国务院高度重视人工智能发展及治理。习近平主席在中共中央政治局第九次集体学习时强调,"人工智能是新一轮科技革命和产业变革的重要驱动力量,加快发展新一代人工智能是事关我国能否抓住新一轮科技革命和产业变革机遇的战略问题"。习近平主席明确要求,"要加强人工智能发展的潜在风险研判和防范","要确保人工智能安全、可靠、可控","要整合多学科力量,加强人工智能相关法律、伦理、社会问题研究,建立健全保障人工智能健康发展的法律法规、制度体系、伦理道德"。①2019年7月，中央全面深化改革委员会第九次会议审议通过了《国家科技伦理委员会组建方案》等文件。会议还指出，科技伦理是科技活动必须遵守的价值准则。组建国家科技伦理委员会，目的就是加强统筹规范和指导协调，推动构建覆盖全面、导向明确、规范有序、协调一致的科技伦理治理体系。

传统的立法方式是，要在社会形成共识的基础上，考虑如何制定规则。但是，现今的人工智能技术一旦投入应用，随即便会出现对恰当治理的需求。所以，对任何政府而言，对人工智能技术应用的监管都是一项新挑战。对此，中国政府的政策是，一方面鼓励相关产业的发展，另一方面提供总体指导方针。

中国在人工智能治理相关的法律法规制定上，已经走在世界前列的队伍之中。按照十九届四中全会推进国家治理体系和治理能力现代化的要求，为保障我国新一代人工智能健康发展，全国人大常委会加强了这方面的研究，并且在立法过程中纳入了一些比较有社会共识和相对成熟的内容。

国务院在2017年7月8日发布的《新一代人工智能发展规划》②，既提出了技术和产业体系的发展策略，又提出了构建伦理和治理体系的思路。规划"保障措施"的第一条就提到：要制定促进人工智能发展的法律法规和伦理规范。

---

① 新华社：《习近平主持中共中央政治局第九次集体学习并讲话》，载中国政府网，2018年10月31日。
② 国务院：《国务院关于印发新一代人工智能发展规划的通知》，载中国政府网，2017年7月29日。

第六章 人工智能

下一步的任务是将新一代人工智能治理的八项原则付诸实践。为了推动这些原则的落地，到2023年，政府将在全国布局建设20个新一代人工智能创新发展试验区，检验八项原则的实施和收集反馈。其他措施还包括提供开放平台，鼓励企业制定自己的标准，人工智能研发项目也需要遵守这八项原则。此外，目前中国的科学界和企业界在积极探索自律和监管手段，例如，成立人工智能治理研究院；在产品程序中加入"禁飞策略"来规范无人机的使用；在医疗和交通业界，通过数据脱敏来保护个人隐私信息；对收集数据的企业和机构提出承担保护数据的责任等要求。

人工智能技术的成长依靠的是世界各国科研人员分享思想、相互借鉴，是全球协作的产物，跨国企业构建的人工智能平台也在快速扩展。要想规范这个进程，各国需要制定互通的道德规范和行业规则。中国30多年来一直处于高速工业化的进程中，在立法和立规过程中广泛地参考了两个世纪以来世界上陆续出现的基本规则。今天，中国第一次跻身新技术进步的第一梯队，除了尽己所能地向前迈进，中国也逐渐意识到自身肩负的参与制定国际新规则的责任。因此，中国在人工智能治理方面的努力，需要与世界其他国家和地区，包括在技术研发上领先的美国，相互联通和协调。为此，中国对与各国探讨扩大共识、缩小差异，秉持开放态度。

清华大学战略与安全研究中心的人工智能治理项目小组着眼于国际共同规则，2018年7月，在世界和平论坛上提出"人工智能六点原则",包括福祉原则、安全原则、共享原则、和平原则、法治原则、合作原则。这六项原则为人工智能国际治理的讨论和共识构建提供了一种可能。在2018年底的世界互联网大会和2019年的世界和平论坛上,国际上不少学者和企业家对此表达兴趣和重视,有机构希望进一步合作研讨。

人工智能国际治理机制的关键要素

国际治理机制不仅意味着共识和规则,也应包括构建能够确保规则落地的组织机构和行动能力,需要有相应的社会政治和文化环境。清华大学战略与安全研究中心正在与一些国家的学者专家、前政要和企业家一道,对这些问题进行探讨。从现实来看,人工智能国际治理的有效机制至少应包括如下五个关键要素。

一是动态的更新能力。人工智能技术的研发和应用进入快速发展的阶段,但是人们对未来的很多应用场景乃至安全挑战还缺乏了解和明确的认识。因而,构建治理方式时,须充分考虑到技术及其应用还处于变化的过程中,需要建立一种动态开放的、具备自我更新能力的治理机制。

例如,在确定人工智能"恶意应用"的具体界定和表述时,应该是在生产和生活实践中可观测、可区分的,在技术上可度量、可标定的。更重要的是,应当持续更新。只有具备动态更新能力的治理机制,才能在人工智能技术保持快速发展的情况下发挥作用。

第六章 人工智能

这就意味着，在推进治理的同时，要承认和主动适应人工智能技术的不确定性特征，做好不断调整的准备。爱因斯坦曾说，"我们不能用制造问题时的思维来解决问题"。颠覆性创新技术与固有思维之间的冲突与激荡，必将伴随人工智能技术发展的过程。此种情景下的治理机制在面对各种思潮和意见的交织与反复时，也应该具备足够的包容之心和适应能力。如此，国际治理机制才能帮助人类携手应对人工智能层出不穷的新挑战。从这个意义上讲，建立一个能够适应技术不断发展的动态治理机制，也许比直接给出治理的法则更有意义。

二是技术的源头治理。人工智能的应用本质是技术应用，对其治理须紧紧抓住其技术本质，特别是在安全治理上，从源头抓起更容易取得效果。例如，当前大放异彩的深度学习技术，其关键要素是数据、算法和计算力。针对这些要素的治理可以从数据控流、算法审计、计算力管控等方面寻找切入点。随着人工智能技术的飞速发展，今后可能会出现迥然不同的智能技术，例如小样本学习、无监督学习、生成式对抗网络乃至脑机技术等。不同的技术机理意味着，需要不断从技术源头寻找最新、最关键的治理节点和工具，并将其纳入治理机制之中，以实现治理的可持续性。另外，技术治理还有一个重要内容，就是在技术底层赋予人工智能"善用"的基因。例如，在人工智能武器化的问题上，似可采用阿西莫夫制定"机器人三原则"的思维，从技术底层约束人工智能的行为，将武装冲突法则和国际人道主义法则中的"区分性"原则纳入代码，禁止任何对民用设施的攻击。诚然，实现这一点对国际治理来说是一个艰巨的挑战。曾在美国国防部长办公室工作、深度参与自主系统政策制定的保罗·沙瑞尔认为："对于今天的机器而言，要达到这些标准（区分性、相称性和避免无谓痛苦）是很难的。能否实现要取决于追求的目标、周围的环境以及未来的技术预测。"

三是多角度的细节刻画。人工智能的国际治理须构建一种多元参与的治理生态，将所有利益相关方纳入其中。科学家和学者专家是推动技术发展的主力，政治家是国家决策的主体，民众的消费需求是推动技术应用的激励因素。这些群体之间的充分沟通是人工智能治理取得成功的基础。企业是技术转化应用的平台，社会组织是行业自律的推动者，政府和军队是人工智能安全治理的操作者，这些主体之间的充分协调则是人工智能治理机制有效发挥作用的关键。

在这个过程中，不同的群体应该以自身视角对人工智能的治理细则进行深入刻画。例如，2019 年 8 月，美国前国务卿亨利·基辛格、谷歌前 CEO 埃里克·施密特、麻省理工学院史蒂芬·施瓦茨曼计算学院院长丹尼尔·胡滕洛赫尔三人联合撰文提出，从人工智能冲击哲学认知的角度看，可能应该禁止智能助理回答哲学类问题，在有重大影响的模式识别（Pattern Recognition）活动中，须强制要求人类的参与，由人类对人工智能进行"审计"，并在其违反人类价值观时进行纠正，等等。

如果能将来自不同群体的治理主张细则集聚在一起，将形成反映人类多元文化的智慧结晶，对人类共同应对人工智能挑战发

第六章 人工智能

挥引领作用。面对未知，哲学家的担忧与普罗大众的恐惧一样重要，只有尽可能细致地刻画人工智能治理的各种细节，才能增强人类对未来的把控，让迷茫和恐惧转变为好奇与希望。

四是有效的归因机制。在人工智能的国际治理中，归因和归责发挥着"托底"的作用。如果不能解决"谁负责"的问题，那么所有的治理努力最终都将毫无意义。当前人工智能治理的归因困难主要源自以下一些问题：从人机关系的角度看，是否人类担负的责任越大，对恶意使用人工智能的威慑作用就越大，有效治理的可能性也就越大？从社会关系的角度看，程序"自我进化"导致的后果该由谁负责？是"谁制造谁负责"，"谁拥有谁负责"，还是"谁使用谁负责"？

世界上没有不出故障的机器，如同世界上没有完美的人，人工智能发生故障、造成财产损失乃至人员伤亡是迟早会出现的。我们是否需要赋予机器以"人格"，让机器承担责任？如果让机器承担最后的责任，是否意味着人类在一定范围内将终审权拱手让给了机器？目前我们对这些问题还没有答案，需要在实践中探索和印证归因的恰当路径。

五是场景的合理划分。现阶段对人工智能的技术应用实施治理需要针对不同场景逐一细分处理。2019年7月，在世界和平论坛上，很多学者主张从当前的应用中选择几个具体场景入手，由点及面地实验治理，由易到难地积累经验。场景至少应该从物理场景、社会场景和数据场景三个维度加以区分。考虑到人工智能技术对数据的高度依赖性，有效的场景划分有利于关注数据的影响。

　　划分场景也可以帮助我们更好地理解人工智能在什么情况下能做什么，一方面可以避免对人工智能不求甚解的恐惧，另一方面也可以消除一些夸大其词的判断。美国国防部前副部长罗伯特·沃克一直是人工智能武器化的积极倡导者，但是，具体到核武器指挥控制的场景上，他也不得不承认，人工智能不应扩展到核武器，以免引发灾难性后果。

　　对血肉之躯的人类而言，任何一项新技术的出现和扩展都是"双刃剑"，几乎每一次重大的技术突破和创新都会给人们带来不适与阵痛。但是，人类今日科学之昌明，生活之富足，足以让我们有信心、有智慧对新技术善加利用、科学治理，妥善应对风险和挑战。本着构建人类命运共同体的思维，国际社会应该努力构建共识，一同探索良性治理，使得人工智能技术更好地完善文明，创建更加繁荣和更加安全的世界。

第七章 国际传播

用好手中的"麦克风"*

改革开放以来，中国拥抱世界、学习世界、融入世界、贡献世界，希望与世界各国合作共赢，在与世界的联系互动中发展。在此过程中，我们需要准确表达中国主张、发出中国声音，让更多人倾听、理解中国。党的十八大以来，习近平主席高度重视对外传播工作，在一系列重要讲话中多次提到讲好中国故事、传播好中国声音。我们需要把握中国故事的深刻内涵，掌握好讲中国故事的有效方法，积极争取国际话语权，增进国际社会对我国发展的了解，向世界展现一个真实、立体、全面的中国。

---

* 本文以《在讲好中国故事中提升话语权》为题发表于 2020 年 4 月 2 日《人民日报》第 09 版。

国际形象要靠自己来塑造

提升对外传播能力是一项长期任务、系统工程。外界对中国的认知与判断会受到中国自身话语和行为方式变化的影响。我们要及时总结经验，准确把握世界发展趋势和时代发展特点，不断加强话语能力的建设，探索更加符合国情、体现世情的方法，使我国的对外传播更具针对性、时效性，增强感召力、穿透力，加快提升中国话语的国际影响力。要积极加强对外话语体系的建设，创新对外话语的表达方式，增强文化传播的亲和力，让当代中国形象在世界上更加清晰和客观。比如当前，我们需要主动回应国际社会的关切和疑问，运用多种形式在国际舆论场及时发声，讲好中国抗击疫情的故事，讲清楚我国疫情防控面对的挑战和积极作为的进展、成效。

把握时代变革赋予的机会

传播力决定影响力，话语权决定主动权。在国际传播理论中，"话语"一词体现的是一种思维符号和交际工具，人们借助话语在传播者和倾听者之间进行有意义的交流，传递特定的价值观念。一国的国际话语权不仅是指其在世界上说话的权利，更指其话语的有效性和影响力。

从理论上看，"话语"这个概念包含的要素比较复杂。一是话语的内容和质量。话语要有影响力，需要以高质量的内容作为支撑。二是国际议题设置能力和传播能力。在现实国际关系中，国际议题设置能力强的国家，往往更能塑造和引导舆论，掌握主动权。三是话语包含的事实和实践。成功的话语需要以丰富的事实和实践为依托，空泛的概念和宣示不足以打动人，也难以提升话语权。四是对话语的认同和反馈。只有赢得受众的认同，形成正向反馈，话语影响力才会逐渐增强。

随着中国日益走近世界舞台中央，越来越多的国家和国际人士愿意了解中国，探究中国取得巨大成就的原因。中国的声音随着自身影响力的增长而不断扩大。不过，总体上看，"西强我弱"的舆论格局还没有被完全打破，我们在国际舆论场上的话语权和影响力仍有待提高。同时，我们对已经拥有的话语权的运用还不够充分。应当看到，国际舆论场是多元和多视角的，不同背景的受众接纳来自不同渠道的信息，仅仅靠官方、外交传播不足以通达所有场合，需要有更多的人参与到国际表达中去。

与过去相比，现在国际社会更关注中国在各种问题上的政策主张和应对之举，希望看到来自中国的信息和深度解读。而国际舆论场中源自中国的第一手信息还是比较有限的，不足以反映当代中国丰富的社会实践和文化，无法满足国际上了解中国的渴望。在新形势下，我们需要更加敏锐、更加充分地把握时代变化赋予的机会和条件，主动发出自己的声音。这既有助于增强我们自身话语的主动权和影响力，也有助于推动国际舆论更为真实、均衡地反映世界发展趋向。

中国愿意与其他国家通过友好方式进行平等交流和对话。一个成功的国际话语主体应既善于用自己的麦克风说话，又善于用别人的麦克风说话。也就是说，要获得话语主动权，更多的时候需要积极参加讨论、主动传播思想，通过言语的穿透力、观念的渗透力、事实的说服力，赢得受众的理解、尊重和认同。我们要立足于中国深厚的历史文化积淀，秉承谦虚、包容精神，坚持交流、学习、开放，通过通俗易懂、接地气的叙事风格和表达方式，透彻解读在中国发生的事情，客观评价中国以外发生的事情，在与国际话语的交互传导中形成具有中国特色的话语风格。

注重沟通民心民意

我们在国际上需要注重沟通民心民意，获得更多理解和信任。因此，需要不断创新理念方法，坚持不懈地讲好中国故事，让世界明白中国的发展终归是为了广大人民群众过上好日子，也是为了让世界更加公正和美好。

阐发中国精神。世界上总有一些人或是出于意识形态的偏见，或是出于强权政治的傲慢，别有用心地套用西方一些国家的逻辑来歪曲、抹黑中国。人类文明源远流长，国强未必要称霸，那些用落后、狭隘、片面的历史观揣度世界的人，既看不到历史的进步，也看不清时代的潮流。改变他人的偏见不能只靠批驳和辩解，我们需要向国际社会展示真实、立体、全面的中国，更有说服力地阐释中国的意图和目标，把叙事重点更多放到展现中国与各国共建人类命运共同体的愿景和行动上去。我们要积极尝试

第七章 国际传播

用中国的理论、视角去诠释国际问题、世界趋势，阐发中国精神，展现中国风貌，让世界对中国多一分理解、多一分支持。

形成传播合力。一国的国际形象是立体和多维的，要鼓励各行各业和各个社会群体广泛参与到对外传播中去。积极构建"大外宣"格局，充分发挥不同主体的作用，形成官方和民间相结合、中央和地方相结合、外宣部门和实际工作部门相结合、机构和个人相结合的全方位、多元化、立体式对外传播体系。在深化专业和战略层面对外传播的同时，也需要扩大人文和公众层面的对外传播，大家共同努力，形成全社会、宽领域、多角度的完整叙事。加强对外传播的知识和技能的普及，改革人才培养模式，让不同人才发挥自身专业特色，将各方力量拧成一股绳，形成传播合力。

增强亲和力。讲好中国故事，既要讲好中国制度的故事，也要讲好中国人的故事，有时候，一个小故事就可以把很多问题都说明白。我们的故事很多是讲给外国民众听的，因此故事中应该有普通人的喜怒哀乐。要创新对外传播的方式和话语表达，打造融通中外的新概念新范畴新表述，把我们想讲的和国外受众想听的结合起来，增强亲和力。可以从中国老百姓身边的小事出发，用国外民众听得懂、听得到、听得进的途径和方式，讲述真实生动的"中国生活"，让他们从中了解中国的道路、理论、制度和文化。

新时代，我们要认真学习、深入理解习近平外交思想，向世界介绍一个不断改革创新、持续扩大开放的中国，一个矢志让全体中国人民过上幸福生活、为世界和平与发展做出巨大贡献的中国。我们需要把握好自身,修炼好内功,更加出色地推进对外传播工作,为实现提高国际话语权、提升国家软实力的目标而共同努力。

世界希望了解中国*

2018年10月,我去索契出席瓦尔代俱乐部的年会①,几乎在每个议题的讨论中,与会者都会提到中国,遇到什么问题,都会有人问中国人的观点是什么,想知道中国在其中的作用是什么。其实不仅是在瓦尔代,在国际的各大论坛、各大媒体上,中国都是一个热门话题。在世界的舆论场上,对关于中国的信息需求不断上升,正面评价很多,负面意见也不少。

世界各国都认识到也承认,中国取得了成功。2018年是中国改革开放40周年,在中国共产党的正确和有力领导下,在各级政府持之以恒的推动下,在中国人民40年坚韧不拔的努力奋斗中,中国从一个贫困落后的国家,成长为在世界位居第二的大经济体。

---

* 2018年11月1日至4日,傅莹应邀在广州出席主题为"继续扩大开放 共享经济发展"的黄埔国际财经媒体和智库论坛,发表题为"改进国际传播,更充分地表达和传播中国故事"的演讲。本文系根据演讲内容整理而成。

① 俄罗斯瓦尔代国际辩论俱乐部第十五届年会,于2018年10月15日至18日举办。

看世界 2

世界各国不仅看到中国城市拔地而起的高楼大厦和四通八达的高速铁路和公路,更是看到了中国人的面貌的变化,看到了人们对更加美好的生活、更多知识和技能、更为丰富的精神世界的追求。

2018 年 4 月 14 日,我在美国沃顿商学院出席留学生举办的中国论坛时,见到从四面八方赶来的中国留学生,他们充满活力、对未来满怀希冀。在国内出席大学活动时,在地方访问期间,我也接触过许多年轻人,他们成长在更高的知识平台上,对外部的世界更熟悉,有着新一代中国人的自豪感、自信和舒适感。

有一次我在华盛顿与几位美国记者辩论,他们对中国有许多批评,我努力进行解释和说明,但是双方都很难说服彼此,有点令人疲惫。最后,一位美国记者说,中国的年青一代更加了解外部世界,将来或许他们会改变中国。我说,那你问问下一代?我请这位记者转身与坐在后排的一位随同我们代表团出行的留学生临时助手聊聊,他问道:"你在美国这么久,相比之下,你不觉得中国的问题很多吗?"这位年轻人回答说:"我在中国的时候,看到的问题很多,在美国生活,也发现有很多问题。所以,我想的更多的是,将来怎样努力去解决问题,让世界变得更好。"

这位年轻人的话对我们双方都有启发。而且,这样简单的表达在提升中国形象上的功效胜过连篇陈述。

无论是在中国、在美国还是在世界,我们面对的国家都是由一个个家庭和个人组成的,国家在世界上的形象也是由许多个体来构建和诠释的。2017 年中国有 1.2 亿人次出国旅行,每个人都是中国的一块牌子,都代表了中国的形象。我们有好的方面,也

第七章 国际传播

有不那么好的方面,但是这都是我们成长的脚印。一个国家的形象不太可能超越自身的实际情况,我们处于今天这个阶段,人的真实故事是国家形象的基础。崔天凯大使在美国为纪录片《善良的天使》观影活动致辞时,讲到了"小人物"在中美关系中发挥的重要桥梁作用。整个中国的发展又何尝不是如此?

可以说,外界重视中国,首先是看到了中国人取得的成就,从而承认中国这个国家取得了成功。

但是,外界对中国的负面认知也是相当令人苦恼的。目前,在中美之间的分歧和矛盾当中,就有相当大的误解和偏见的成分。美国最大的担忧莫过于,中国发展强大起来后,将在世界上追求什么样的地位和作用,是否要抢夺美国作为世界领导者的"椅子",用中国的制度和方式统领世界。美国人很少能听到和看到中国人系统地讲自己的世界观和国际理念,比较流行的是美国人写的书和文章,描绘中国如何怀揣一大套"秘密战略",注定要与美国争夺天下。

美国人习惯于霸权思维,对别的国家进行主观臆断并不是什么新鲜事,但麻烦的是,美国许多普通人对中国的认知正越来越受到这种虚妄思维的影响,国会和决策层也有人试图据此判断和预设对中国的战略和政策。这样下去,难免会影响我们的外部环境,给中国的国际合作和复兴大业带来阻碍,给改革开放增加不必要的成本。

我们需要冷静地看待和面对挑战,首先是继续坚持走好自己的路。大国在世界上的地位,终归要看对自身问题解决得如何。美国焦虑的根源也是内部问题成堆,无论是在党派的纷争上,还是在财富的分配上，乃至经济的结构性问题等，美国都进入了困难的调整阶段，这些年美国战略透支带来的内伤需要时间调养，试图向外"甩锅"解决不了自己的问题。中国也有自己的困难和问题，也需要通过坚定不移地改革开放去解决。

同时，正如黄埔国际财经媒体和智库论坛所聚焦的，我们需要考虑如何化解外界的误解和偏见，减少阻力和障碍。中美政治制度不同，发展阶段不同，双方的分歧和在大国关系上的结构性矛盾是必然存在的，想躲也躲不开。重要的是，如何使彼此的认识建立在客观和理性的基础上。我们需要改进自己的国际传播，让中国故事在美国和世界得到更充分的表达和传播。

长期以来，在国际知识和信息库里，源自中国大陆的资讯相对匮乏，更谈不上系统性和完整性。例如，在英国大学的图书馆藏书中，有不少关于中国的书籍，但多是民国时期和之前的出版物。美国国会图书馆亚洲部书架上摆放的杂志，多来自日本或者中国台湾和中国香港。美国的媒体几乎天天提到中国，但是直接来自中国的声音并不多，很难在美国的电视节目中看到中国人接受采访解答关于中国的问题。

外界关于中国的"资讯赤字"是广泛存在的。而信息的缺乏往往导致媒体和公众依循旧的逻辑去推断今日的中国，政客也容易在不完整的资料基础上构建对于中国的立场。如果我们对有些问题不能及时进行解释和说明，如果关于中国的重大指控得不到有效信息的对冲，就可能积累成更大的问题。

"联接中外、沟通世界"，是习近平主席提出的党的新闻舆论

第七章　国际传播

工作的职责和使命。他指出,"在全面对外开放的条件下做宣传思想工作,一项重要任务是引导人们更加全面客观地认识当代中国、看待外部世界"。[①]

近年来,我国对外叙事的意识和方法都有了很大的提升,硬件也不断完善,取得了越来越好的效果。同时,中国在不断变化,世界也在不断变化,中国与外界相互观察的视角也在发生变化。中国要更多地参与世界事务,首先需要让外界充分和准确地了解自己。

为此,我们需要让自己的知识、信息和政策能够更好地通达国际社会。例如,能不能有更多中国人写的好书、好的视频音频资料被翻译出来,向外部世界传播?能不能在所有关心中国问题的论坛上都有中国人去介绍情况?能不能在所有愿意采访中国人的媒体上有中国人去发表意见?能不能有一天,但凡涉及中国的事件和问题,第一时间向国际社会提供一手信息的是我们自己?

总之,我们需要不断改进和完善国际传播的方式方法。年轻人有更好的知识基础,有更加开阔的视野,面对的是更大的国际舞台,世界期待中国自己的声音。希望年轻一代能勇敢地面对挑战,不断学习和摸索,认真了解国家的历史和现实,吃透党的方针政策,跟上形势的发展变化,增强自身能力建设,成为中国新一代成功的传播者。

[①] 习近平:《习近平谈治国理政》第一卷,外文出版社,2014年,第155页。

传播是人与人的对话*

这几年，我国的对外传播工作正在取得长足进展，搞得有声有势。比如，在国际舆论场上，中国记者越来越活跃，中国人的声音、中国人写的文章和书籍，越来越多地见诸国际媒体。尤其在应对美国挑起贸易摩擦的过程中，不仅官方表态鲜明，学界和企业界也发挥了重要作用。他们用舆论支持和助力外交，既有力地批驳了许多不实之词，也澄清了不少长期以来的模糊认识。再比如，在华为事件中，任正非总裁广泛接触国际媒体，以坦诚开放的态度，讲述华为的创业心路和奉献世界的胸怀，为国际传播提供了好的案例。在当前国际舆论的最前线，许多中国驻外大使出现在国际媒体上，主动回应外界对中国的关注，为国际传播做出了重要贡献。

---

* 2019年8月12日，傅莹应邀在银川出席第六届全国对外传播理论研讨会，发表题为"传播是人与人的对话"的演讲。本文系根据演讲内容整理而成，观察者网8月13日以原标题发表。

第七章 国际传播

中国在对外传播的完善上路还长。一段时间以来取得的经验和成效,使我们有信心做得更多更好,努力实现中国的国际形象由我们自己来塑造。就像习近平主席讲的:"我们有本事做好中国的事情,还没有本事讲好中国的故事?我们应该有这个信心!"[①]

提升国际传播能力是一项系统工程。我们党正在进行具有许多新的历史特点的伟大斗争,这场斗争既包括硬实力的提升,也包括软实力的完善。目前,我们面临的压力和挑战是复杂和多元的,而且变幻无穷,需要不断总结经验,在实践和学习中,提升能力。

现在,外界把中国看作影响国际形势和世界走向的关键变量之一,非常希望了解中国的情况、中国决策者的想法和中国发展的方向。同时也想知道,中国强起来后会成为一个什么样的国家?有什么样的战略意图?将给世界带来什么样的影响?

10多年前,我作为中国驻英国大使,在大学和各种论坛讲话时,被问得最多的问题是:中国想向世界要什么?能够给予世界什么?2019年我在北京接待一位来访的英国议员,她提出的第一个问题仍然是关于中国国际角色的,她问:中国将如何影响世界?由此可见,这可能是过去10年乃至未来10年,我们作为一个成长中的大国,需要不断向国际社会解答和以有说服力的方式

[①] 习近平:《习近平关于社会主义文化建设论述摘编》,中央文献出版社,2017年,第207页。

去回应的问题。

2019年是新中国成立70周年，在中国共产党坚强有力的领导下，经过勤劳勇敢的中国人民的艰苦奋斗，中国从一个贫困落后的国家，成长为世界第二大经济体。中国的世界影响力也相应地增强，在国际事务中发挥着越来越大的作用。中国的成就世界有目共睹，无论是赞成我们的人，还是不赞成我们的人，都不能不承认，中国的制度和治理是成功的。中国的成功，足以修改西方所主导的国际政治经济教科书，为人类追求文明和进步提供参考和借鉴。

现在外界关注中国，不仅是关心我们自身取得了怎样的成就，更重要的是，一个不断取得成功的中国将如何影响世界。因为，这真正攸关各方切身利益和未来的战略选择。

特朗普担任美国总统后，一些军政部门把中国定性为"战略竞争者"，美国从经贸、科技到军事、安全，摆出全方位应对中国挑战的姿态，甚至不惜破坏两国正常的经贸、科技和人文往来。据美国学者反映，美国国内正在出现以强硬和有效方式应对中国崛起的"政治正确"，对华战略调整的动向比较明显。然而，面对变化，中美学界的接触和交流没有停顿，一些对未来忧心忡忡的美国学者一再探寻，中国到底想要什么？中国的真实战略意图是什么？

毋庸讳言，随着中国的崛起和美国霸权的式微，中国与美国之间的分歧和矛盾在很大程度上是结构性的，双方需要妥善处理矛盾和分歧。如果说，在美国领导层和战略圈子里，有人试图将

第七章　国际传播

两国关系往大国权力之争的老路上引,那么在普罗大众层面,如何对冲这样的错误逻辑?如何消除广泛的误解和偏见?如何让国际社会,包括美国公众更多地听到和读到中国人介绍自己的想法和理念?这些是非常需要我们关注的问题。我在对外交流中,常感到一些人对中国的印象是基于不完整的信息,对中国的了解基本源自媒体和政客的二手说法。很多人也并非完全不想了解真实的中国,但是他们能接触到的关于中国的一手信息是很有限的。

与来中国访问的美国议员、智库学者和媒体记者座谈时,他们带来各种疑问,提出许多问题,在听取了中方观点后,虽说不完全认同,但是表现出了浓厚的兴趣。比如,当我介绍了中国全国人民代表大会及其常委会的立法过程,包括从听取人大代表和社会的建议并从中选择立法议题,到开展专业和社会咨询、协商,再到形成草案后征求社会意见,最终草案在全国人大常委会进行两次到三次的审议和修改,之后进行表决通过,等等。这些常识性的东西对他们来说却很陌生,一些美国访客当场表示,希望能邀请我去美国巡讲,让更多的美国人了解中国的决策和施政方式。他们认识到,中国既然取得这样的成功,其制度、政治和治理方式必然有其门道。他们希望中国人能更加主动和广泛地向世界介绍自己的情况。一位美国前政要对我说,中国现在是大国,如果你们不讲,就会有人代替你们讲。

中美关系处在转折的关头,是迈向冷战、相互为敌,还是通过有效沟通、建立新型关系?两国领导人商定的目标是,构建以协调、合作、稳定为基调的中美关系,但是,如何才能成功地将两国关系引入这样的轨道？这取决于两国在每一个重要的利益和分歧问题上的决定，也取决于两国和两国人民能否准确和客观地彼此了解和判断。而中美关系未来的走向也必然会影响到世界的未来。

在这个过程中，舆论的因素是很重要的。基辛格以他丰富的经验总结道："很多国际事件都是由对彼此的误解造成的。"今天，当中国已经处于国际博弈的前沿之际，我们不能忽视国际关系变动中的舆论因素，特别是在这样一个不仅有传统媒体，新媒体、自媒体也高度发达的时代，舆论既可以朝着积极的方向影响政策的选择，也可以朝着消极的方向裹挟判断。越是在国际关系出现困难的时候，我们越不能放弃沟通，越不能轻视舆论和传播工作。

有时我们可能会觉得，中国的国际话语权不够大。我的体会是，话语权不是被赋予的，而是需要去赢取的，如果我们能把已经拥有的话语权用好、用充分，就能不断赢得更多的话语权。所以，我们首先需要提升传播的意识和能力，需要有更多的中国形象和中国声音出现在国际媒体和国际论坛上。

一个国家的国际形象是立体和多维度的，是由各行各业和各种社会群体共同塑造的。因此，国际传播也需要将宏观和微观相结合，对自身意图和行为进行全方位的阐释，既要有专业和战略层面的传播，也需要有人文和公众层面的传播。大家共同努力，点点滴滴，聚沙成塔，形成全社会、宽领域、多角度的国家叙事。开展国际传播需要有清晰的政治引导，传播者应该认真学习

第七章　国际传播

和领会国家意志、中央精神，同时也要了解世界、倾听世界，在构建人类命运共同体的大的思维框架下，发挥自身专业特色。

说到传播，其实就是做人的工作，是人与人的对话和交流，需要考虑讲和听的效果。中国人讲话讲究结构和内容的完整性，我们写文章喜欢叠床架屋。有一次我在英国皇家艺术协会做演讲，稿子的内容分成三个部分，里面套了三个段落，数据和内容不可谓不丰富。讲话受到热烈掌声的肯定，之后许多人到台上来祝贺我，好像效果还不错。但是，当我私下问一位在场的华人到底怎么样时，他笑着说："你讲的内容太多了，我记不住，其实讲里面的一点就够了。"这让我体会到，面对公众讲话，重点在于沟通，在于思想和信息的交流，一次哪怕只讲一个问题，讲明白了，能说服人，就实现了传播。

讲好中国故事，首先是讲好中国人的故事，真实的故事最有说服力。有时候，一个小故事就能说明大道理，不是每次传播都需要宏大叙事。我们的故事是讲给人听的，内容中要有人，有普通人的喜怒哀乐。驻阿富汗大使刘劲松卸任回国，离开喀布尔的那天，在当地报纸上发表了一篇"临别感言"，文章如涓涓流水，记述了在任期间最让他感怀的人和事，讲到他对战乱中的孩子们的牵挂。这篇感言很打动人，不仅在阿富汗效果好，许多中国人看了也受到触动。我们的传播就需要用这样的方式，通过突出人，通过个体的人与人之间的交流，传递我们的思考和理念。

国际传播并不等同于自我表扬，中国作为一个发展中国家，工业化进程推进得这么快，肯定会有这样那样的问题。我们的制度优势恰恰在于，党和政府不仅有面对问题的勇气，而且有解决问题的能力。所以，我们在国际传播中不需要回避问题，也不要怕别人批评，重要的是能够说明我们的政策意图和目标是什么，面对的挑战是什么，解决问题的努力有哪些。当有人提出疑问的时候，恰好是传播的好时机，可以更加充分地介绍事实究竟是怎样的。

正所谓大国政治无边界，大国国内的发展和变化必然会引起国际上的关注，是国际政治的重要内容。中央对当今世界做出"百年未有之大变局"的历史论断，而中国处在变化的中心，既是变化的牵动因素之一和关键力量，同时也受到各种其他变化的牵动和影响。在这样一个充满不确定性的时代，我们需要把握好自身，做好内功，认真学习和理解习近平外交思想和关于对外传播的理论，更好地完善中国特色的对外传播体系，为实现习近平主席提出的提高国际话语权、提升国家软实力的目标而共同努力。

如何向世界讲述中国故事*

习近平主席非常关心对外传播，他谈到，在对外新闻工作当中，要胸怀大局，把握大势，着眼大事，要做到因势而谋，因时而动，顺势而为。①

这几年，我出席各种国际研讨会时，几乎在每个话题的讨论中，中国都是焦点，谈到什么问题，都会有人问到中国的观点，世界想听到更多的中国声音。然而，无论是在国际论坛上，还是在国际媒体上，中国人直接面对世界所发出的声音还不算多，在国际出版物当中，中国人写的关于今日中国的书籍和文章也很少。总体而言，在国际信息库中，关于中国的一手知识和信息与

---

* 2018 年至 2020 年，傅莹应邀就改进国际传播问题进行多次授课。本文以 2019 年 7 月 15 日在上海市哲学社会科学教学科研骨干研修班上的讲课提纲为基础，结合其他讲课内容汇编整理而成。

① 倪光辉：《胸怀大局 把握大势 着眼大事 因势而谋 应势而动 顺势而为》，载人民网，2013 年 8 月 21 日。

国际社会对中国资讯的需求相比,是有一定差距的。

关于国际传播的问题。首先需要谈的是,有没有必要做国际传播?是否需要提升这方面的意识?如果必要和需要,那么再需要考虑的就是向谁传播和如何提高能力。

形象的三幅图像

什么是传播?传播的目的是什么?我的理解和体会是,传播涉及形象问题:树立形象、完善形象、维护形象。形象是如何构成的呢?国家形象跟个人形象有一定的相似之处,简单来说,形象包括三幅图像,第一幅图像是"你是什么",第二幅图像是"你说你是什么",第三幅图像是"别人认为你是什么"。这三幅图像重合起来,大致就构成了一个完整的形象,三幅图像的重合度越高,形象就越清晰。如果这三幅图像之间的差别比较大,或者有的图像是缺失的,那么这个形象就是扭曲的,可能会被误解。所以,当我们讲树立形象的时候,主要的考虑是如何让这三幅图像更好地重合。

国家形象的树立和维护是更加复杂和多元的行为过程。谁在树立国家形象?谁在国家形象塑造的过程当中发挥主要作用?首先是国家作为主体对自己的正面宣传,比如政府的宣誓、政策、表达。其次是非国家行为体的言论和行动产生的影响,包括个人,比如一个游客、一个留学生在国外的一些表现,也在塑造国家形象。虽然不应该将某一个局部、某一件事情直接上升到国家形象的层面，但是许许多多事件累积叠加起来，就会影响到国家形象，影响到别人怎么看我们。传播的目的是从各个层面树立和完善国家的公众形象。

对企业和个人来讲，形象是非常重要的，我们往往比较在意个人形象，会主动维护，但是企业靠什么来塑造形象？企业都有自身业务，例如制造业或者电讯业等，但是，推广企业的形象涉及公众的看法和感受，不能靠推销产品的商业广告。例如，微软是一家跨国科技公司，电脑软件服务业务很成功，比尔·盖茨非常富有，但是，他为自己和微软树立的国际形象是积极投入慈善事业，其通过基金会做了大量的公益活动，如在消灭小儿麻痹症（脊髓灰质炎）上投入很大，深入巴基斯坦、阿富汗的边远地区，设法让疫苗遍及世界边缘的孩子们。脸书、亚马逊这些成功的跨国企业，都有自己国际公益形象的设计，并且不断强化，力求深入人心。中国也有许多规模比较大的成功企业走向了国际，但是很大程度上保持着质朴的劳动者的心态，专注于业务，对形象问题看得不是很重。

传播的必要性和挑战

有没有必要做国际传播？我们许多人一方面特别关心外界对中国的看法，对一些偏见非常在意和不满，甚至感到愤怒。但是，在谈到我们是否需要提高国际传播的意识和能力时，不少人认为，没有必要做，讲了也没有用。中国的国际问题学者中也有人认为，中国与美国之间存在无法解决的结构性矛盾，偏见和误解难以改变，不是我们讲不讲的问题。

这个看法有一定道理。中国与美国之间存在意识形态上的分歧和国际权力分配上的结构性矛盾，非常难以解决。

在意识形态上，美国在冷战之后维系世界领导权的立身之本，就是以"美西方"价值观为核心的"道德高地"，标榜美式"民主制度"应该统领世界的政治和价值。而中国共产党领导的社会主义国家的成功，让西方世界感觉到理念和价值上的威胁。美国人提出的，调整对华战略和政策的政治原因就是，没有实现通过与中国的接触政策促成中国政治变革的目的，因此过去的对华政策是失败的。

但是，冷战后美国不惜动用军事力量去构建美式全球政治体系成功了吗？伊拉克战争、利比亚战争、"阿拉伯之春"带来了什么？社会动荡、生活贫困和矛盾的外溢，这些事与愿违的结果美国人并非看不到。美国的失败不是在对华政策上，而是冷战后试图用西方价值观统领世界的战略失误。中国政治制度的成功和合法性是一个基本国际现实。也正因为中国已经成为具有一定影响力的世界大国，中国的崛起必然带来世界权力再分配的张力。

在党的十九大报告中，中国向世界进一步阐明了自己的观点，习近平主席提出构建人类命运共同体，体现了中国的大智慧，既有深厚的中国文化和政治根基，也符合世界潮流和现实，说明我们并不是要打碎现存的秩序或者体系，而是共同构建一个更大的、更具包容性的屋顶，让大家的利益和诉求都得到包容。

第七章　国际传播

世界的多极化和政治的多元化更加符合人类走向命运共同体的方向，中国与美国乃至整个西方世界的结构性矛盾是动态的，在这个过程中我们有发言权，问题在于我们能否提出自己的一套主张和想法，以有说服力的方式向世界表达，实现国际政治形态的多元化，从而影响国际权力变化的过程和结果。

那么，我们的思想和观点如何能通达世界，如何能反映在我们自己的具体言论和行动中？2018年至2019年，有几个美国媒体记者的代表团来访，在我与他们的座谈中，他们总会对中国提出各种质疑，听了我的解释和说明之后，虽然他们不能完全认可，但是很感兴趣。他们不能理解的是，为什么在国际关注的涉华热点问题上，总是很难采访到中国人，听不到中国人的权威声音？美国国会的议员助理告诉我，在东海和南海问题的高热时节，菲律宾、日本、越南几乎是在进行信息轰炸，提供了大量的素材和信息，而中国似乎总是敬而远之。

我个人的体会是，中国长期以来存在与西方世界的信息隔绝问题，不太有及时开展国际传播的意识和习惯。

记得2008年3月14日发生西藏骚乱，西方媒体一边倒地批评中国，一些媒体甚至用移花接木的方式，采用印度和尼泊尔的电视画面来描绘在西藏发生的骚乱。他们认定在拉萨发生了严重的流血事件，打算先拿别的图像暂时代替。事后我走访了英国各大媒体，批评他们的错误报道，他们无言以对，但是会反问：你们的声音在哪里？为什么不能及时提供图像和说明？在突发事件时刻，媒体需要满足读者的紧迫信息需求，当时"藏独"支持者每天都会提供 10 多条信息，采用率很高。从发生西藏骚乱的轨迹看，这些闹事的人在传播上是有设计的，每次闹事后都会将视频和编好的故事第一时间传出去，在国外制造影响。

如果我们讲了，有没有作用？国际媒体是否会重视中国人的看法呢？我的体会是，只要我们真诚沟通，媒体是会重视的，因为国际公众想知道。例如，我在英国期间，使馆与媒体有比较多的交往，媒体是希望听到中方观点的。媒体为了避免误报，遇到突发事件时也会先发给使馆要求确认。例如，2008 年 3 月中旬的一天下午，中国驻英国使馆收到 BBC（英国广播公司）发来的一批照片，说是刚刚在四川的阿坝藏区发生了枪击事件，导致僧人死亡，想请使馆确认或者否认，晚上 7 点要在电视新闻节目中播出这条消息。新闻的原则是"有图有真相"，这事看起来是真发生了，但是，到底怎么回事呢？使馆工作人员往国内打电话多方核实，没有得到确认或者表态口径。

当时国际媒体正在炒作中国西藏问题，激起英国公众的反感情绪，干扰中英关系的发展。中国政府绝不是一个任意草菅人命的政府，这些图像的背后必然是有原因的。于是，我们到处搜索材料，力求尽快给 BBC 一个说法。使馆的一位年轻外交官在德国网络上搜到一条两行字的消息，说是在中国的四川阿坝发生了僧人袭击警察的枪击事件。我们判断，很可能是涉事僧人包围警察局遭到反击，事后证实，确是如此，发生在 3 月 16 日。袭警在任何国家都是违法行为，使馆拟写了口径："据消息说发生了僧人袭警事件，具体尚待核实"，反馈给了 BBC。晚上 7 点 BBC

的电视新闻节目中没有播报这条消息。8点左右播送了一条相关简讯，没有配那些图像。当天晚上，使馆也给英国政府发送邮件，客观地讲述了BBC要求核实的情况和我们的回复，预防性地处置了这个潜在的舆论风波。

所以，当我们说，中国在国际舆论中缺少话语权的时候，可能不完全是这个问题。我们的话语权也许还不够大，但是，更重要的是我们需要更加充分地利用有限的话语权，增强这方面的意识很重要。一件事在成为公关危机之前，就像气球突然被吹起来一样，会在舆论的推动下迅速膨胀，这时，对当事者来说，最重要的是提供第一手的真实信息，就如同用一根针在正在被吹起来的气球上扎一个眼儿，它就很难鼓起来了，自然也不会发生爆炸。

社会是复杂的，很难避免发生事端甚至事件，事情的发生可能不是政府的责任，但是，政府最好能第一时间发声，因为谁先提供信息，谁的声音就会居于主导地位。如果政府没有声音，假消息抢到新闻点，很快就会占据主导地位。我们的政府部门通常动作很快，在处理事故、调查原因、避免事件再发生等方面都有很强的行动能力。需要加强的是秉持现代化的执政理念，在第一时间避免和化解舆论危机，尤其在对外传播上的危机防范非常重要。

传播意识和效果

外国记者在中国最苦恼的是采访不到人，尤其是遇到突发或者重大事件时，找不到能随即向外国记者介绍和解释真相的人。他们常常以捕风捉影的消息作为报道基础。有人问我：为什么中国人不愿意接受媒体采访？为什么不喜欢展现自己的形象？我解释说，中国人比较相信靠做事来证明自己，正如孔夫子说的，君子要"敏于事而慎于言"。确实，我们的文化内涵是倾向于少说多做。许多中国企业家也都是这种想法。有一位美国记者向我提议，"咱俩合作写篇文章吧，标题就是'如果孔子生活在21世纪'，探讨一下自媒体时代的孔夫子是否还会坚持少说多做的想法"。

我在驻外使馆工作期间，中国企业遭遇媒体负面新闻困扰时，总是希望使馆能够提供支持，却不太愿意在媒体上直接参与辩论证明自己，也不太愿意参与业务以外的活动。企业往往会得到总部的指令：避免炒作。什么叫"炒作"呢？我理解"炒作"这个词指的是主动推销自己，但是在自己被污名化，或者可以说是被"炒作"的情况下，不去用事实对冲，负面的信息就会构成形象的内容，也即"别人怎么看你"。如果你的形象是一座美丽的雕塑，别人在它的背上抹了西红柿酱，你不去擦掉，以为别人没看见，但是它会真实地一直存在。下次又出现，你仍然怕"炒作"，不去处理，久而久之，积累起来，就会成为你的固定形象。

对国家来说，也是一样的，如果被批评或者指责有某种问题，如同被贴了某种标签，不能及时、有效、有说服力地去说明和对冲清理，这些负面的东西就会积累起来，甚至引发潮流性的批评和无休止的指责。国与国之间存在政治分歧，这是难以改变的，国与国之间有边界，相互无权干涉内政，这也是重要的国际

第七章 国际传播

原则。但是国家形象是延展到国家边界之外的软性力量，对国家形象的树立和维护恰恰是需要说服和赢取境外的国际社会广大公众的了解和理解，因此，即便是国内事务，如果引发国际关注，我们也有责任去解释和说明。作为大国，尤其拥有比较大的国际影响力的国家，其国内政治在一定程度是也构成国际政治的内容，就是所谓的大国政治无边界。因此，不仅需要对外进行解释和说明，更多时候需要主动对外做说明，主动做传播。在传统媒体基础上，新媒体、自媒体更加活跃的信息时代，大国信息的边界更加模糊，国际社会可以直接从大国的国内传播获取信息，因此大国的国内传播也必须考虑国际效果。

注重树立和维护自己的形象，现代国家、现代企业和个人都需要树立这样的意识。举一个成功维护形象的案例。加拿大北方的因纽特人以猎杀海豹为生，在2009年3月至4月集中捕杀的季节，这件事被西方媒体曝光，引发广泛声讨。一时间，媒体上铺天盖地揭露这种残酷的行为。电视中，可爱而慌张的小海豹和被捕杀的海豹妈妈的画面，对社会产生了强大的舆论冲击。一夜之间，加拿大变成了人类公敌，甚至中小学都开始有反应。

加拿大政府迅速采取了危机公关，由一位专家出面接受各家媒体采访，他是海豹问题的政府顾问，态度平和，讲话很专业，表达能力强。对记者的任何尖锐问题他都应对自如，而且可以借对方的问题传播自己的信息：加拿大因纽特人是怎样的少数民族，相应的电视画面上可以看到因纽特可爱的孩子和勤劳的大人，在严寒的冬天用石头搭建腌海豹的窖，储存过冬的食物。他还讲了加拿大的法律是怎样规定的，因纽特有多少人口，他们的文化如何得到保护等，体现了加拿大多元文化的思想。最后他解释道，猎杀海豹是有限制的，不是什么人都可以猎杀海豹，也不是什么季节都可以猎杀海豹，更不是猎杀多少都可以，这些都是有规定的。

他讲得很清楚和透彻。那一天，所有电视台都有他的声音，他接受了世界多国媒体的采访。之后，相关报道就销声匿迹了，一位专家抵挡住了媒体的千军万马，化解了一场国家公关危机。

中国在化解舆论压力上也有不少成功的案例。例如2009年初，英国媒体乃至国际媒体出现一股批评中国向非洲出售武器的舆论，结合中国军费增长的信息，试图把中国描绘成一个不负责任的新兴大国。使馆邀请中国外交部的非洲事务大使刘贵金访问英国，在使馆举办了一场中非关系的专题记者会，邀请了所有驻英国的国际媒体出席。记者会进行了将近两个小时，穷尽了记者们的问题。刘大使长期做非洲事务，熟悉情况，不仅向记者们全面介绍了中国与非洲各国军贸的历史和现状，而且也提到欧洲国家和美国长期以来向非洲国家大量出口武器装备的情况，他提供的数据充分，事实清晰，基本解答了所有的关切。这次记者会谈得非常充分，这个问题之后就再没有见到有媒体炒作了。

2009年2月，中铝与力拓发布公告达成战略合作协议，涉及中铝向力拓注资并获得一定矿产股权，这是矿业界一件比较大的事情，中铝为此在伦敦进行了一轮全套的公关活动，包括企业领导人接受媒体采访，《金融时报》用头版刊发采访，还发表了

第七章　国际传播

长篇报道，不仅在企业界，在社会上也影响比较大。当时国际媒体对中国的各种批评声音当中，一个比较突出的是对国有企业的质疑。事后，《金融时报》的总编辑巴伯向我提议，多请几位中国国有企业的领导接受采访，有助于打消和化解外界的误解和疑虑。我也认为，这样的传播不仅对企业是很好的宣传，更重要的是能够让国际社会从中更好地了解中国的政治制度和改革的成果。

在近年中美关系恶化的过程中，舆论是一个比较突出的问题，在美国的社会上大量传播的关于中国的负面信息，其中许多都不符合实际情况。"美西方"公众对中国的了解很有限，基本是依靠从媒体上得到的信息来构建印象。对西方媒体传播的关于中国的错误信息，往往缺乏足够的中国一手信息加以对冲，例如，在网络问题上，2015年美国媒体和政府披露有人窃取了美国上千公务员的个人信息，而且"强烈暗示"是中国（政府）所为，引发社会强烈反响，因为这危及了普通人的利益，触及了公众的敏感神经。但是美方证据何在？中方如何澄清和自证？中国的政策是什么？事实上中国在制定和修改法律时重点规范了对个人信息的保护问题，虽然在新技术条件下法律的执行和监管是需要不断完善的，但是中方的观点、做法并不为美国社会所了解。

在南海问题上，美国人指责中国要独霸南海，威胁海上航行自由，南海成为中美海上安全的新危险区域。但是，美国普通人在多大程度上了解中国对南海岛礁的领土主张和历史缘由呢？中国如何阐述在南海的领土和海洋权益的主张？这些都是需要通过有效的国际传播强化宣传的问题。大部分美国人都不知道南海在哪里，就形成了中国人富有侵略性的印象。在美国舆论场上，对涉及中国的问题进行缺席审判几乎成为习惯，这难免会影响到中美关系的民众基础。

美国学者莱斯利写的《人心之争》一书，主要是依据俄罗斯和美国的解密文件，尤其是两国领导人的来往信件，再现了冷战的场景。美国和苏联当时从第二次世界大战时的盟友，在18个月内变成了敌人。莱斯利在书中提到冷战的发生，美国和苏联领导人出于当时各自的意识形态、信仰和对彼此的恐惧，做出为敌的选择；基辛格在《论中国》这本书中也提到，很多国际事件都是由于对彼此的误解造成的。考虑到中美之间的结构性矛盾，不能忽视美国对华情绪背后的舆论因素。

应该向谁传播

有一次与央视的评论员座谈，他们问我："我们在电视上讲解一件事情时，是讲给谁听的？"这是传播者普遍面临的问题。当你想讲一个事情的时候，用什么方式讲取决于受众是谁，不同听众的理解力和理解角度都是不同的，正所谓众口难调，如何才能让所有的听众都能理解和认可？我认为，传播的内容应该是讲给公众听的，尤其要讲给最基层的公众听，讲给人民大众听，他们是我们传播的对象。公共传播真正要面对的是普罗大众，要满足的是他们的信息需求。

第七章　国际传播

2013年至2017年担任全国人大发言人的这几年当中，我经常遇到一些特别难回答的问题，比如公众对严重的雾霾问题反映强烈，记者每年都要问一些关于雾霾的问题。我应该站在什么立场来回答这个问题呢？作为人民代表大会的发言人，如果我从维护政府形象的角度去驳斥记者，说明政府做了很多努力，那么公众会问："为什么还是没有解决雾霾问题呢？"如果我完全站在公众的立场去批评政府、表达不满，也不妥当。面对这样的提问，我首先需要明确的是，政府和人民的利益是一致的，需要共同应对雾霾挑战。我作为发言人不能在政府和人民之间选边站，去维护一方、反驳另一方，或者辩驳什么。习近平主席特别强调党员干部要秉持人民立场。

国际传播也是一样的，面对的是普通公众。英国的公关顾问沙学文曾经建议我，注意传播语言的简单和通俗。他说："大部分英国人对世界的知识是从电视里获得的，卡车司机在酒吧里看电视，家庭妇女边做饭边看电视，从电视里看到的各种信息，形成了他们的世界观。"他问我："一个普通的英国人每年能在电视里看到几副中国面孔、听到几个中国故事？"他认为中国的国际传播需要更好地通达国际社会。

如何提高传播能力

传播的方法有演讲、接受采访、写文章、写书等。从广义上讲，各种人文交往和文化交流都是强有力的传播方式。日常的传播，媒体是最重要和便捷的渠道。

我接受媒体记者采访比较多，但是学习和掌握一定的方法和技巧，还是经历了一个过程的。记得在澳大利亚工作的时候，有一次遇到涉及中国的舆论高潮，我应约接受电视台的记者连线采访，说好答问时间一共5分钟。从接受邀请到开始连线有几个小时的时间，工作人员帮忙搜集了20个媒体讲得比较多的关于中国的问题，然后我们一起商量了答问的口径，打印出来差不多有3 000字，我尽力熟悉了一下。接受采访的时候，记者提问角度刁钻，节奏快，准备的口径基本用不上，在那种镁光灯之下的高压状态中，也不可能记住那么多东西。所以，实际的答问只能是记者问到哪儿、自己想到哪儿，就说到哪儿了。由于记者的态度批判性强，问题尖锐，刺激得我也针锋相对，态度强硬，立场明确，自认为应对得还不错。

后来新加坡大使也遇到一次舆论高峰，接受了同样的节目采访，面对记者咄咄逼人的指责性提问，他没有发生情绪起伏，而是自始至终保持了平和说理的态度，把重点放到了传播知识和信息上，用很快的语速大讲新加坡的相关法律和做法。相比而言，我太注重与记者争对错和赢高下了。

在日后的学习和实践过程中，我逐渐意识到，作为被采访者，我与记者是一种博弈关系，双方都想赢，但是，赢的是什么呢？并不是我要赢他抑或是他要赢我，而是我们都要设法赢取听众，赢取镜头背后的那些人。所以，不在于谁的声音大，谁的言辞激烈，谁的态度强硬，而在于观众认为你们两个人谁讲得对，谁更有道理,最终接受了谁的观点。可见,电视记者的现场采访是对沟通技巧要求比较高的博弈过程。在《我的对面是你》这本书里,我专门讲了这方面的经历和故事。

我刚到英国的时候,也接受过媒体记者的采访,相熟的公关专业人士了解到,我不经过培训就敢大胆地接受采访,感慨地认为我勇气可嘉。后来我开始学习和了解,看别人是怎么做的。比如,美国驻英国的大使,一年接受数百次采访,每年除了有专业经费可以接受公关培训,还会在内部进行采访前的演练。以色列大使曾经担任外交部的发言人,也给我介绍了以色列的外交干部如何普遍接受公关培训。这对我很有启发,开启了在使馆进行专业培训的道路。因为公关培训费用比较高,我们经常是一个人上课,多人旁听,提高大家应对媒体的意识和能力。

专业的辅导和培训大幅度地提升了我对媒体的了解和应对采访的专业化水准。例如,当我准备接受5分钟的采访时,不会再用拉网的方式,准备大量的答问口径去"押题",而是根据自己的传播内容和当时媒体乃至社会公众关注的热点,结合起来设计三四个问题,考虑好简洁清晰的回应口径,然后通过反复的演练,构建起利用记者的任何问题来传递信息的能力,从而实现传播的目的。我从中学到的一个重要的方法终身受用,那就是,要能够顺着记者的提问,引出自己的观点,把对话拉入自己预设的轨道上来。

举一个简单的例子,在2017年3月的人大会议新闻发布会上[1]，一位意大利女记者问我："中国什么时候能够成为世界公民？"这位记者对中国非常友好，我们也相熟，她不是想为难我，而是在传达意大利人乃至欧洲人想了解的问题。但是，这个问题是很难回答的。什么叫"世界公民"？这个概念背后隐含了西方人的价值判断。但是，在大庭广众之下，在电视直播的情况下，国内外的观众都在看着，我不能去跟她辩论和探讨世界公民的定义，也不能所答非所问地回避。我就采用了训练中学到的技巧，把她的问题引入我熟悉的轨道。我看着她的眼睛说："你这个问题很好，我理解，你是想问，中国要在世界上要发挥什么样的作用？"她看着我点点头，我继续说，"那么让我给你讲讲，中国想在世界上发挥什么作用……"她接受了我对她的提问的解释，在观众听起来也很顺当，实际上，我已经让这个问答转换了轨道。这是一种技巧，遇到比较抽象或者难以回答的问题，最好能把对方拉到自己的轨道上来。直接去反驳记者，或者批评记者，效果都不会好，会让听众觉得发言人强词夺理，缺乏自信。总之，掌握表达技巧是提升传播能力的重要方面。

个人能力是国家的传播能力的组成部分，但是，这只是局部的问题，在国家的层面，传播能力应该是多元和多层次的。以美国为例，舆论与决策是自下而上和自上而下的多元和多渠道循环运行模式：智库—媒体（公众）—国会—政府。这四个层面都对

---

[1] 张红日：《2017两会：人大五次会议新闻发布会 傅莹答中外记者问》，载观察者网，2017年3月4日。

决策有着巨大的影响，同时也都是对内对外传播的主体，四个层面之间相互碰撞、相互影响。例如，一个对外政策和重要思想的形成，往往先在智库层面有比较长时间的酝酿和研究，之后影响到媒体，进而影响到大众和国会，政府则会受到大众和国会的推动，从而影响到政府。有的热点问题会先在媒体的炒作中对其他主体造成影响，最终也会倒逼决策。而大国的国际传播与国内传播很难绝对分开，往往是同步进行的。

因此，在美国的对华政策的形成过程中，各种主体都有参与，都会产生作用力，在这个过程中，源自中国的真实和一手的信息不应该缺位，否则偏见难免大行其道，给误读和误解以产生影响的空间，导致关于中国的谬误在美国大行其道，甚至成为主流认识，让对中国的政策判断基于不完整和错误的信息，这是危险的。

总之，我希望能在年青一代中培养起提升传播意识、提高传播能力的风气，希望将来世界上出现的跟中国有关系的话题、跟中国有关系的事件，都是中国人第一时间出来讲：这是怎么回事？为什么会出现这种情况？我们做了什么、还要做什么？如此，大家都为国家形象的构建和维护贡献力量。

从世界的角度看中国，从中国的角度看世界——接受《秘书工作》杂志访谈*

习近平外交思想是新时代对外工作的根本遵循

提问：2018年中央外事工作会议确立了习近平外交思想的指导地位，您从事外交工作多年，请您谈谈对这一重要思想的理解。

傅莹：2014年、2018年的两次中央外事工作会议我都参加了，聆听了习近平主席的重要讲话，受到极大鼓舞。这两个讲话全面总结了党的十八大以来我国对外工作取得的历史性成就，准确把握了中国和世界发展大势，明确了中国特色大国外交的指导思想和基本方略，回答了新时代如何做好对外工作的重大理论和实践

---

* 本文系《秘书工作》杂志对傅莹的访谈，以《从世界的角度看中国　从中国的角度看世界——访外交部原副部长傅莹》为题发表于该杂志2019年第12期。

364

第七章　国际传播

问题。习近平外交思想指导地位的确立，让新时代对外工作有了更加明确的前进方向和根本遵循。

习近平主席对新时代对外工作所做的深刻阐释给人以启迪，印象最深的有以下几个方面。

第一，习近平主席提出，把握国际形势要树立正确的历史观、大局观、角色观。这是要求外事工作者掌握和运用辩证唯物主义的方法论，提高判断能力。既要端起望远镜看未来，也要拿起放大镜观历史，从中总结规律、找到脉络。既要关注事物发展的细节，见微知著，又能客观认识时代基本特点，抓住矛盾的主要方面，对大势了然于心。既要有全球胸怀、人类眼光，从世界的角度看中国，又要熟悉国情，从中国的角度看世界，知道我们党和国家、民众需要的是什么。只有这样，才能科学贯彻外交政策和方针，落实好总书记关于对外工作要加强谋篇布局、突出重点的要求，为实现"两个一百年"奋斗目标营造良好、有利的外部环境。

第二，习近平主席多次指出，当今世界正经历百年未有之大变局。这一论断是习近平外交思想的重要组成部分，可以说是一个立论基础。我想这一判断的要义之一是冷战后的世界格局正在发生动摇，而这里面最主要的有两个变量：一个是美国开始收缩霸权，进入自我修正和调整；另一个是中国国力上升，在全球事务中发挥越来越重要的作用。未来世界格局将如何演变，是朝向多极化，还是形成某种过渡性的两极格局，或像有些学者预言的那样进入"无极"状态？目前还看不清楚，但是变化已经在发生。美国霸权固然呈现式微的动向,但是美国作为世界强国,仍有很多优势。我们必须牢记习近平主席的告诫,始终保持清醒的头脑和定力,排除干扰,积极应对复杂和多元的挑战,专注于努力实现中华民族的伟大复兴。

第三,习近平主席强调要构建"人类命运共同体"、引领全球治理体系改革。这赋予新时代中国外交以促进人类进步的更宏大的叙事。正如总书记指出的,中国正日益走近世界舞台的中心。我觉得把世界事务比作一个舞台是很贴切的。过去中国是坐在台下的看客,被动接受传统大国的设计和规则。现在中国发展起来了,登上舞台、走近中央,开始承受聚光灯的照射。我们有自己的历史文化和政治价值,对国际事务有自己的主张和原则。例如,我们主张共商共建共享、公平正义、开放包容、相互尊重、互利共赢,等等。基于这样的原则,中国提供了"一带一路"倡议、亚投行等公共产品,不仅体现了因时应势、顺势而为,共享发展红利的愿望,也向世界展示了走和平发展道路的决心,为改革、完善现行多边体系提出了新的思路。可以预期,中国将把握大变局带来的机遇,主动承担更多国际责任。

第四,习近平主席要求外事工作者增强政治意识、大局意识、核心意识、看齐意识。外交是国家意志的集中体现,中国是共产党领导的国家,坚持外交大权在党中央,这是新时期中国外交取得更大成就的根本政治保障。我在全国人大的岗位上也有切身体会,大家都自觉地同党中央保持一致,加强对外工作协同,努力确保中央的战略部署落实到位,取得好的成效。2019年是新中国外交走过的第 70 年，相信在以习近平同志为核心的党中央坚强领导下，新时代中国特色大国外交将不断开创新局面。

怎样讲好中国故事？要让人相信我是认真的，是在讲真实的东西

提问：您在《我的对面是你》这本书中，谈了很多对如何讲好中国故事、做好对外宣传的思考，能否大致总结一下在这方面的心得体会？

傅莹：接受媒体采访的时候，面对的首先是记者，因为是记者在提问，需要考虑如何应对，有时候甚至要斗智斗勇。但是，必须了解的是，记者是一种职业，有自己的专业方式，包括通过提一些尖锐的问题刺激被采访者，从而得到尽可能多的真实的反应。而记者的背后是读者或者是观众，是广大的社会公众。记者是我们让自己的信息通达对岸的桥梁，因此，我们面对的记者不是一个对手，而是需要借助的通道。

我常提醒自己，记者是代表公众向我提出问题的，因此：

一是要有诚实和诚恳的态度。没有人愿意被忽悠、被搪塞。我作为发言人，要想让人们愿意听我讲，了解我提供的信息，而且听得进去，首先需要让人相信我是认真的，是在讲真实的东西。

二是尽可能提供完整的信息。与媒体沟通就是与公众沟通，其结果将影响到大众的判断和反应，沟通者责任重大。虚假信息

会失信于大众，错误信息会误导社会。真实信息和实际举措的传播是增强社会凝聚力和向心力的有效方式。

三是自己要避免表现出对抗情绪，因为那会给通道增加阻力。遇到批评性的诘问，介绍第一手的情况比反驳更有效。我可以反驳一个人、反驳一句话，但是无法反驳群体的思维，人心需要用有情感和有说服力的事实去温暖和赢取。

四是在自己所掌握的事实范围内讲话。为此，需要尽可能完整地掌握了解事实，如实回答问题，而不要试图掩饰或者讲自己尚未掌握的情况。尤其在应急回应公众关切的时候，如果有的情况还不能被完全披露，或者情况不明时，可以如实地告诉对方自己尚不掌握信息，承诺待有了进一步的信息会及时披露。

第八章 智库建设

中国智库的时代责任*

最近看到不少关于智库的论坛和研究，从中可以注意到我国的智库发展正在得到更多的重视和机会。

什么样的智库产品符合决策需要？这是中国智库学者需要思考和把握的问题。

20世纪90年代，我在外交部亚洲司做周边工作，当时世界刚刚走出冷战。从外交决策的角度来看，我们面临许多新课题，周边外交的重点是开拓周边国家关系、稳定周边形势。那么，如何从理论上阐释周边外交政策和其中的逻辑？如何认识和应对周边环境中的特点和正在出现的趋势性现象？那时我比较注意看一些中国学者的文章和著作，例如从阎学通老师的研究中就得到许多理论上的启发。让我印象深刻的是，阎老师分析了随着中国对

---

* 2013年7月6日至7日，傅莹应邀在北京出席2013年政治学与国际关系学术共同体年会并发表演讲，本文系根据演讲内容整理而成，并以《中国智库的时代责任》为题发表于《世界知识》杂志2013年第16期。

外开放的扩大,国家利益外溢的现象,谈到当我国利益延伸到了边境之外,必然需要对周边和国际事务有更多的参与。这让我对现阶段周边外交的立足点有了更加清晰的认识和理解,围绕"周边外交要为改革开放构建好的周边环境"的思路,我们形成了在周边增信释疑、参与多边对话、推进"合作的安全"等一系列政策和外交宣示,最终建立起中国 – 东盟自贸区。冷战后,周边形成一整套东亚多边合作机制,中国在这个过程中发挥了至关重要的作用。亚洲地区比较顺利地走出"后冷战"时期的思想混乱,较快地进入一个良性的合作轨道,避免了在许多地区出现的那种动荡。这期间,我国的政策的制定和执行部门与学者一直保持密切的沟通,学界对国家在新的环境下的外交政策和思想延伸做出了重要的贡献。

再举两个例子,记得在参与东盟地区论坛的讨论时,中方无法回避国际上比较流行的"预防性外交"的概念,澳大利亚等国家一直在积极推动将这个概念纳入东亚合作机制,得到很多国家的支持。但是,从其他地区的实践看,这个概念有比较明显的政治指向性,在亚太地区主要涉及领土等争议问题。我们对此应该怎么看、怎么做,直接影响到中国在地区多边机制中的作用。中国国际问题研究所、中国社会科学院、北京大学,特别是王逸舟、刘学成等老师提出了非常好的意见,而且有系统的著述,增强了我们的信心。经过研究,我们采取了"接过来,为我所用"的做法,用符合本地区实际和共同利益的方式加以解释和规范,纳入共识。现在"预防性外交"这个词经常被提及。

第八章 智库建设

智库影响中国外交政策和相关表述最典型的例子，是郑必坚和他领导的改革开放论坛，提出了中国和平崛起的概念，在他们的研究基础上发展出中国和平发展道路的理论，后来还形成了政府白皮书，在国内外都产生了深远的影响。

所以，我的体会是，在外交方面，好的智库产品应该紧跟当时国家的发展需要，能服务于相应的对外政策的需要。智库产品应该是现实的和具体的，说白了就是"能解渴""有用"。

怎样看当今世界的特点

任何时期的外交决策都需要一个比较客观的三维世界政治地图。在当今世界纷繁复杂的变化中，如何找到一个描绘国际形势的切入点？

看待今天的世界，我最突出的感觉就是一个"变"字，似乎一切都在动态中。能不能认为世界进入了一个重要的转型阶段，而且是具有时代意义的多重转型？

首先是国际格局的转换，对这一点，国际上基本是有共识的，包括美国的一些重量级学者都承认，国际权力不再集中于传统的西方大国。但是在向什么方向转换的问题上，大家的看法不同。前一段时间，国际上讲得比较多的是国际权力从西方向东方转移，引起西方世界的紧张和对中国的警觉。最近，又出现美国实力恢复并且将延续霸权的论断。

从辩证唯物主义的角度看，国际权力的转换反映的是当今世界经济发展的形态。冷战后出现了人类第一次真正意义上的全球化,生产要素的流动不再受到任何政治要素的制约,技术、资本、人才乃至市场等,都开始在全球范围更自由、更快地流动,从传统的西方中心向外扩散。有的国家和地区吸纳得多一些,例如中国和亚洲。只要是没有发生动荡的国家和地区,都不同程度地得益于这样的扩散,实现了比较快的经济增长,许多数据都证明了这种效果。

国际权力的转换也必然会反映世界经济重心的调整和变化,呈现向更广泛的领域和方向扩散的趋势,其中,新兴大国力量的上升,一些非传统力量的上升,都是影响因素。这与历史上大国更替过程中出现的权力转换完全不同,现在是权力的扩散和分散,国际事务的处理需要更多国家的参与和支持。

世界进入转型阶段,这一点可以从许多方面看出来。比如,生活方式在转型,新技术,尤其是网络,带来交往方式以及资讯传播方式的改变。再比如,在绿色理念和新技术的推动下,生产制造方式和消费方式也在转型,等等。

这是一个重要的特点。但是同时,世界仍然处于和平发展的时代,这个判断不应该动摇。20世纪的前50年是以战争为主线,后50年没有再发生大国之间的"热战",冷战使得各个区域隔绝,但是世界经济也保持了增长,不过很不均衡。20世纪后期,世界进入和平发展的时代,为更加广泛的经济增长提供了可能。和平发展是人类文明发展的重要阶段,这个大方向必须坚持。

所以,可以说当今世界时代的主题没有变,只是在这个主题之下，世界正在发生快速的变化和转型，而中国则处在变化的中心。

21世纪中国智库的责任

那么，应该怎样看待中国智库的时代责任？

在智库建设上，中国是后来者，中国历史上就有重谋士、利智囊的传统，但是，古代的幕僚只是单向地为君王提供服务，没有社会公共属性。在现代智库的发展上，中国和其他新兴国家与传统的西方国家的差距是比较大的，比如，英国的皇家国际问题研究所（Chatham House）是1920年成立的，已经有将近100年的历史了。美国布鲁金斯学会的前身——政府研究所，是1916年成立的。

根据美国宾夕法尼亚大学《2012年全球智库报告》，在全球智库分布中，中国排第二名，有429家智库；美国有1 823个智库，是中国的4倍。在前50名顶级智库中，中国只入列3家[①]。报告提到的最具创新性政策建议、最佳利用互联网和社会媒体、最佳利用多媒体技术、最佳对外关系与公众参与等项目的全球智库排名中，中国智库都没有入列。

当然，这份报告并不能完全反映中国智库的情况，外国的评

---

① 截至本书出版之时，《全球智库报告2019》已发布，该报告显示：2019年，美国仍以1 871家智库的数量遥遥领先，中国有507家，位居第三，前50名顶级智库中，中国入列数量保持不变。

估难免受到语言和渠道的限制。中国智库在政府决策和社会思潮的引领上已经在发挥很大的作用，但是在国际化上，我们确实有提高的空间。

应该说，现在是中国智库成长难得的机会。我国正处在快速发展的过程中，政策参谋和参考的需求大，需要研究的课题很多。同时，我们是在一个成熟的国际环境中成长的，可以学习和汲取的知识以及经验非常丰富。

关于如何加强智库与决策机构的关系，我想到这么几点。

第一，智库要与决策机构建立起良性的互动关系，研究国际课题需要贴近国家的外交现实和需求。宾夕法尼亚大学的智库专家詹姆斯·麦甘博士（曾牵头《2012年全球智库报告》项目）来北京时，我向他请教智库与政府的关系。他认为，智库的目的是服务于决策需求，如果做出的东西不能解决决策中遇到的问题，不能为决策所用，这个智库的思想产品就不是成功的。

中国的智库建设还在走向成熟的过程中，如何能更好地为决策提供智力支撑和培养优秀人才，这都是需要不断摸索和提高的。有人问，智库怎样才能知道有哪些决策需求？确实，这是一种供求关系，牵动供应的是需求，决策部门需要不断发出需求指令和信号，提供相关的信息资料。例如，外交部等许多部门就与智库保持着比较密切的沟通关系。党的十八大报告再次强调要发挥思想库的作用，中国智库的发展对于实现科学决策、民主决策和依法决策的目标都是至关重要的。

智库需要有政策服务意识。智库的独立思考要具有建设性，包括批评在内,目的是使决策更加准确,智库要敏感地看到问题才能提出改进的建议。目的性很重要,因此,智库要坚持正确的政治方向,要有更多的冷静思考和平衡的观点。

第二,智库要聚焦中国在国际问题上面临的重大课题。对中国这样一个初登世界舞台的国家来说,需要解决的理论和操作问题非常多。例如,如何确定中国在世界上的时代方位?中国的自我认识是地区大国,未来将成长为世界级大国,谈到世界排位的时候,中国要更多考虑人均收入以及面临的发展挑战。而国际上普遍以世界大国看待和期待中国。我们的智库需要在这个问题上提出国内外都能接受的观点,至少要推动在国内形成社会共识,在此基础上构建相应的大国战略和大国外交理论。

2013年,在与美国前总统奥巴马在加州会晤时,习近平主席提出中国对建立中美新型大国关系的原则和主张。"新型大国关系"指的是中国在成长发展的过程中,与美国这个传统的霸权国家之间如何确保以和平方式、对话方式为关系的主导面,即便竞争也是非对抗性的。能否成功构建中美新型大国关系,关系到未来中国国际战略的方向。这将是一个长期和艰难的磨合过程,美国有霸权的惯性,适应世界变化的调整会有难度;中国缺乏作为有国际影响力的世界大国的历史经验,学习需要时间。在这方面,智库可以先行一步。

第三,智库要坚持自己的公共属性和社会责任,增强向中国社会乃至国际社会提供公共产品的意识和能力。

我最近出国访问或者与来访的外国人士交谈时,感觉到外界一方面对中国有信息饥渴，期待听到更多中国的声音，另一方面一些关于中国的偏见和误导性资讯流传很广，这在西方国家更加明显。这当中存在他们与中国有意识形态分歧的问题，也存在中国如何更多、更好地向国际社会提供信息的问题。中国需要增强塑造自身形象的能力，在这方面，智库确实可以多做、多说。例如，在中国国际责任问题上，外界有很多议论，也有很多期待。中国是一个社会主义大国，有自己的外交理念和原则，不赞成干涉内政。而传统大国对此往往缺乏了解，也不认同，甚至认为中国不愿承担责任。智库可以多向外界介绍中国的行为模式和原则，增进国际社会对中国的了解，以利于国家更好地发挥国际责任。而且，增进国际了解的过程也有利于中国智库树立自己的国际形象。

目前中国智库在世界上的声音还是比较稚嫩的，实力和人才都在成长的过程中，社会对智库要多几分宽容，对智库的思想产品要给予尊重和价值上的认可。

做智库是寂寞的，若不能心静如水，恐怕很难做研究、做学问。中华文化博大精深，如何以中国自身历史文化和政治思想为基础，在国际关系研究和国际智库中独树一帜，形成有中国特色的智库和智库产品，为建立中国的大国外交理论和国际关系研究贡献力量，这需要相当的耐心、耐性和耐力。

国际战略智库建设任重道远*

在当今世界舞台上,中国的影响力、行动力快速提升,与此同时,面对的大事、难事、急事也不少。时代呼唤更多优秀智库脱颖而出,为党和国家破局、解题凝聚智慧。

目前我国研究机构门类齐全,但是类别差异比较大。经济金融等类型的研究机构经过多年实践,与决策部门互动较为良好。相比之下,研究国际政治和战略的机构在服务决策方面有些滞后,其体制、机制还不能很好地适应现代决策的需求,也难以聚合更多高端人才。

党的十八大以来,习近平主席多次强调要加强新型智库建设、健全决策咨询制度,并将其提升到国家软实力与治理体系现代化的高度。2015年初,中办、国办出台《关于加强中国特色新

---

* 本文以《国际战略智库期待"转型革命"》为题发表于2015年4月15日《人民日报》第05版。

型智库建设的意见》,中国的智库建设迎来春天。习近平主席在博鳌亚洲论坛讲话中提出"打造智库交流合作网络"的倡议,将我国智库的国际化、影响力推向新层面。加强国际战略类智库建设,孵化一批具有中国特色的新型国际战略智库,刻不容缓。

国际战略决策是国家基本政治和政策的延伸,中国新型国际战略的构建必须坚持党的领导,服务于国家根本利益。同时,智库研究应有独立、客观的品格。作为国际战略类智库,应当发挥好决策的参谋作用,具备向社会解读政策、凝聚共识的功能,拥有国际传播能力,能够开展国际战略对话。

我国国际战略领域已经有不少研究型的机构,成熟度、基础研究能力和政治向心力都很强,但是,有的研究机构存在缺乏对现实外交活动的了解,跟不上决策需求的问题;政府类研究机构经费使用限制多,大量经费只能用于建"库"而无法扶"智";一些新兴民间智库财力雄厚,但是课题的针对性不足,建言通道也比较狭窄。此外,一些研究成果的知识产权得不到充分尊重,一些优秀学者、研究人员的力量缺乏施展空间。

如何促进国际战略类研究机构向新型智库转型?

首先,下决心改革创新,完善组织形式和管理方式,从体制机制上向现代智库转型,从服务决策的角度去选题、定项。以"一带一路"倡议为例,研究界一窝蜂地做宏观诠释,而决策迫切需要有数据支撑的实在研究,包括物流、安全等具体问题和国别认识。新型智库应找准定位,适应国内外新形势和决策的需求。

第八章 智库建设

其次，智库学者应具备良好的品质信念、扎实的专业功底以及宽广的国际视野。以严谨、客观的方法进行课题研究，沉下去搞调研，静下心做数据，从实践中来，到实践中去。

对决策者来说，需要转变观念，搭建向智库通报政策信息的机制，构建采集智力产品的通道和高效利用资金的制度，以包容、开放的心态鼓励智库聚合各类高端人才，扶持领军人物。例如，利用数字化技术建立智库互通的协作网络，成立国际战略智库联合会，制定国内、国际传播规划，推出优秀的中国学者和思想作品，等等。

国际战略智库建设任重道远。只有增强大局观、历史观，面向全球化、面向未来，来一场"转型革命"，中国的国际战略研究机构才能更好地为决策提供有力依据和知识支撑，智库的价值才能最大化地展现出来。

附录

是狐狸还是刺猬？——从加迪斯《论大战略》看美国"后冷战"时期的得失*

美国著名学者约翰·加迪斯在 2018 年 4 月出版了著作《论大战略》，讨论了战争和战略的逻辑，书中引述了中国古代军事思想家孙子的思想，展现了东西方战略逻辑的跨文化关联性。

狐狸和刺猬式思维的差异

加迪斯用"狐狸和刺猬"的隐喻开篇。这个典故最早出现在希腊诗人阿奇洛克思的残篇中："狐狸多知，而刺猬有一大知。"当代英国哲学家以赛亚·伯林在 1953 年出版的《刺猬与狐狸》中加以引申，借此描述历史人物思维的差异。狐狸追逐多个目

---

* 本文以原标题发表于《世界知识》杂志 2018 第 22 期，后作为推荐序收入约翰·加迪斯《论大战略》一书的中文版。

标，其思维是零散、离心式的；而刺猬目标单一、固执，其思维坚守一个单向、普遍的原则，以此规范一切言行。伯林据此为分析人的思维提供了一种分类法。

伯林认为，柏拉图、但丁、尼采、黑格尔属于刺猬型，而亚里士多德、莎士比亚、歌德则像狐狸。问题在于，这种简单的"二分法"能普遍适用吗？狐狸式思维和刺猬式思维能否共存？反例是大文豪托尔斯泰，时而像一只固执的刺猬，试图追寻历史真理，时而像一只多疑的狐狸，鄙夷历史解释和经验。狐狸和刺猬的特点在他身上出现某种交汇，而交汇点就是"常识"。伯林的结论是，常识是某种自发、单纯而未被理论污染的东西，经得住时间检验。

伯林的理论被演绎成历史研究者的罗盘，也启发了加迪斯对战略行为的思考。他认为，狐狸式思维的人善于归纳各种不同信息，而不是仅依据"宏观计划"进行推导；刺猬式思维的人则恰恰相反，他们拒绝批判和反思，往往沉浸在自己先入为主的观念里。而加迪斯认为，"狐狸和刺猬的悲剧在于，彼此都缺乏对方所具有的一些能力"。那么，这两种互相对立的思维方式能否并存？如果把刺猬的方向感和狐狸对环境的敏感性结合起来，也许就能孕育出成功的大战略。

目标与能力的平衡即为战略

加迪斯认为，人的思维往往处于刺猬和狐狸两种思维方式的对抗之中。前者重视目标的单一性和纯粹性，而忽视手段的配合；后者重视环境的变化和对自身能力的评估，但是，往往模糊了目标和焦点。加迪斯在书中展现了这种对抗和矛盾，他用大量的历史事件和对参与者思维和行为的分析，体现出战略的内涵。为什么有的战略意图能得到超水平的实现，而有的战略意图却一败涂地？他的结论是，如果把刺猬理解为对战略目标和愿景的规划，把狐狸理解为对自身能力的评估和调控，那么目标与能力的平衡即为战略。

不过，加迪斯也说明，这种平衡不可能一成不变，而应是动态的和不断变化的，因为在战略的执行过程中，外部的影响因素随时都在发生变化，目标与能力需要互相适应和配合，尤其是要防止两者脱节。要做到这一点，需要拥有"好的判断力"和"均衡的行为"，简言之，就是运用常识。加迪斯写到，所有战略问题的核心不过是常识而已，但保持常识亦不易。

加迪斯写到，战略意图的追求者从不缺乏伟大理想，然而，成败往往取决于现实条件，而不仅是美好愿望。战略的失败者给人类战争史留下了许多不可思议的问号。例如，以拿破仑之伟大，何以忽略了俄国拥有辽阔地域和恶劣气候的现实，执意让大军向纵深挺进，最终陷入补给不足和天寒地冻的境地，以一场惨败终结了一生的辉煌之旅。年轻时的伯里克利（古希腊政治家、雅典黄金时期领导人）聪慧过人、从不失算，何以老年时对危机失去了敏感性和判断力，以至于顽固地鼓动雅典与斯巴达对抗，最终导致繁盛的希腊文明在战争中毁灭。这便是著名的伯罗奔尼撒战争，被历史学家修昔底德总结为强国争霸的经典案例。在加迪斯看来，这些失败者都曾是伟大的政治家，但他们不愿受现实条件的约束，试图摧毁任何阻碍自己的东西，固执地追求超出能力的目标。

加迪斯也列举了一些实现目标与能力的平衡、成功贯彻战略的案例，如罗马帝国第一位元首屋大维、美国第16任总统林肯和年轻时的伯里克利。加迪斯最推崇的是美国总统富兰克林·罗斯福，他对目标和能力的判断始终清晰，包括在第二次世界大战后愿意与苏联谈判做交易。罗斯福有充分的自信在大国间协调，操控战后安排，试图为分裂、残破和前途不明的世界找到希望。然而，这个进程在他离世后戛然而止，世界滑入冷战深渊。不过加迪斯忽略了美国与苏联在争夺世界霸权上存在的结构性矛盾和利益冲突的必然性，另外，核武器的诞生也给罗斯福的继任者增添了与苏联抗衡的勇气和条件。

在加迪斯看来，保持刺猬式的专注固然不易，但像狐狸一样灵活调整自己的策略似乎更难。他的结论是，实施大战略不能让固定的原则或偏见捆住手脚，一个好的战略未见得自始至终都能逻辑自洽，甚至不排除前后存在矛盾和冲突。战略更多关注的是"规模"，也就是说，可以影响多少人，带来多大收益，或导致多大成本损耗，由此判断目标与能力是否相匹配。

东西方战略逻辑的对话

加迪斯在书中谈到中国古代军事思想家孙子和东方世界的战略思维。《孙子兵法》讲审时度势，其中的逻辑亦无外乎目标与能力的关系。加迪斯认为，如果在"后冷战"时期确实出现西方与东方的较量，那么它将主要反映罗马文化和中国文化的韧性。因为两者都是思想和文明型的国家，都在各自的时空里多次成功克服危机，顽强生存下来。虽然早年西方的战略家们未必知晓孙子在世界另一端的存在，但他们在逻辑上互相映衬，展现了战略逻辑跨文化的关联性。

加迪斯说，东西方战略都告诉我们，在争取成功的道路上，必须认清存在什么样的限制和约束条件。好的战略要考虑到制约条件，限定行为范围。这正是孙子所强调的，"谋定而后动，知止而有得"。在多数情况下，能力与愿望之间总是有差距的，因此需要采用谋略和迂回的方式，知所进退。

现实中，战略的目标有时未必是要争取更大利益，而是旨在减少损失。因此，即便面对重大诱惑，战略的考虑仍然要把成本计算进去，否则可能会在更宏观的盘点中失分。在实施战略的过程中有许多变数，条件复杂多变，受益还是受损也并非一眼就能看清楚。而当目标远远超出自身能力时，更容易出现矛盾激化的情况，导致不得不选择战争。然而，即便能预知战争后果，就一定可以避免发动战争吗？战争的发起者很难承认一个事实，就是战争所得如此之少，代价如此之高。

加迪斯认为，东西方两大文明之所以延续数千年，就在于文明内部能不断反思、调整和重塑。加迪斯在《论大战略》中既介绍了对战略本质的认识，也为东西方的战略对话提供了参考。

"后冷战"时期美国战略的得失

作为美国"冷战史"研究的权威人物，加迪斯推出这本新书，自然引发美国学界关注，看法有褒有贬。赞赏的观点认为，加迪斯把焦点放到"领导力"（statesmanship）上非常重要，历史上无数政治家由于缺乏谋略，把国家导向覆亡，教训深刻。也有评论提到了现实的美国政治，认为过多的常规战争和非常规战争正持续消耗国家财富，美国现任和未来的领导人都应读读这本书，反思美国战略。

批判的观点则认为，核武器时代进行战略决策受到比较大的局限，加迪斯未能对此给予重视；书中只谈到抽象的战略和常识，未对现实决策提出具体建议；书中强调的主要是西方战略思维，对东方战略思维的探索不够深入；等等。也有批评意见认为，在现实中很难判断某种决策究竟像"狐狸"还是像"刺猬"，多数情况下只能从结果反推，以成败论英雄。

作为中国的读者，从加迪斯勾勒出的上千年世界战略历史中，可以观察到国家兴衰的各种印记，引人入胜。然而人们可能更想了解他对冷战后美国战略的得失如何盘点。

20世纪90年代初，苏联解体标志着冷战走到尽头，在美国看来"历史已终结"。本着"赢者通吃"的心态，美国把新的国际战略转向在全球推行美式价值观和民主制度，宣称拥有"世界灯塔"的"天赋使命"。当时的美国拥有不受挑战的绝对霸权地位和实力，获得在国际上空前的行动自由，没有力量能限制其选择和行为。那么，美国是否就可以摆脱加迪斯所描绘的条件对目标的制约了呢？

冷战结束后的第一个十年，美国致力于对原苏东地区的改造，甚至不惜在前南地区动用武力，强势推进"民主化"。然而，一些被改造的国家出现水土不服，滋生失业、通胀、社会分化、债务负担等一系列问题，有些隐忧在后来遍及欧洲的债务危机中进一步显现出来。冷战后的第二个十年，美国把注意力转向反恐战争，先后入侵阿富汗和伊拉克，同时继续推进政治变革，引发的安全、经济和社会余波至今未消。中东地区出现严重的政治衰败和人道主义危机，冲击欧洲国家的难民潮成为可悲的后遗症。

如果说冷战时期的美国试图做"刺猬"和"狐狸"的综合体，注意采取符合自身条件的战略目标，并随着形势变化不断调整策略，那么冷战后的美国则执意用强大的军事和政治力量推进一个无边的政治目标，失去了对复杂环境的敏感和权衡代价的意识，这是否更像偏执的"刺猬"？美国试图让自己主导下的单极格局成为世界的永久现实，声称要做一个有益于世界人民的"仁慈霸权"。但美国在战略选择上的执拗和失误，以及所付出的超乎能力的代价，使其透支了自己的力量和声望。

美国也曾试图将实行社会主义制度的中国纳入改造的轨道，采取了"接触＋遏制"的政策，一方面让中国融入美国主导的国际经济体系，另一方面从未停止促使中国按照美国希望的方向转变。然而，中国不仅在经济上取得了巨大成功，而且探索出一条中国特色的社会主义发展道路。如果说美国在中国未能实现自己的政治意图，那也只能说明美国对中国乃至对世界的政治意图本身是错误的。

近年来，世界许多所谓的民主制度国家陷入政党政治和国家治理困境，即使是一些老牌的西方大国也难免于外，甚至出现了极端右倾思潮的回流。什么才是有效的国家治理模式？单一模式的主张是否需要调整了？进而，国际事务应被个别国家掌控，还是需要各国共同探索应对挑战之策？

如果美国的对外战略存在钟摆效应，那么特朗普上台是否代表了推动美国对外战略有所收缩、社会向保守主义复归的力量？特朗普政府主张战略收缩，恢复国家实力，着眼于美国自身利益。他的目标反映了美国的现实处境，因此，尽管美国各界对其个性和做法颇多批判，却比较一致地支持他一些政策的方向。然而，国际事务的关联性很强，尤其大国对全球趋势的带动性非主观意志所能掌控。美国放弃国际责任，甚至主动破坏世界秩序的做法，例如，对中国等重要贸易伙伴采取关税惩罚措施，破坏自由贸易体制，由此对他国带来的伤害和对世界经济的冲击，必然会反过来侵蚀美国自身利益。这又何尝不是大国行为需要计入的代价呢？

狐狸式思维和刺猬式思维的分类可以为观察美国战略得失和取向提供有趣的角度，对从事战略研究的人有一定价值。加迪斯在书中虽未明说，但字里行间还是有警示意味的，提到维护和平与繁荣需要智慧和历史的责任感。他希望美国人特别是战略决策者要关注到，一个合理的战略目标须有与之相匹配的能力，而且在执行过程中应根据情势发展不断调整推进战略的方式和手段，必要时甚至要对战略目标进行果断的调整。

诚然，这些都是重要的，但是从中国人的角度看，任何战略的成败都不能脱离战略演进所处的时代背景，成功的战略构建更是要基于对时代潮流的准确判断。冷战的终结打破了世界被集团隔绝的状况，给经济全球化提供了更大空间，而各国希冀和平、追求发展构成"后冷战"时期的基本潮流。回过头来看，中国对世界大势的判断是准确的，也即，世界的主题是和平与发展。中国改革开放之所以取得成功，在很大程度上正是顺应了和平与发展的潮流。当前，中国提出构建人类命运共同体的理念，符合时代潮流和人类发展方向，是对我们的国际言论和行为的根本指导。中国对外政策的目标一向以为国内发展建设构建和维护一个好的外部环境为准则，基本内涵是和平与合作。当然，没有什么理想能够轻易实现，没有哪条路径可以畅通无阻。中国需要让自身的追求与人类发展的基本方向保持一致，与世界各国一道努力，共同维护和平与稳定，促进发展与繁荣。

回忆在英国肯特留学的岁月

回忆在英国肯特留学的岁月*

记得1985年我到肯特留学时,中国知道肯特大学的人并不多,与我一同到英国的其他人都去了牛津大学和伦敦大学做旁听生。肯特大学不仅接收了我,而且在我的报考志愿和成绩单的基础上,允许我一年内完成硕士学位,这使我的留学收获超出了预期。这也是为什么我回来后极力推荐肯特大学,使之成为中国外交部多年来派送留学生的大学之一。

1985年的中国刚刚迈开改革开放的步伐,与外部世界的关系快速扩展。我作为年轻的外交官,已经有了驻外四年半的经历,非常珍惜有机会深化对国际关系理论和英语的学习。肯特大学给我提供了机会,让我大开眼界。

当然这个过程并不容易。首先是在生活上,我必须非常节

---

* 2019年11月11日,傅莹作为校友应邀出席肯特大学国际化峰会北京站活动,发表题为"教育交流让文明之光照进国际政治的现实"的演讲。本文系根据演讲内容整理而成。

394

附　录

俭。那时国家财力有限，但是对培养人才有紧迫的需求，为了让更多人有机会出国学习，我们每两个留学生分享一份奖学金。我拿到英联邦奖学金340英镑的一半，一个月170英镑，当时肯特大学帕克伍德（Parkwood）宿舍的租金是100英镑/月，这样我还剩下70英镑用来吃饭和买书。我把伙食费控制在一天一英镑，如果哪天同学们一起聚在酒吧喝啤酒，我总要尽早设法逃离，避免占用过多的生活费。

后期我在牛津郡找到了文字翻译的活儿，获得的酬劳让我有了比较充裕的条件周游英国，参观了英国的各种博物馆，也领略了英国小说和诗歌中描绘的苏格兰荒野、湖畔的水仙花和多佛的峭壁等。

学习上困难更多。我上课要带一个"砖头录音机"[①]，每堂课把老师的讲话录下来，下课多听几遍才能把笔记做完整。不过，反复听不仅让我对课堂内容了解得更透彻，也为后来通过考试奠定了基础。最难的是在完成阅读作业的基础上写论文。第一次的论文题目是政治经济学教授克里斯·布朗（Chris Brown）布置的，关于拉美国家能否在与发达国家"脱钩"的情况下实现经济发展，必读书有十多本，作业时间是一周，周末提交论文。这些书都比较艰涩，我花了四天时间只完整读完一本书，翻阅了其他的几本，用剩下的一天时间写了一篇3 000字的论文。我在论文中重点讲了中国改革开放的政策和情况，用这个事例说明为什

---

① 一种老式的单卡磁带录音机，外形如砖头大小，因而获此名。

么不应该"脱钩"。教授给了我 50 分,将将及格,批语是"You have erred in the right way"(你犯了正确的错误)。我需要翻字典去理解这句话的含义,他的意思是说,他可以接受我的观点,但是不认可论文的写作方式,因为我没有充分阐述他布置的那些书中的论点。我很佩服许多同学能够完成如此大量的阅读作业,为了赶上他们,我到图书馆借阅了好几本关于快速阅读的书,掌握了一些窍门。这个本事至今让我受益。

我来自中国,一个共产党领导的社会主义国家。肯特大学鼓励思考和辩论的传统,给了我进行比较和学习的充分空间,也让我得以在不同理论和思想的争论之中,完善和坚定自己的世界观。我的哲学课老师基思(Keith)是唯心主义者,但是,这丝毫不影响他鼓励我表达观点,尽管我的信念是唯物主义的。一次,他对我以"否定之否定"为立论的作业给予表扬,当我告诉他我采用的推理逻辑来自恩格斯——卡尔·马克思的密友时,他仍然没有改变给我高分的决定。

不过,可能出于测试我抑或戏谑的心态,他决定让我接触一下英国的"左翼人士"。1986 年春天的一个周末的早上,他开车带我去见煤矿工人和工会代表,对话是在一个小学校的教室里面进行的,我应邀请介绍了中国的改革开放进程,包括农村的包产到户等举措和成效。让我意外的是,他们对我的讲话持批评的态度,认为中国不应该引进市场原则,认为这背离了社会主义的理念。

这是我第一次与西方的左派辩论,我冷静地想了一下,应该如何反驳和说服他们。我注意到他们这些人都很健硕，想必营养良好，与中国瘦弱的农民完全不同。我问他们：昨日晚餐是否有肉？他们都点头。我说，中国农民一年才有机会吃上一次肉，你们有什么权利质疑他们追求更好生活的努力？中国人知道自己想要的是什么，并且愿意为此而奋斗。中国政府希望通过改革和开放，释放生产力，让人民走出贫困。

那天我与英国的工人们谈了很多，我用自己的亲身经历给他们讲了中国人的故事。最后，工人们热情地长时间为我鼓掌。基思带我去了镇上的酒吧，请我吃黄油土豆饭以资奖励。我在英国当大使期间，基思去世了，我向学校赠送了一个纪念他的长椅，摆在面向坎特伯雷的草地上，希望他总能看到那幅他喜欢的景色。

在肯特大学的学习对我的职业生涯有很大助益。我学会了从大量的阅读中丰富自己，学会了站到巨人的肩膀上、从世界的角度去看问题，学会了凡事不要急于下结论，多从历史的纵向和现实的横向进行比较和思考。肯特大学的学生来自世界各地，我能听到多种不同角度的分析和表达，这也帮我培养了包容性思维和同理心。在肯特大学的一年就像攀登了一座山，最重要的不是发现山顶上有什么，而是看到了山外还有更多更高的山。

我在后来的外交生涯中不断学习，不仅保持了阅读的好习惯，而且能够从工作中、从与同事乃至与世界各国外交官打交道的过程中，不断充实和改进自己，注意和学习他人的优点。这与在肯特大学获得的学习方法和习惯有很大的关系。因此，我真心地感谢肯特大学，感谢辅导我的各位导师。2009年我担任驻英国大使期间，被肯特大学授予荣誉博士学位，这让我深为荣幸和感激。我理解为这是鼓励我继续为发展中英关系努力。

中英关系现在已经进入新的黄金发展时期，各个领域的交流与合作不断取得新进展。据统计，中国在英国的留学人员已达到45万人，2018年就有12万中国学生进入英国各类学校。约翰逊首相不久前宣布将恢复外国留学生毕业后在英逗留两年的签证（PSW），这对中国留学生学成后获得工作经历是利好消息，这也是我当年在英国曾多方游说争取的。因为中国留学生毕业后，如果能有一定的工作经历，不仅回国后有更好的就业条件，而且必然能增强两国的纽带。

英国来华留学生也在增加，英方预期到2020年会有1.8万名学生来中国留学或短期实习。我很高兴地看到，肯特大学在中英教育合作中扮演着重要角色。也希望在我创立智库的清华大学校园里，看到越来越多英国留学生的身影。

在中国改革开放的过程中，与外部世界的教育交流与合作对增进中国对外部世界的了解、促进国际合作，发挥着不可或缺的作用。1978年至2018年的40年间，中国各类出国留学人员累计达585.71万人，有432.32万人已完成学业，其中365.14万人在完成学业后选择回国发展。他们带回了先进的知识、技术和管理经验，也让世界更好地了解中国这个国家及其人民。许多归国留学生如今在中国的各行各业发挥中坚和领导作用。接纳中国留学生的国家也深受其益，不仅获得财政收益，更使基础科研队伍得到充实。现在中国也已成长为世界第四大留学目的地国，目前每年有近 50 万外国人在中国上学。中国与外部世界的教育交流日益多样化，扩展为合作研究、合作办学等多种形式。

中国正在推动"一带一路"倡议，目的是提供新型公共产品，为经济全球化提供新动能。在中国就读的外国留学生里，有约 60% 来自"一带一路"沿线国家和地区。中国通过教育合作分享自己的发展成果，回馈曾经向中国提供知识和经验的外部世界。

文化和教育交流是现代国际关系的重要组成部分。而我认为，最重要的是促进不同文明的相互尊重与欣赏、交融与借鉴，弱化国际关系形态中的对立因素，增强和平，使开放共赢成为更加深入人心的理念，让文明理性之光更强地照进国际政治的现实。

近年，美国有人搞保护主义和逆全球化，把中国当作战略竞争对手，鼓动与中国"脱钩"。许多期望去美国的留学生因为美方采取的限制政策而面临越来越多的阻碍。这种试图在国与国之间关起门来的做法违背了现代国际关系的根本目的，许多美国大学已经表达了不赞同的态度，因此，我不认为他们能达到目的。

比较之下，我很高兴地看到中英之间的人文交流日益兴旺，双方在贸易与投资、金融和科技等方面也不断取得进展。我们共同推进"一带一路"倡议和第三方市场合作。英国是首个申请加入亚投行和首个签署《"一带一路"融资指导原则》的西方大国。在过去十年中，英国对中国的出口增长了两倍，2018 年双边贸易额达到 804 亿美元。中国已成为英国的第五大贸易伙伴、第四大出口对象国，目前有一万多家英国企业参与向中国市场出口货物和服务。

　　谈到英国似乎不能不提"脱欧"。经常有朋友或者记者问我对"脱欧"有什么看法。我在英国有许多朋友，他们有的人激烈反对"脱欧"，也有的人坚决支持"脱欧"，他们的观点源自自身的处境和认识，听上去都很有说服力。所以，我觉得自己最好保持一个中立的态度。中国外交的一个重要内涵就是，秉持不干涉其他主权国家内政的原则。确实，英国和欧盟都是中国的全面战略伙伴，中国致力于推动与英国和与欧洲关系并行发展。在中方看来，繁荣、稳定、开放的英国和欧盟符合各方利益。

　　展望未来，不管英国人民最终如何解决"脱欧"问题，中英合作的前景是广阔的。中英都支持多边主义，都主张建设开放型世界经济，我们之间的合作是互利的，也有利于维护世界的和平与繁荣。中国的习近平主席倡导未来世界构建人类命运共同体，中英两国和两国人民之间友谊的深化，将为实现这样的目标构建好的环境。

后记

共同期待未来之光

  核改完这本集子已是 2020 年底。这真是令人难以释怀的一年，我这个年纪的人自认为经历了许多，但是仍然被不断刷新认知。这一年无疑将作为人类的"大疫之年"铭刻于史，它改变了许多，不仅给人类生存的外在方式带来冲击，迫使我们停下脚步，反思是否有必要如此奔波和耗费资源；对人的内心世界也形成深刻震荡，让我们有时间来审视自我、珍惜家人。

  突如其来的新冠肺炎疫情改变了整个世界的议程。我清楚地记得 2020 年 1 月下旬开始在新闻和社交媒体上看到武汉人民在抗疫中的艰难、悲伤与勇敢。2 月初赴德国出席第五十六届慕尼黑安全会议时，中国疫情防控处于最困难时刻，中国参会代表团和世界卫生组织、国际红十字会的专家们在会上大声疾呼团结抗疫，通报中国人民的巨大努力和付出的沉重代价。当时中国早已向世界卫生组织通报疫情，还最早向外界分享了病毒基因序列。令人遗憾的是，疫情仍然在世界上失控了，其反复和变异在世界各地轮番上演。事情何以至此？何以那些医疗水平一流的国家也没能及时控制疫情？历史会不断发出问号。国际合作精神的匮乏和猜疑情绪的滋长也是这次疫情当中令人失望之处。显然，二战以来构建的国际秩序和体制机制日益不能适应21世纪的现实。

重要的是年末听到一些好消息，新冠疫苗陆续在一些国家大规模接种。视频中精疲力竭的美国医护人员信徒般含泪迎接疫苗到来的画面，令人颇受震撼，他（她）们眼中折射出隧道尽头的亮光。借用一句俚语：但愿隧道尽头的光亮不是迎面而来火车的灯光。在2021年到来之际，全球抗疫的前景充满不确定性，世界多国仍在泛滥和变异的病毒肆虐中艰难抗争。

人类必须从这场全球灾难中吸取经验和教训。例如，人们需要思考大国（major powers）相处之道：世界期待恢复和谐与稳定，大国负有关键责任，这种责任固然要考虑本国和本国人民的利益，但是也要在世界事务上体现担当。人们需要思考全球合作机制完善之道：我们生活在同一个"地球村"，各家自扫门前雪是不行的，唯有同舟共济、加强合作，并且为此建立行之有效的机制化依托，才能最终战胜那些跨国威胁。人们也需要思考经济全球化的延续之道：退出或者逆转经济全球化的进程、重新构筑保护主义的壁垒损人亦不利己，需要做的是增强经济全球化的公平性和普惠性，通过拓宽合作来修复全球供应链的稳定。

这一年中国承受住了严峻的考验，正如习近平主席在2021年新年致辞中说到的："我们以人民至上、生命至上诠释了人间大爱，用众志成城、坚忍不拔书写了抗疫史诗……每个人都了不起。"

中国交出了优秀的答卷，率先稳定住疫情，在抗疫的艰难环境中拉动经济企稳回升，推动脱贫攻坚取得决定性胜利。

后　记　共同期待未来之光

"十三五"规划圆满收官,"十四五"规划已然展开。中国明确了坚持多边主义的立场并努力践行,积极推动并签署了《区域全面经济伙伴关系协定》(RCEP),表达了考虑加入《全面与进步跨太平洋伙伴关系协定》(CPTPP)的意向。2020年底中欧领导人共同宣布如期完成中欧投资协定谈判。中国还与全球疫苗免疫联盟签署协议和加入"新冠肺炎疫苗实施计划",并且承诺为帮助发展中国家获得疫苗做出贡献。中国对国际多边合作的大力支持和积极投入,无疑将对21世纪的全球合作产生重要影响。

2021年将是个具有多重意义的年份。这一年,中国共产党将迎来建党100周年纪念,中国站到了"两个一百年"的历史交汇点,即将开启全面建设社会主义现代化国家的新征程。这一年,推迟一年的东京奥运会如能成功举行,将向国际社会发出重新振作起来的信号。这一年,中美关系因美国政治周期的改变而有可能进入新的调整阶段。

2021年将开启连接历史和未来的通道。决定未来方向的并非一系列象征性符号,而是世界各国在攸关人类命运前途的重大问题上做何选择:人类能否携起手来真正遏制住新冠病毒并从中吸取教训?世界经济在高债务风险下能否保持金融市场稳定、重返增长轨道?大国能否重新坐下来坦诚沟通、务实合作,让彼此的矛盾得到缓和?这些问题有着内在的相互关联,它们共同演变的结果将决定人类社会是冲破云雾,把21世纪建成合作的世纪,还是重演1919年至1939年的"二十年危机",陷入激烈动荡和冲突。近来国际学者对中美紧张关系的预警声音多了起来,期待和推动两国开启认真对话的努力也在增加。

中国释放的是对话与合作的信号。2020年11月25日习近平主席在致美国当选总统拜登贺电中指出:"推动中美关系健康稳定发展,不仅符合两国人民根本利益,而且是国际社会的共同期待。希望双方秉持不冲突不对抗、相互尊重、合作共赢的精神,聚焦合作,管控分歧,推动中美关系健康稳定向前发展,同各国和国际社会携手推进世界和平与发展的崇高事业。"[1]王毅国务委员兼外长希望中美重建彼此关系健康发展的战略框架,他在2020年11月18日同美国亚洲协会的视频交流中说,面对前所未有的风险挑战,中美两国应该做的是,树立对彼此正确认知,顺应时代发展潮流,倾听国际社会呼声,承担起大国应尽的责任,同时同其他国家一道,共克时艰、共迎挑战、共谋发展。[2]

未来之光需要守护。我们没有理由失去乐观和信心。我们需要保持期待,更有必要通过续写中国的成功故事,包括中外合作的成功故事,来让世界的前景变得更加光明。期待未来看到的是大国重拾多边协调,跳出博弈争斗的小棋盘,在经济全球化这个大平台上携手推动世界的健康均衡发展。

《看世界2》完成之际,我想感谢乔卫兵的鼓励和支持,让我有信心把这个系列做下去。我也由衷地感谢所有为这本书提供支持和帮助的人。书中的许多观点和想法都经过了与其他学者的研

---

[1] 新华社:《习近平致电视贺拜登当选美国总统》,载人民网,2020年11月25日。
[2] 外交部:《王毅同美国亚洲协会举行视频交流》,载外交部官网,2020年12月18日。

后　记　共同期待未来之光

讨，他们的真知灼见常常让我深受启发。感谢清华大学战略与安全研究中心的学者和助手们多年来对这些文稿的参与和支持。感谢郑妍细心收集和整理我过去几年的文章和讲稿，感谢黄静、寇艺明、路姜波等编辑为文集的整理和呈现方式付出许多努力，感谢刘敬文、安刚等人花时间通核和完善文稿。这本书在选编和核定过程中有大量繁杂琐碎的工作，感谢许馨匀、吴胜男、苏艳婷等人不辞辛苦地提供帮助。也感谢孙至付耐心修改和完善封面、彩插和版式。我的爱人郝时远在许多文章的成稿和讨论中坦率地提出了宝贵的建议和意见，也在此表达感谢。

傅莹

2021 年 1 月 15 日于北京